人物叢書

新装版

二条良基《にじょうよしもと》

小 川 剛 生

日本歴史学会編集

吉川弘文館

二条良基像（同志社大学歴史資料館蔵）

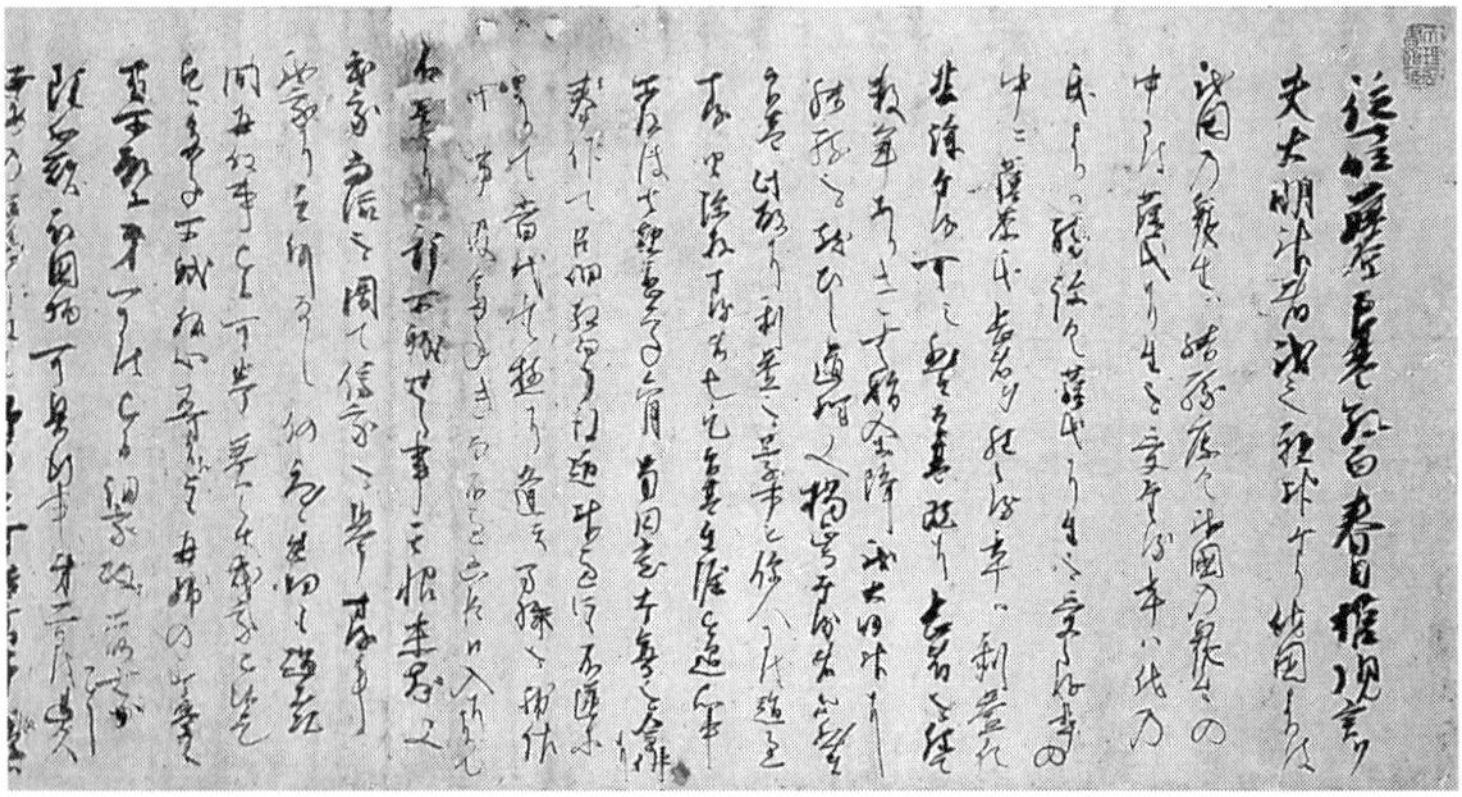

「二条良基春日社願文案」（天理大学附属天理図書館蔵）

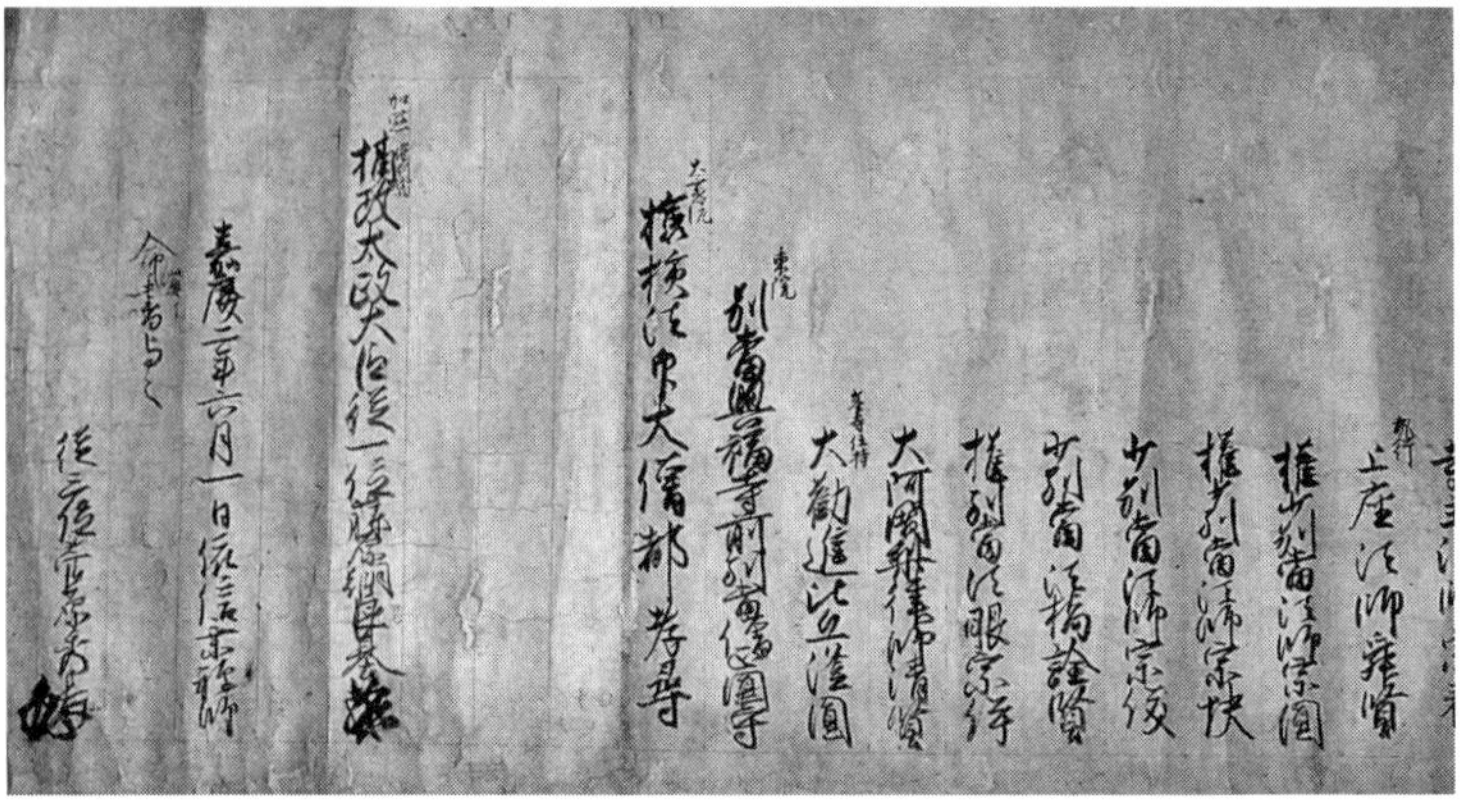

『長谷寺縁起文』（鎌倉長谷寺蔵）

はしがき

二条良基《よしもと》（一三二〇―八八）は、五摂家の一つ、二条家の当主で、北朝に仕えた公家である。官位は従一位太政大臣に昇り、摂政・関白に四度（数え方によっては五度）にわたり補され、晩年は准三后《じゅさんごう》の栄誉を得て、文字通り位人臣を極めた。

良基は文才にも恵まれ、幅広い分野にわたり著作を遺している。和歌では頓阿《とんあ》ら和歌《わか》四天王《してんのう》を重用し、歌道師範家に代わり指導者となった。また、連歌の発展には最も尽力し、救済《きゅうせい》ら連歌師と手を携え、中世を代表する詩として大成させた。宮廷生活を題材とした仮名の日記を著し、歴史物語『増鏡《ますかがみ》』の作者にも擬されている。

南北朝時代、朝廷は実権を喪失し、関白の職も虚位であったとされるから、良基は公家政治家としてより、こうした文学史上の功績によって記憶されている。

しかし、良基は政治的な無力感から文学に逃避したような人物ではない。長く執政の座を占めた良基は、南朝の攻撃、寺社の嗷訴《ごうそ》、財政の逼迫といった危機に絶えず対処しなければならなかった。こうした北朝の危機は、室町幕府の内訌に原因があり、公家にはどうすることもできなかったが、良基は政務への意志をいささかも失わず、足利義満《よしみつ》ら室町幕府要人と提携することで山積する問題に対処しようとし、ついには公武関係の新しい局面を拓いた。このことが伝記の主要なテーマである。

人間として見たとき、良基の内面にはすこぶる複雑なものがあったようである。北朝に信任されたが、生涯、後醍醐《ごだいご》天皇を敬慕した。最高位の公家であるのに、地下《じげ》の連歌師、また、佐々木導誉《どうよ》ら婆娑羅《ばさら》大名とも親しく交際した。王朝盛代を理想とし、朝廷儀式の復興に意欲を燃やすいっぽうで、言い捨ての座興に過ぎない連歌を熱愛し、雑芸《ぞうげい》にも理解を示した。時宗《じしゅう》僧とは連歌、五山僧とは漢詩文を通じて、こまやかに交流しながら、仏教を嫌い、終生出家しようとしなかった。

このような振幅の大きさは毀誉褒貶《きよほうへん》にも直結する。後世の名声に対し、同時代の廷臣の評価はおおむね芳しくない。いわく、権勢に誇り、自己顕示欲が強く、公家にはわずかな格差でも敬意を払うよう要求するいっぽう、卑屈でもあって武家には媚びへつらうことも辞さない。朝儀では伝統を尊重するといいながら、平気で新儀を強行する、と散々である。このため近年では否定的な人物評も行われるようになった。

しかし、これは良基と敵対した廷臣の日記によるもので、少なくとも良基側の証言を得なければ公平を欠く。また、未曾有の内乱に翻弄されたのに加え、中世公家の倫理や思考には独特のものがあり、そのことが良基の行動を分かりにくくした面もある。ましてや摂政・関白は特殊な存在であった。

過去に著された伝記でも、顕職への執着、武家との接近は論じられているが、個人の資質に帰していた。これも当時の公家には多かれ少なかれ見られるものであった。近年、初期室町幕府の研究が深化し、将軍権力の内実が朝廷との関係から再考されている。これを踏まえた、精緻な観察が必要である。また、当時の学芸の諸分野において、良基と交流を持った人物はたいへん多い。これも堂上《とうしょう》から地下、あるいは公家・武家・禅林にわたっており、同時代への強い影響力を証するが、ここでは俯瞰的な評価が求められよう。

本書は十章構成とした。多少前後することはあるが、第一章・第二章の後半を除き、出来事を編年順に排列することとし、伝記として最初から読み通すこともできるように配慮した。政治上の動向はもとより、学芸の事績についても相応にスペースを割き、連歌や和《わ》漢聯句《かんれんく》の愛好も、かなり詳しく記述した。政治と学芸とが渾然となった生涯は、そのほかにも宋元文化の受容、都と地方との往来など、中世文化史上の特色を体現しているといえる。

著者が初めて二条良基の論文を書いて二十六年、『二条良基研究』を刊行してからも十五年経つ。この間の研究の成果を取り入れるよう努めた。『大日本史料』第六編の刊行は五十冊、永和三年（一三七七）末まで到達している。古典籍・古文書のデジタル画像公開の恩恵を受け、さまざまな史料の閲覧が容易になったことも追い風であった。新たに存在が知られるようになった史料には、従来、ほとんど残存していないと考えられていた自筆書状や、日記のまとまった逸文も含まれる。伝記はより時代の相に沿った、正確なものになったと思う。なお、人名称号などは最も通行しているものに従い、年号は北朝年号を使用し、南朝に関わる事柄のみ南朝年号を用いた。

最後に図版掲載を許可いただいた所蔵者各位に篤く御礼申し上げる。また、執筆にあたり二條基敬氏からは格別の御配慮をいただいた。記して深謝申し上げる。

二〇二〇年一月一日　二条良基生誕七百年の年に

小川剛生

目次

第四　床をならべし契り……八四

第五　再度の執政……一二八

口絵

二条良基像
「二条良基春日社願文案」
『長谷寺縁起文』

挿図

挿　表

第一　二条殿

一　父祖の経歴

五摂家

二条家は五つある摂関家の一つである。

家祖良実

摂関家は、藤原北家《ほっけ》嫡流の子孫で、摂政・関白および藤氏長者《とうしちょうじゃ》となり、天皇輔弼《ほひつ》の地位を嫡継承する、公家社会で最も高位の家柄である（摂政は当時稀であるので、以下その職を取り上げるときには、たんに「関白」「執政《しっせい》」「執柄《しっぺい》」とする）。平安時代末期の政治的激動に翻弄された結果、摂関家は藤原忠通の長男基実《もとざね》の近衛殿、二男基房《もとふさ》の松殿《まつどの》、三男兼実《かねざね》の九条殿の三流が鼎立することになった。松殿流は家格を保てなかったが、近衛・九条の両流は拮抗しながら存続し、鎌倉時代中期には、前者から鷹司《たかつかさ》家が、後者から二条家・一条家が分立している。

家名の由来

二条家は、九条道家《みちいえ》の二男良実《よしざね》が仁治《にんじ》三年（一二四二）三月二十五日に後嵯峨《ごさが》天皇の関白となったことで成立した。当時良実の本邸は二条南・富小路《とみのこうじ》東《ひがし》に位置し、家名もこれにちなむ。

摂関職は輪番

五摂家確立後、多少の不順はあっても、鎌倉後期には関白就職の原則も定まり、長く踏襲された。すなわち、㈠五家の間では関白就職への順位・順番に優劣はなく、上階《じょうかい》（叙従三位）の順に従うこと、㈡さらにそれは大臣への就任順で確定すること、㈢関白就職時は左大臣・右大臣の現任であって前官は異例であること、㈣在職期間はだいたい三〜五年であること、といった条々が指摘されている（安西欣治「中世後期における公家政治の諸問題―五摂家分立後の摂関就職について」）。

幕府の方針

これは、皇位における両統迭立《てつりつ》と同じく、五家を公平に扱ってとりあえず断絶はさせまいとした鎌倉幕府の姿勢に基づくところが大きい。事実、良実は父道家と不和であり、関白辞職を強要された上に義絶され、家記文書や所領の分与にも預からなかったが、幕府の支援があり、弘長《こうちょう》元年（一二六一）四月二十九日には還補《げんぽ》を果たし、かつ子孫も摂関家として存続し得たのである。

こうなると関白就職は摂関家という家格を維持するための手段に過ぎなくなり、若くしてその地位に達するいっぽう、他家との競合あるいは配慮によって在職期間は短くなったが、それでもなお朝廷での存在感は大きかった。

曾祖父師忠

師忠《もろただ》は良実二男、良基の曾祖父である。建長《けんちょう》六年（一二五四）生、母は従三位藤原親仲《ちかなかの》女《むすめ》である。長兄道良《みちよし》夭折の後、嫡子に立てられた。左大臣に昇って、長らく熙仁《ひろひと》親王（伏見《ふしみ》天皇）の皇太子傅を兼ね、弘安《こうあん》十年（一二八七）八月十一日、践祚に先立って関白となった。二年足らずで正応《しょうおう》二年（一二八九）四月十三日に辞退、永仁《えいにん》二年（一二九四）十一月二十九日に四十一歳で出家、東山新熊野《いまくまの》に存した香園院《こういんいん》に退隠した。法名は行証《ぎょうしょう》。

二条師忠像
(『天子摂関御影』より，宮内庁三の丸尚蔵館蔵)

二条兼基像（同上）

即位灌頂を初めて実修

これといった才幹も聞こえず、事績に乏しいが、伏見天皇が即位礼に際し、高御座《たかみくら》で秘印《ひいん》を結び真言を唱えたのは師忠の指導によるもので、いわゆる「即位灌頂《そくいかんじょう》」実修の初見として重要である。師忠は異母兄の青蓮院《しょうれんいん》門跡道玄《どうげん》僧正と相談しつつ、家の秘事と称して天皇に伝授したという。関白の輔弼の役割を象徴し、かつ二条家を他家と差別化させるため導入した新儀であった。

祖父兼基

兼基は良実の末子で兄師忠の子とされた。良基の祖父である。文永《ぶんえい》五年（一二六八）生、母は左少将坊門基信《もとのぶ》女従一位禔子《ていし》である。永仁六年十二月二十日摂政の詔を受け、二年後関白となり、後伏見《ごふしみ》・後二条《ごにじょう》の両代に足かけ八年ほど執政の座にあった。その間、正安《しょうあん》二年（一三〇〇）十二月に氏長者《うじのちょうじゃ》の念願とされた興福寺供養を遂げた。

椿事に動ぜず

このときに椿事があった。兼基が南都に出発しようとすると、何者かが車に生頭《なまこうべ》を投げ込んだ。五体不具穢により延引すべしという議が起きたが、兼基は「大義〔儀〕は少を憚《はばか》るべからず、興福寺供養は大儀なり、この事によりて延引、天下の口遊《くちずさみ》遁るべからず」と、そのまま出発した。良基は後年この逸話を語り「今に美談とする者なり」と讃えた（『迎陽記《こうようき》』康暦元年〈一三七九〉十二月二十九日条）。兼基は春日大明神が長者を擁護することを信じて疑わなかったからこそ、供養を遂げ得たのであろう。一条天皇の即位の日、高御座から「髪つきたるものの頭」が発見されたのに、摂政藤原兼家《かねいえ》は聞かなかったふりをして挙行させたとの逸話が『大鏡』にあり、これに倣ったのかもしれない。執柄のみが備えることのできる、鷹揚にして魂魄ある態度は、凡百の廷臣の理解を越えるところであったし、良基もまたそのような血を禀けていたのである。

還補望まず

嘉元《かげん》三年（一三〇五）四月八日、兼基は辞職をひかえて、「近代面々（関白に）再補の志あるの間、表（辞表）の沙汰に及ばず、所存残る所無きの間、十二日表を奉るべきの由存ず、是再補の志無きの故なり」と、心境を語った（『実躬《さねみ》卿記』）。さらに延慶《えんぎょう》元年（一三〇八）七月二十日出家した。法名は円空。「父（師忠）存日に素懐《そかい》（出家）の事、先蹤《せんしょう》無きか、四十一と云々、早速、その故を知らず」と怪しまれた（『公秀《きんひで》公記』）。たしかに健康上の問題もなく、その後、師忠・兼基は禅閤《ぜんこう》（入道した摂政・関白）として相並ぶ。

五摂家の当主は、自身が先途を極めた後は、還補を望むか、子弟を就かせるか、いずれかに懸命となった。二条家は二代続けて早々と隠退し後者に賭けたわけである。職の競望は皇統の分裂と連動し、鎌倉幕府をも巻き込んで、熾烈であった。師忠・兼基にとって幸いであったのは、九条家にかつての勢威が戻らず、一条家も代々が短命で、家運が衰頽傾向にあったことである。

二人の禅閤

兼基の代に、二条家は二条富小路殿を手放し、かわりに押小路《おしのこうじ》烏丸殿《からすまどの》を得た。良基の代はもちろん、戦国時代末期まで二条殿として知られるのはこの邸である。

父道平

道平《みちひら》は兼基の嫡男で、弘安十年に生まれた。母は侍従藤原為顕《ためあき》の女宣子《せんし》である。為顕は歌道師範家御子左《みこひだり》家の当主藤原為家《ためいえ》の庶子で、良実に仕えていたらしい（『菟玖波集』発句・二〇二七）。宣子も歌人であった。兼基の北政所は九条忠教《ただのり》の女禖子《ばいし》で、宣子は妻妾の一人の扱いであるが、関白の生母として最晩年従二位に叙されている。

二条道平像
（『天子摂関御影』より，宮内庁三の丸尚蔵館蔵）

陽気な自信家

道平は永仁元年十二月九日、師忠の養子として元服した。師忠・兼基の後見もあり、嘉元三年閏十二月、一条実家《さねいえ》（実経《さねつね》の二男）に大臣を超越《ちょうおつ》されたのを怨んで籠居《ろうきょ》した以外、昇進は順調であった。正和五年（一三一六）八月二十三日に持明院《じみょういん》統の花園《はなぞの》天皇の関白となっている。宸記にはしばしば道平とのやりとりが記される。道平はいささか無遠慮かつ自信家で、朝儀や天皇の日常に疑問が生ずると率直な意見を呈した。陽気な性格で人望もあったらしい。花園は内心反撥を覚えつつ、かなりの部分で従わざるを得なかった。これは中世の摂政・関白が天皇の宮中での慣習や礼法、つまり「天子御作法《てんしごさほう》」を家に伝え、授けたとする考えにもよく叶う。文保《ぶんぽ》元年（一三一七）八月二日には、死期の迫った伏見法皇のため、置文を代筆している（宮内庁書陵部蔵「伏見院御手印御置文」）。

後醍醐天皇の信任

もっとも、道平は大覚寺統《だいかくじ》の後醍醐《ごだいご》天皇の治世で最も活躍の場を得た。翌文保二年二月、後醍醐の即位時にも関白とされ、同年十二月十九日までその地位にあった。

内覧となる

元亨《げんこう》三年（一三二三）十月九日には内覧《ないらん》宣下を蒙った。内覧とは、天皇に奏上および宣下する太政官文書を内見する義で、その職務は関白の権力のよりどころであったが、五摂家分立後、前関白《さきのかんぱく》にも内覧が宣下されることが見られた。前関白は散位《さんに》（位階だけで官職を帯びない廷臣）であり参内することはないが、内覧宣下を受ければ朝議政務に関与することになる。現関白にとっては面白くない事態であるが、経験豊富な前関白を引き続いて登庸ないし懐柔するための措置であろう。

関白の父ではない大閤

現関白との血縁は関係なく、内覧となった前関白は「大閤《たいこう》」「大殿《おおとの》」と称された。現職を後見するという名目によってこの称を用いたのであろう。関白の父ではなく大閤と自称することは良実が創始し、道平・良基にも踏襲される。

朝議を監督

道平は早速参内しては朝議を監督したようで、後醍醐からは「汝《なんじ》出仕の後、禁裏、禁裏様《よう》になりたり（そちが出仕するようになって、禁裏は禁裏らしくなったぞ）」との感言を与えられた（『後光明照院関白記』元亨四年正月七日条）。

還補

そして、道平は嘉暦《かりやく》二年（一三二七）二月十二日、関白に還補され、元徳《げんとく》二年（一三三〇）正月二十六日までその地位にあった。この間、議定衆《ぎじょうしゅう》として親政を支えていた。職を辞退するとふたたび内覧となった。朝幕関係が極度に緊張していた時期に相当している。

文芸を愛好

このように才気あり、かつ内裏でも陽気に振る舞った父親を持ったことは良基の生涯にも影響を及ぼしている。良基の著作では「故大閤《こたいこう》」「故大殿《こおおとの》」としてしばしば登場し、回顧されている。道平の日記『後光明照院《ごこうみょうじょういん》関白記』は、抄出の記事を留めるのみであるが興味深い内容である。乗馬の名手でもあった。師忠・兼基は文芸には疎かったが、道平は母の血か、和歌に親しみ、文保百首《ぶんぽうひゃくしゅ》の作者となった。地下歌人とも交流し、双《そう》林寺《りんじ》の頓阿の庵を訪れたこともある。連歌の達者であったことは特筆される。

二　出生と兄弟

誕生

良基《よしもと》は前関白左大臣道平の嫡子として元応《げんおう》二年（一三二〇）に呱々の声を上げた。これは没年と享年からの逆算であるが、自身が永徳二年（一三八二）四月十一日摂政となったときに六十三歳であると述懐して詠歌した（『新後拾遺集』雑下・一四一五）のをはじめ、諸史料一致している。月日は不明であり、幼名なども伝わらない。誕生の場所は二条家の本邸、押小路烏丸殿であろう。父母の第一子と考えられる。

母婉子

母は内大臣西園寺（今出川《いまでがわ》）公顕《きんあき》の女婉子《えんし》である。年齢は未詳ながら公顕が四十七歳なので二十代半ば以上ではなかろう。文保元年正月五日、関白の北政所として従三位に叙された。良基は母の実家に言及したことがなく、縁は薄かったものらしい。

叔父師基

道平は当時三十四歳、かなり晩い子であるが、道平が長らく十四歳年少の異母弟師基《もろもと》を養子にしていたからである。師基は応長《おうちょう》元年（一三一一）叙爵《じょしゃく》、権大納言まで昇進したものの、良基誕生後は一転昇進が停滞し、まもなく官を辞した。

姉栄子

姉には後醍醐天皇の女御となった栄子《えいし》がいる。生年未詳ながら「前女御藤原朝臣栄子（良基）大臣の姉なり、」（『光明院宸記《こうみょういんしんき》』康永《こうえい》元年（一三四二）十二月二十日条）と、良基の姉と明記され、かなり年長と思われる。その母は従二位藤原蔭子《おんし》という（『皇代暦』）。蔭子は中納言正親町三条《おおぎまちさんじょう》実《さね》任《とう》の女で、花園天皇の女房中納言典侍《ちゅうなごんてんじ》か。

弟良忠

婉子は翌元亨元年、弟良忠《よしただ》を産んだ。兄の万一の場合の控えのような生涯を送り、正二位権大納言を最後に、文和《ぶんな》元年（一三五二）九月、病気により三十二歳で出家、没年も子孫も知られない。良基とは終生同居していたらしい。なお、婉子は元亨四年正月にも産をしたが（『後光明照院関白記』）、この弟妹いずれかのその後は分からない。

叔父良冬

良基にとり弟のごとき立場にあったのは、一歳年長か同年であった叔父良冬《よしふゆ》である。兼基の子で、極官位は従一位権大納言、応安《おうあん》三年（一三七〇）六月二十一日に出家した。没年は未詳。一家を立て今小路殿《いまこうじどの》と称された。

今小路家満済を出す

この今小路家は公家社会で存在感があったわけではないが、二条家の数少ない藩屏《はんぺい》であった。有名な醍醐寺三宝院《さんぼういん》主、満済《まんさい》は良冬の孫であり、大いに本家を後援した。

良　瑜

同じく年少の叔父良瑜《りょうゆ》は園城寺僧である。兼基末子で元徳二年生、岡崎にあった常《じょう》住院《じゅういん》を自坊とした。後に三井《みい》長吏《ちょうり》・熊野三山検校《さんざんけんぎょう》となり、大僧正に昇った。室町幕府要人と親しく、しばしばそのために修法を行った。これは良基の軌跡とも一部重なる。

源宗明

後深草天皇の末裔、式部卿久良《ひさよし》親王の子源宗明《むねあきら》は道平の子とされる（『尊卑分脈』）。宗明は元徳二年生であるから、良基の弟で、久良に養われたことになる。しかし、『玉英《ぎょくえい》記抄《きしょう》』など同時代史料によれば逆で、久良実子で道平猶子《ゆうし》になったものである。ところで九条経教《つねのり》・富小路道直《みちなお》をも道平の子とする説がある。

九条経教

まず経教のことは江戸前期成立の『諸家伝《しょかでん》』に見える。遡って東福寺の雲章一慶《うんしょういっけい》が、先祖について「九条早世し、一条子无《な》し、皆二条よりこれを嗣《つ》ぐと云々」と語っている（『臥雲日件録抜尤《がうんにっけんろくばつゆう》』長禄《ちょうろく》元年〈一四五七〉五月二十二日条）。雲章の父一条経嗣《つねつぐ》は、良基の実子であり、断絶した一条家を継いだ。九条家も同じく二条家から養子を取ったことになる。実際、経教の系譜上の父九条道教《みちのり》は病身であり、権勢のあった道平の実子を迎えたのはありうべきことである。経教は元弘《げんこう》元年（一三三一）生、良基より十一歳年少の弟となる。とはいえ経教はまったく九条家の人として成長し、良基も弟として接していない。

富小路道直

道直は、良基の周辺で活動した「但馬入道道仙」という医師と同人と見られる。ただし良基の肉親とは考えにくく、戦国期、九条家の諸大夫で医道の心得があった富小路家が道直を家祖と称し、道平の実子と詐ったものである。

三　官途の始まり

元服

良基は八歳になった嘉暦二年八月九日元服、禁色《きんじき》を聴され、正五位下に直《じき》叙された。これは摂家の子弟のみに許される特権であった。同月十四日に侍従、九月二十一日、左《さ》近衛少将《このえのしょうしょう》に任じられた。閏九月二日、従四位下に叙され（公卿補任は九月二十二日、『摂関伝』に従う）、同二十八日、左中将に転じた。父道平が後醍醐天皇の関白を務めていた時期に相当し、最速の昇進ルートを辿っている。

上階　中納言中将

翌三年正月五日、従四位上。三月十六日、播磨介に任じ従三位《じゅさんみ》に叙され、公卿に列した。元徳元年六月二十八日、参議《さんぎ》を経ず権中納言《ごんちゅうなごん》に昇り、左中将をなお兼帯した。これも摂家の子弟だけに許された特別な地位で、いわゆる「中納言中将」である。しかし、政務は担わず、肩書以上のものではなかった。二年正月五日、正三位に叙された。

元弘の乱に連坐

元徳三年は八月に元弘と改元された。同月、後醍醐の倒幕計画が露顕した。このときの挙兵は一ヶ月ほどで鎮圧される。九月二十日、鎌倉幕府の執奏によって、春宮《とうぐう》が践祚し（光厳《こうごん》天皇）、父後伏見上皇の院政となった。先帝後醍醐は捕縛され、隠岐国に遷された。

官を辞退

道平は謹慎を強いられた。それでも十月十三日、光厳天皇が二条富小路内裏に遷幸したとき、十二歳の良基が供奉している。しかし、幕府は道平を後醍醐の重要な与同者と見なした。翌正慶《しょうけい》元年（一三三二）四月、辛うじて配流・出家を逃れたものの、道平は師忠・兼基に預けられ、かつ「子孫は家督たるべからず（関白にさせない）」（『花園院宸記』）との重い処分が下る。良基は謀議に預かる年齢ではなかったが、四月十五日に官を辞した。

建武政権で重用される

道平父子の失意はわずかの間であった。翌年五月、後醍醐が鎌倉幕府を滅ぼし、建武政権を樹立すると、ただちに召し出された。後醍醐は関白を廃止したものの、道平を左大臣に任じ、かつ内覧・氏長者として、事実上の執政の処遇を与えた。良基の官も旧に復し、六月十二日には一級を進められて従二位に叙された。

栄子女御となる

さらに十二月二十八日、姉の栄子《げんし》が女御に立てられた。摂関家から女御が入内することは仁治二年（一二四一）の九条彦子（宣仁門院《せんにんもんいん》）以来、実に九十年ぶりのことであった。

春日祭上卿を勤仕

建武《けんむ》元年（一三三四）、良基は十五歳である。二月二日、春日祭上卿として奈良に出立した（『玉英記抄』）。略儀であったというが、この役はしばしば摂関家嫡子のデビューの機会となった。寛治六年（一〇九二）の春日祭では藤原忠実が上卿を務め、『栄華物語』は華やかな出で立ちから忠実の将来を予祝して擱筆している。忠実もこのとき十五歳の中納言中将であり、その後、忠通・頼長・師長・基房が中納言中将としてこの役を勤仕した。この伝統に倣ったのである。もとより道平の勢威を示すものであったが、良基にとっても若き日の晴れがましい記憶であったに違いない。

祖父兼基没
父道平没

八月二十二日、兼基が六十七歳で没した。号は光明照院《こうみょうじょういん》または中院《ちゅういん》。一年も経たない翌二年二月四日、道平が四十九歳で亡くなった。号は後光明照院。頓死であったらしい。すでに機能不全の徴候を呈していた建武政権は、同年十一月、関東にあった足利尊氏《たかうじ》の離叛によって瓦解へと向かう。道平がこれを見なかったのは幸運であった。

尊氏叛す

建武三年は尊氏軍の西上によって正月から世情騒然とし、呼応した地方の叛乱が頻発した。公家ながら武芸に通じた師基は兵を率いて丹波に出陣した。二月二十九日に延元と改元したが、尊氏は用いていない。このときの除目で良基は権大納言に昇り、師基は兵部卿を兼ねた。

後醍醐の山門行幸に参らず

京都攻防戦は半年以上にわたった。尊氏も一度は遠く九州まで逃れたが、持明院統の光厳上皇の院宣を得て攻勢に転じて東上する。後醍醐は楠木正成ほか股肱の武将を失い、五月二十七日、延暦寺に行幸した。『太平記』巻十六に、左大臣近衛経忠以下、山門に参候した多数の廷臣の名が挙がる。ところが古態の西源院《せいげんいん》本では、二条家では師基・良忠が後醍醐に従っているのに、良基の名は見えない。道平亡き後の家督の地位を守るためあえて参らなかったものであろう。野心家で軍功もある師基とは行動を同じくせず、自分に忠実な弟良忠を代参させたのである。実際、東寺に入った尊氏の陣に迎えられた光厳上皇はすでに治天の君として天下に号令していた。東寺に参る廷臣はまだ少なかったが、良基と親しい歌人冷泉為秀が参仕しており（『冷泉家古文書』「冷泉為秀申状案」）、情報を得たかも知れない。良基は一転光厳に奉仕する姿勢を鮮明にする。

光明天皇押小路烏丸殿で践祚

八月十五日、尊氏の要請により、光厳は弟豊仁《ゆたひと》親王とともに押小路烏丸殿に御幸、親王は泉殿で元服し、ついで寝殿で践祚を遂げた（光明天皇）。同時に関白が復活し、経忠が補された。依然合戦が続いていたので、上皇と新帝は二十二日に東寺御所に戻っている。二条富小路内裏は正月焼亡し、洛外での践祚は先例がなく、比較的東寺に近いことから押小路烏丸殿が選ばれたのであろう。

後醍醐尊氏に降る

後醍醐が廃位を受諾し尊氏の軍門に降った後、十二月十日、光明天皇は洛中に戻るが、里内裏としたのは内大臣一条経通の一条室町第であり、土御門《つちみかど》東洞院殿《ひがしとういんどの》（土御門殿）に遷るまで十ヶ月にわたり居住した。経通も後醍醐の信任があったが、山門には供奉しなかった。光明の元服では経忠が加冠の役を務めた。光厳は、後醍醐に近かった摂関家の当主との関係を再構築しようとしたと考えられる。

南北朝分立
都に留まる

十二月二十一日、花山院に幽閉されていた後醍醐が大和国に逃亡し、吉野で天皇を称すると、経忠・師基ら恩顧を受けた人々があとを追った。関白には経忠の従弟近衛基嗣《もとつぐ》が就き、良基も都を離れなかった。栄子は実家に身を寄せたと考えられる。

母婉子没

暦応《りゃくおう》二年（一三三九）四月十四日に母婉子が四十歳前後で没した。

後醍醐の死

さらに八月十六日に後醍醐が吉野で崩御した。南北境を隔てたとはいえ、十七歳まで後醍醐に親しく仕えた記憶は、良基にとり終生忘れがたいものであった。吉野では後村上天皇が践祚した。

姉栄子出家

十月に栄子も青蓮院慈道《じどう》法親王を戒師として出家した。これより先、良基は女院《にょいん》号宣下を検討したらしいが（『師守記《もろもりき》』暦応二年九月十七日条）、実現しなかった。栄子は後に禅宗に帰依して黒衣《こくえ》を着し、月林道皎《げつりんどうこう》が開いた山城梅津の長福寺《ちょうふくじ》に入り、「梅津比丘尼《うめつびくに》」と呼ばれ、長く塔頭是心院《ぜしんいん》を守った。後年、延文《えんぶん》二年（一三五七）三月、良基はいまだ健在であった栄子のために、月林への国師号宣下を斡旋している。

曾祖父師忠没

二条家では曾祖父師忠だけが存命であったが、これも暦応四年正月十四日に八十八歳で逝去した。良基は若くして孤露《ころ》の身となったのである。
とはいえ、摂関家は多くの廷臣を祗候《しこう》させている権門であり、良基は道平の死後、主人として臨んでいた。ここで二条家門に仕える殿上人《てんじょうびと》（四位《しい》）・諸大夫（五位《ごい》）・侍《さぶらい》（六位《ろくい》）、邸第と別業、所領などの経済基盤について一顧しておきたい。

四　祗候の人々

家礼

摂関・大臣の家に出入りする殿上人で、申次《もうしつぎ》、使者、饗宴での脂燭《しそく》・役送《やくそう》・陪膳《ばいぜん》、出行時の扈従《こしょう》といった日常の雑務に奉仕する人々を「家礼《けらい》《かれい》」と称した。良基の代には「家礼の人々三十人ばかり」（『思ひのままの日記』）という。これは理想を書いたものであるが、つねに十数人は侍っていたようである。

羽林家当主の猶子となる

松殿（関白基房の裔）、月輪《つきのわ》（内大臣九条基家《もといえ》の裔）、二条・冷泉《れいぜい》（御子左支流）、室町・法性寺《ほっしょうじ》（摂政師通《もろみち》の裔）、鷹司（大炊御門《おおいみかど》支流）、坊門（関白道隆《みちたか》の裔）といった諸家は、いずれも侍従・近衛中少将を経て、散二三位にいたる羽林《うりん》家で、蔵人頭・参議といった議政官に任じられず、権門の家礼となった。しかし、もともと名門であるから、子弟は当主の猶子《ゆうし》となることがあった。官位昇進上の優遇が期待できたからである。たとえば歌人二条為忠《ためただ》は

四辻善成

名家

博士家
東坊城秀長
『迎陽記』

道平の猶子となった。

なお、源氏学者として有名な四辻善成《よつじよしなり》は順徳《じゅんとく》天皇の末裔であるが、臣籍降下して良基の猶子となった。おそらく家礼に准ずる存在で、良基の庇護を受けた。

同じく家礼の坊城《ぼうじょう》・中御門《なかみかど》・町《まち》・冷泉などの諸家は勧修寺《かじゅうじ》流に属し、蔵人《くろうど》・弁官《べんかん》を経て立身する、いわゆる「名家《めいけ》」である。この流はほんらい諸大夫であったが、平安時代後期には院に重用されて公卿となり、大納言に昇る者も現れた。しかし、摂関家はかつての礼儀を要求したので、しばしば相論となった。嘉元三年、吉田定房《よしださだふさ》は、無礼を咎めた関白兼基に対して「末代ノ執柄、知足院殿(藤原忠実)ニマサルベカラズ」と言い放った(『吉口伝《きちくでん》』)。定房は後宇多《ごうだ》上皇の近臣であり、関白さえ沈黙を余儀なくされた。とはいえ定房によると、こういう振る舞いをできるのは自分が嫡流だからで、庶流は依然摂関の庇護を受けたという。たしかに南北朝期に入っても「経季《つねすえ》卿(中御門)は内府《だいふ》(良基)参仕の間」(『山科《やましな》家古文書』「暦応三年十一月十七日油小路隆蔭《たかかげ》書状案」)とあるように、庶流の人々は二条家に奉公し、当主が関白に就くと執事《しつじ》・年預《ねんよ》として家政を掌った。家内の諸行事の奉行や、主人の意を奉じて氏寺・氏社に命を下すことが多い。

東坊城家《ひがしぼうじょうけ》(菅原氏高辻《たかつじ》傍流)は紀伝道《きでんどう》を学んで立身する学者の家(博士家《はかせけ》)であるが、鎌倉中期には参議に列するようになった。長綱《ながつな》・秀長《ひでなが》父子は忠勤に励み、秀長の日記『迎《こう》

表1　二条殿殿上人・諸大夫・侍

	家名	貞和二年四月二十九日関白拝賀	貞和五年三月二十五日師良元服	貞治六年七月十二日義詮亭会合	年中行事歌合ほか歌会	文和千句ほか連歌	康暦二年六月花合	申次	奉者
家礼殿上人	松殿	房嗣	忠嗣		忠嗣				
	月輪			家尹	家尹	家尹・季尹	家尹・季尹		家尹
	御子左(二条)	為忠			為明・為忠				
	御子左(冷泉)	為秀		為秀	為秀・為邦		為尹	為秀	
	室町(木幡)		雅朝			雅兼	雅兼		
	坊門	信行・信広	信行・信広					信広	
	白川伯	資英				顕邦	顕邦		
	山科(冷泉)	清実・維教						維教	
	大炊御門(鷹司)			忠頼	忠頼	忠頼・宗春・頼冬	忠頼・宗春	忠頼	
	勧修寺(坊城)	俊冬	俊冬						俊冬・俊任
	勧修寺(町)								経秀
	勧修寺(冷泉)	兼頼	兼頼					定親	定親
	勧修寺(中御門)	季定			俊顕	宣方	宣方		季定・宣方
	東坊城	長綱		長綱・秀長	長綱・秀長	長綱・秀長・長遠	長綱・秀長	長綱・秀長	長綱・秀長
	持明院	基秀・基清							
	法性寺			親忠	親忠	親長・親春	親春	親忠・親春	
	世尊寺			行忠・伊能					
	難波		宗成					宗成	

諸大夫・諸道輩							侍	
高階	藤原	姓不明	卜部（吉田）	安倍	丹波	和気	大江	藤原（隠岐）
仲業・行政・仲経・仲任・基広・泰名	有茂・経春・顕春	業員		良宣				
茂経	有茂・顕春・茂経							
								広忠
成量			兼熙	宗時	嗣長・守長			
成量					嗣長		成種・成豊	
成重・成量			兼熙	範信		全継	成豊	
基業・仲経・成量								

陽記《ようき》』は良基の日常をよく伝える。

諸大夫 高階家

諸大夫とは諸国の受領《ずりょう》、大膳《だいぜん》・修理《しゅり》・左右京《さゆうきょう》といった諸職《しょしき》の長官（大夫）など、五位相当の官に任じられることにちなむ。家礼の公卿にも、先祖が諸大夫の者がいるが、狭義には原則昇殿を許されない、いわゆる地下の家柄の者を指す。多くは高階姓《たかしな》である。

伊賀守基業

伊賀守基業《もとなり》は父道平の代から康永年間（一三四二―四五）まで三十年以上にわたり奉仕し、「二条殿祇候人」（『師守記』）と称された。所領関係の文書ではしばしば奉者となっている。

周防守仲経

また、周防守仲経《なかつね》は基業と入れ替わる恰好で、貞和年間（一三四五—五〇）から活動する。侍所勾当であり、江戸期の二条家諸大夫であった北小路《きたこうじ》家の祖とされている（『地下家伝』）。ただし、正平一統の後は南朝関白となった師基に仕えたようで、消息を絶った。

民部少輔成量

これ以外にも十名ほどの高階姓の諸大夫を確認することができる。このうち前加賀守成重とその子民部少輔成量《みんぶしょうなりかず》は、観応《かんのう》年間（一三五〇—五二）から二条家に精勤した。成量は良基の連歌会にも加えられ名手として知られた（『梵燈庵主返答書《ぼんとうあんしゅへんとうしょ》』下）。

諸道の輩

神道の卜部《うらべ》氏、陰陽《おんみょう》道の安倍氏、医道の丹波・和気《わけ》氏にも良基に仕えた者がいる。こうした専門的技芸を家業とする、いわゆる「諸道《しょどう》の輩」は低く扱われ、諸大夫よりやや下、侍の上に位置付けられていた。

卜部兼熙『吉田家日次記』

ただ、神道家の卜部兼熙は有能な人物で、良基の愛顧を受け「四位殿上人」の扱いとなったが、これは例外であった。兼熙・兼敦《かねあつ》父子には、日記『吉田家日次記《よしだけひなみき》』がある。

侍・番長・随身
大江成種

侍については、左右近衛府より賜る府生・番長、そして近衛（舎人）であった秦《はた》姓・下毛野《しもつけの》姓の随身を除いて、ほとんど史料がないが、延文～康安年間（一三五六—六二）の連歌会の常連に大江成種《おおえのしげたね》がいて、ほかにも大江姓で「成」字を持つ侍が何名か確認される。

隠岐守広忠

また建武元年頃、内裏に現れた鵺《ぬえ》を射落とし勧賞に預かった隠岐次郎左衛門尉広有《ひろあり》は「二条関白（道平）左大臣殿の召し仕はれ候」侍であった（『太平記』巻十二）。良基の代にもその親族とおぼしき藤原広忠《ひろただ》という侍が活動する。広忠も延文三年十二月八日に隠岐守に任じられており、「広」を通字として隠岐守を官途《かんと》とする一門が二条家の侍であったことは事実であろう。

雑掌芥川氏

その下に位置する青侍・雑掌《ざっしょう》・雑色《ぞうしき》となると、断片的にしか分からないが、在地の預所《あずかりどころ》として美濃国市橋《いちはし》荘の経営に当たった芥川氏がいる。

女房

女房はいっそう所見が乏しい。貞和《じょうわ》・観応年間（一三四五―五二）に「御局《みつぼね》」ないし「近衛殿《このえどの》御局」という女房の活動が見え、奉公の事を申沙汰したり、申次を務めている（『祇園執《ぎおんし》行《ぎょう》日記』）。また、延文二年頃に所見の女房「刑部卿《ぎょうぶきょう》局」がいるが（『東寺百合文書《とうじひゃくごうもんじょ》』）、東坊城長綱が刑部卿であるので、近親かもしれない。後に長綱女は良基男師嗣に仕え、その間に満基・持基が誕生する。

当時の人材

これらの面々が良基と生涯をともにした。家礼には当時の人材も多い。善成・秀長・為秀・為忠・兼熙などは良基の庇護を受けることで、それぞれ後世に名を遺したともいえる。諸大夫以下はそれほど個性的ではないが、高階成量や大江成種は連歌の実力を認められていた。なお、侍は連歌には出るが、歌会には加えられないことが注意される。

五　邸第と別業

ついで二条家の邸第と別業《べつごう》について、良基の代までの由来沿革を整理したい。

良実二条富小路殿に住む

寛元《かんげん》二年（一二四四）四月二十日、二条良実は二条殿に移徙《いし》した。北面は二条大路に接し、万里小路《までのこうじ》東・富小路西の方一町を占めた。このため二条富小路殿とも呼ばれる。この邸は、良実の北政所灑子《さいし》の父、四条隆衡《たかひら》が所有するところであった。やはり隆衡の婿《むこ》となった太政大臣西園寺実氏《さねうじ》が、筋向の冷泉富小路殿に住んでおり、これは後に実氏外孫の後深草天皇の里内裏《さとだいり》に供された。後嵯峨院の時代は西園寺家・四条家とが一体となって隆盛を誇ったが、摂関家のうち二条家はその閨閥に血縁的・地理的に最も近かった。師忠が相続し、やはり本邸として用いた。

押小路烏丸殿は泉殿後鳥羽院湧泉を愛す

押小路烏丸殿はここより四町西に所在する。古くは陽明《ようめい》門院の御所であったといい、敷地内に湧出した泉でも有名であった。後鳥羽院はこの地に改めて御所を営んで、承《じょう》元《げん》三年（一二〇九）八月三日に移徙した（『仙洞御移徙《ごいし》部類記』）。後鳥羽は好んで清冽な水のある地に御幸し、さまざまな遊覧を繰り広げたが、押小路烏丸殿も雑芸の舞台となった。藤原定家は「この間偏へにまた相撲なり、御厄年七月尤《もっと》も謹慎あるべし、悪所《あくしょ》の泉に於

押小路烏丸付近地図

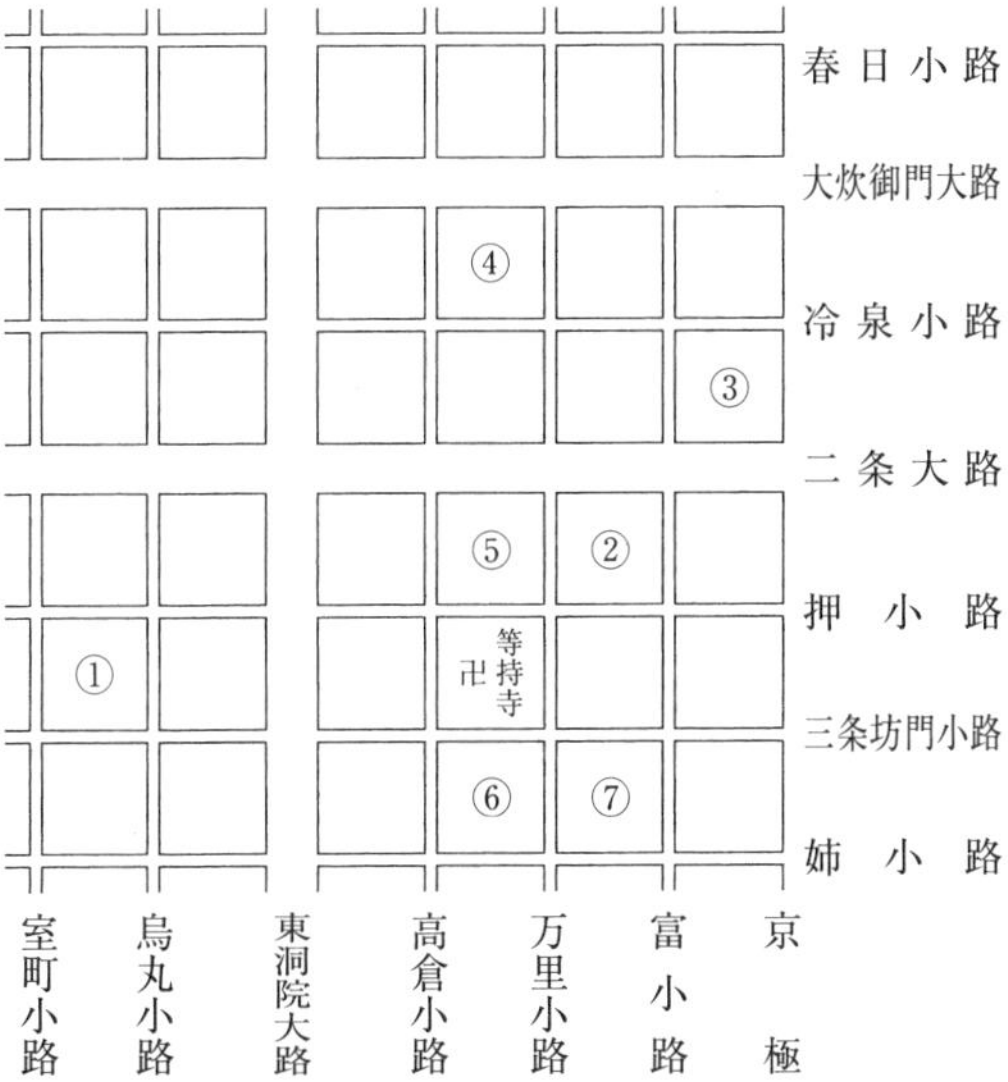

（注）①押小路烏丸殿　②二条富小路殿（二条殿）　③冷泉富小路殿　④冷泉高倉第（冷泉為相）　⑤二条万里小路第（二条為定・足利尊氏）　⑥三条坊門第（足利直義）　⑦三条坊門第・下第（足利義詮・義満）

押小路烏丸殿

（上杉本『洛中洛外図屏風』より，米沢市上杉博物館蔵）

いて毎日この事あり、心中恐歎す」（『明月記《めいげつき》』建暦二年〈一二一二〉七月十九日条）と苦々しげに記した。遊興が過ぎたか「悪所」ときつい言い方である。

西園寺成子の邸となる

その後、空閑地となったが、後嵯峨院が正嘉《しょうか》元年（一二五七）四月になって、ふたたび御所を造営し、暑中しばしば御幸した。そして、弘長二年には寵妃の大納言二位西園寺成《せい》子《し》の邸となっている。成子は永仁初年頃に没するまで居住した。

永仁頃に本邸となる

以上の沿革は、良基の曾孫持通《もちみち》が、「押小路烏丸殿は永仁年間より二条家のものとなった」（『晴富宿禰記《はれとみすくねき》』文明《ぶんめい》十年〈一四七八〉三月九日条）と語った内容と齟齬を来さない。さらに良基が死去前日に認めたとされる「二条《にじょう》押小路《おしのこうじ》家門亭泉記《かもんていせんき》」（一七二頁参照）に「建長、二条亭ニ相博《そうはく》、福光園《ふくこうおん》（良実）代ヨリ移住」とある。建長年間（一二四九―五六）、良実が二条富小路殿と相博（交換）して移住したというのは事実に反するが、二条富小路殿は永仁六年に践祚した後伏見天皇の里内裏となっているので、「相博」して移住した点は、事実を伝えているのであろう。二条家では兼基の代である。

貧相な殿舎

押小路烏丸殿は摂関家の本邸としてはいささか狭小であった。道平が徳治《とくじ》元年（一三〇六）十二月六日に大臣大饗《たいきょう》を挙行したとき、「この第《てい》、三間四面《さんけんしめん》の寝殿、無下《むげ》の下品《げほん》の第なり、しかれども形の如く遂げ行はるるか」と嘲笑された（『実躬卿記』）。寝殿が三間四面の規模しかないのはたしかに貧相で（通常は七間）、避暑のための離宮として建造されたため、小さな殿舎があちこちに建てられているだけで、晴儀にふさわしい正殿を備えていなかったのであろう。これは二条家の経済状態とも関係しよう。

御幸しきり

ただ兼基は造園に心を入れたといわれ、その成果か、ふたたび御幸を迎えるまでになった。文保二年七月四日に後宇多法皇が密々「泉亭」に御幸した（『後光明照院関白記』）。翌年七月二十九日に後伏見・花園両上皇も納涼のため近臣たちと御幸している。道平に続いて兼基も召し出され、酒宴となった。「禅閤（兼基）愛物《あいぶつ》白拍子《しらびょうし》」が御前に参り、歌曲を披露し、花園の盃を賜った。兼基は酩酊のあまり縁から転げ落ちた。道平は日野俊光《としみつ》に「石一鉢」を賜って酒を勧め、後伏見はひどく面白がった。泉殿は上部に唐絵を懸け、花瓶《かびん》・香爐《こうろ》を並べていたというので、当時流行の唐物《からもの》で装飾した室内であった（『花園院宸記』）。それにしてもこの泉殿は客人を開放的にさせる力のようなものがあった。

別業 普光園院 香園院

別業としては普光園《ふこうおん》（福光園）院がある。仁和寺《にんなじ》の院家の一つである。家祖良実の号であるから、文永七年に没した良実の墓所はここに営まれたのであろう。ただしその後は所見がない。師忠が長い余生を送った香園院も、没後に売却され、醍醐寺三宝院の所有に帰したので良基との縁は乏しい。

嵯峨中院 藤原定家の山荘を兼基が伝領

重要なのは嵯峨中院である。現在の厭離庵周辺の一帯を占め、もと藤原定家《ていか》・為家父子の山荘であった。為家女の大納言典侍《だいなごんてんじ》は、良実の長男の左大臣道良《みちよし》と結婚し、女子

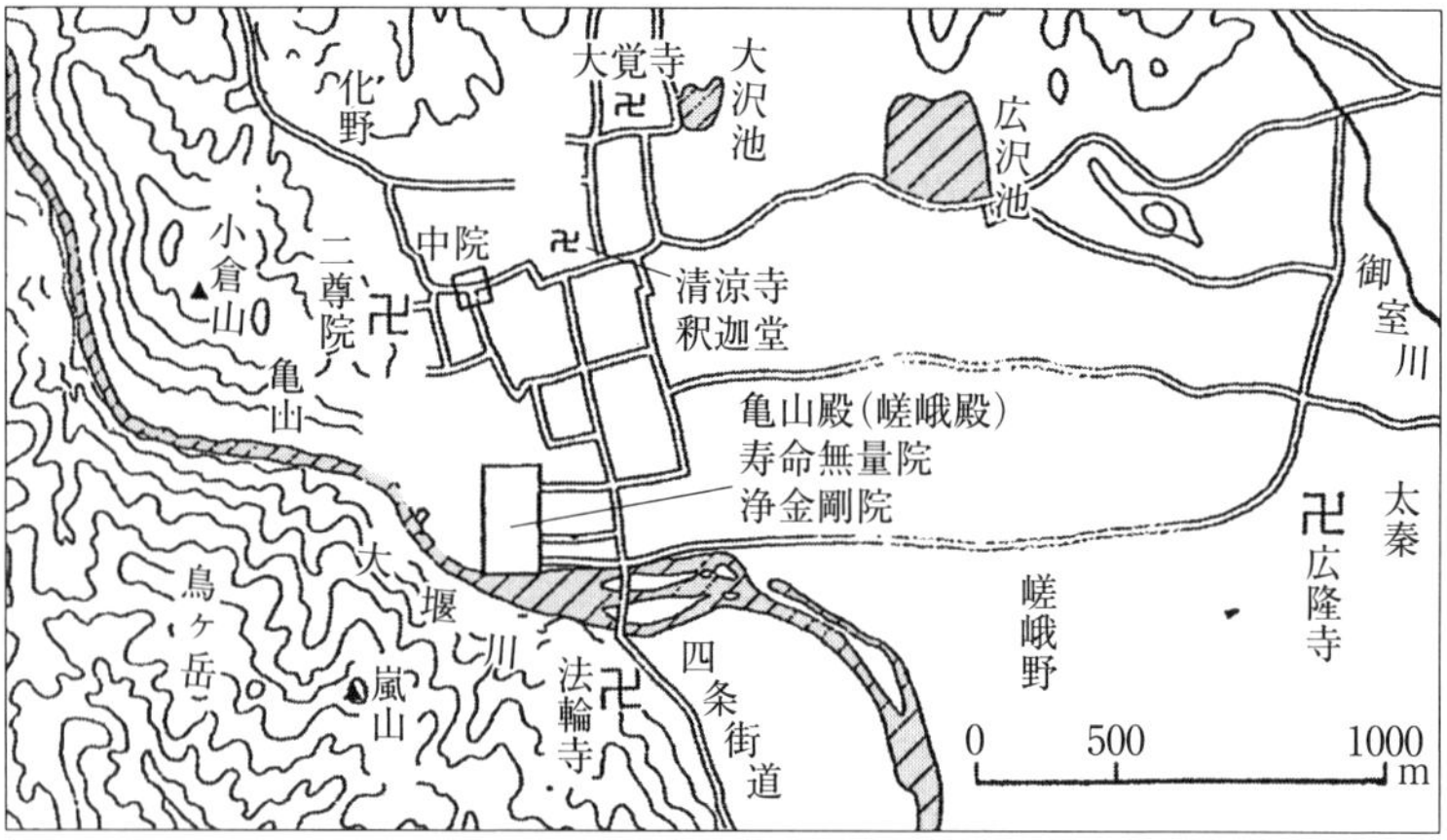

嵯峨中院付近地図

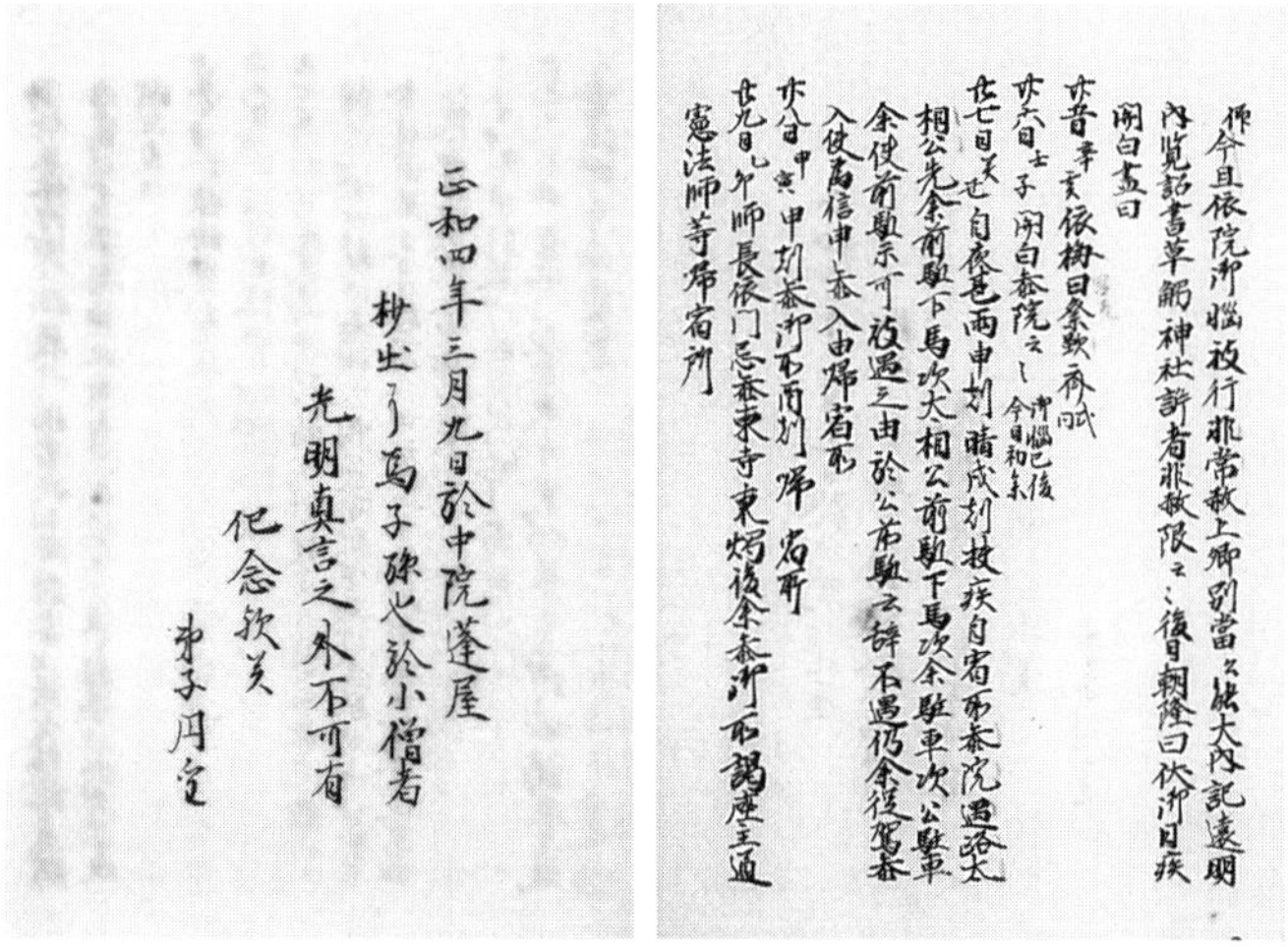

中院山荘における円空（二条兼基）
（『台記』仁平三年秋記奥書，宮内庁書陵部蔵）

（京極《きょうごく》姫君・嵯峨上臈《じょうろう》）を産んだ。早く父母と死に別れたこの孫女をいとおしみ、為家が一期分としていくつかの荘園とともに譲ったものらしい。ただ、京極姫君は晩年二条家に寄寓したらしく、正安・乾元年間（一二九九―一三〇三）、この地は兼基に伝領された。そして、正和元年奏覧の『玉葉集《ぎょくようしゅう》』所収、冷泉為相《れいぜいためすけ》の歌の詞書に「前《さきの》中納言定家はやう住み侍りける嵯峨の家の跡を右大臣（道平）つくりあらためてかよひすみ侍りけるに、八月廿日定家卿遠忌に仏事などして人々に歌よませ侍りけるに、秋懐旧《あきのかいきゅう》といふことを」（雑五・二六〇〇）とあり、道平が改めて別業を営んだことも分かる。

さらに中院は二条家の追善空間として整備された。兼基の号光明照院はこの地に営まれた小堂に由来するし、中院禅閤と呼ぶのも同じ理由である。代々の当主もこの地に葬られた。二条墓と称する土壙が近年まで現存していた。

二条家と御子左家の関係

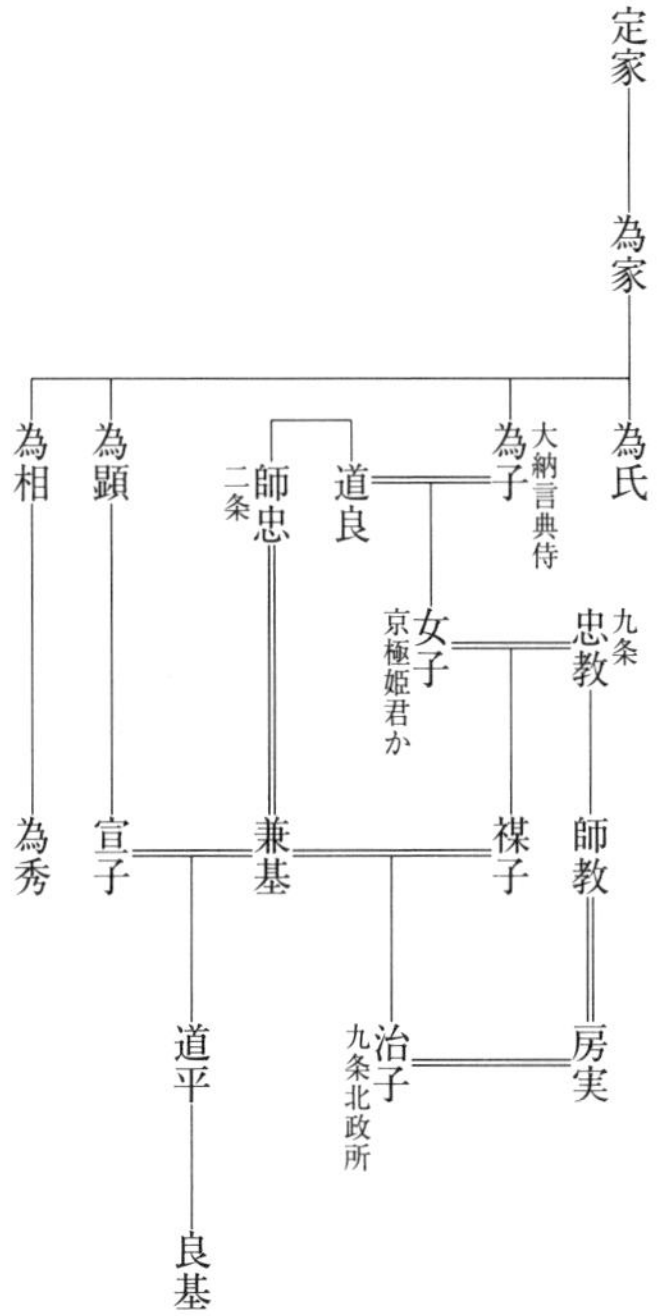

歴代の墓所

以上、良基の主たる拠点を探った。本邸と別業がそれぞれ後鳥羽院と定家ゆかりの地であったことは、おのずと良基に二人とその時代のことを意識させたであろう。

六　所　領

実態知られず

二条家では師忠・兼基・道平・良基と四世代が同時に生存し、それぞれ妻妾子女を儲け、かつ複数の邸第を所有していたから、その費えは莫大なものであった。廷臣との間に主従関係を結ぶためにも少なからぬ給恩の地を必要とした。相当数の所領が集積されていたと推測されるものの、二条家は家領目録をはじめ当主の譲状・置文など、所領に関する史料が湮滅し、他家と異なり家産の実態はほとんど分かっていない。以下、良基以前の所領について考えたいが、所領といっても本所・領家の各職を所持したのか、あるいは知行・上分取得の権限にとどまるのかははっきりしないものも多い。

良実は妹佺子領を継承

家祖良実は、父九条道家と不和で、所領を相続できなかったが、「関東の御計として故尚侍殿《しょうじどの》（佺子）の御跡を授けらる、なほ禅閤（道家）の子孫に擬せらるるか」とある通り（『九条家文書』「九条忠家遺誡《ゆいかい》草案」）、幕府の指示により、道家の女（良実の同母妹）で、建長《けんちょう》五年（一二五三）十二月に没した尚侍佺子の遺領を相続した。これが二条家が摂関家として存続するための経済的基盤となった。

佺子領の内訳
本所

道家の処分状によれば「尚侍殿御分」とされた所領は十七ヶ所である。そのうち二条家を本所とするものは、7河内国点野《しめの》荘、17若狭国立石《たていし》荘、18同立石新荘、20越前国鯖《さば》江《え》荘、23丹波国賀舎《かや》荘、30備後国奴可東条《ぬかとうじょう》、32土佐国安芸《あき》荘、33筑前国山鹿《やまが》荘などである。また、22加賀国小坂《おさか》荘と31阿波国河輪田《かわだ》荘は、道家の伯父九条良通《よしみち》の後室（御堂《みどう》御前《ごぜん》）に譲られた所領であり、九条家に戻った後、二条家に伝来したと見られる。32と33も九条家領で、兼基が九条忠教の聟となった関係で一時的に知行したものらしい。

領家職

ついで領家として比較的強い支配の及んだ所領としては、12美濃国市橋《いちはし》荘、24丹波国河北《かわきた》保、26但馬国赤崎《あかさき》荘、27因幡国岩井《いわい》荘などが挙げられるが、26は早く退転した。

ほか勧学院領・法成寺《ほうじょうじ》領など関白職に附属する所領群があったが、これは後述する。

山科家領久得郷

いっぽう他家の所領に権利を有した事例が意外に多い。たとえば、11美濃国尼寺《あまでら》荘久得《きゅうとく》郷は、山科《やましな》家領である。領家職の一部は兼基の妾とおぼしき「中院禅尼《ちゅういんぜんに》」が所持し、延慶元年に院宣によって兼基の「進退領掌」が認められた（『信濃正村正亭氏文書』「伏見上皇院宣案」）。その後、暦応三年、禅尼は「中院姫君」に一期分《いちごぶん》として譲渡した（『中院家古文書』「中院禅尼譲状案」）。中院姫君は兼基が禅尼との間に儲けた女であろう。これには山科家が異議を申し立てたので光厳上皇の法廷で争われ、良基は中院姫君を支援している。

表2　二条殿所領一覧

	国名	所領名	種別	二条家関与の初見	典拠史料	備考
1	山城	教令院敷地同院領畠	上分	嘉元二年（一三〇四）	東寺百合文書	塩小路朱雀田。良基が西院御影堂に寄進。のち師嗣が光明照院に寄進
2		源氏千種両町	上分	永徳三年（一三八三）	吉田家日次記	久我家領。卜部兼熙奉行。四分の一を吉田社寄進
3		五段田	上分	延慶三年（一三一〇）	東寺百合文書	東寺教令院領。師忠女が知行。灯油料として上分二百疋を東寺西院御影堂に寄進
4		款冬田	上分	建武四年（一三三七）	東寺百合文書	東寺教令院領。南四段を室町雅春知行
5	大和	安堵荘	上分	延慶三年（一三一〇）	東寺百合文書	本所は四辻宮、領家は東寺教令院
6		桧牧荘	上分	延慶三年（一三一〇）	東寺百合文書	本所は四辻宮、領家は東寺教令院
7	河内	点野荘	本所	正慶二年（一三三三）	後光明照院関白記・春日大社文書	尚侍殿領の内。道平が五貫文を春日社因明講料として寄進
8	摂津	今南荘	上分	永徳三年（一三八三）	吉田家日次記	長講堂領。領家は飛鳥井家
9	志摩	中島御厨	領家	正和四年（一三一五）	仁和寺諸院家記	祈禱料所として仁和寺心蓮院に寄進
10	近江	善積荘弘部郷	領家	暦応四年（一三四一）	法観雑記・枝葉鈔	本所は円勝寺。良実女が領家職を保持
11	美濃	尼寺荘久得郷	上分	延慶元年（一三〇八）	市村正亭文書	領家山科家。中院姫君一期分として知行
12		市橋荘	領家	永和二年（一三七六）	立政寺文書・桃華蘂葉	梅津是心院領。良基が立政寺に数度寄進
13		中河御厨	半済	正長元年（一四二八）	建内記・看聞日記	領家住心院、守護半済を義教より給付、月輪尹賢知行

14		南宮社	上分	正慶元年（一三三二）	天龍寺文書	本家南宮社。領家は世良親王家
15	若狭	加斗荘加納	上分	貞治元年（一三六二）	東寺百合文書	園城寺円満院領
16		木津荘	?	天文八年（一五三九）	披露事記録	立石荘と同じか。勧修寺家と相論
17		立石荘	本所	応永五年（一三九八）	迎陽記	尚侍殿領の内
18		立石新荘	本所			尚侍殿領の内
19	越前	足羽御厨	?		桃華蘂葉	尚侍殿領の内。のち常盤井宮領、一条家知行
20		鯖江荘	本所	永禄十年（一五六七）	東山御文庫記録	尚侍殿領の内
21	加賀	井家荘	領家	永徳元年（一三八一）	藤岡氏所蔵文書	長講堂領。領家は勧修寺家、足利義満の命により領家職半分を一年限定で割譲さる
22		小坂荘	領家	嘉元元年（一三〇三）	海老名文書	御堂御前領の内。亀山法皇より兼基に返却
23	丹波	賀舎荘	本所		桃華蘂葉	尚侍殿領、報恩院領。領家は一条家
24		河北保	領家	応永十九年（一四一二）	東寺百合文書	光明照院領
25		前山荘	領家	応永十四年（一四〇七）	島田家文書	長講堂領
26	但馬	赤崎荘	領家	弘安八年（一二八五）	但馬国大田文	御堂御前領の内。早く退転か
27	因幡	岩井荘	領家	文明十八年（一四八六）	蔭涼軒日録	後に坊門家領、応仁頃相国寺大徳院に寄進
28	播磨	市余田	上分	嘉吉三年（一四四三）	看聞日記	国衙領国衙別十ヶ所の内。月輪尹賢知行
29		越部下荘	領家	弘安七年（一二八四）	冷泉家古文書	八条院領。為家孫京極姫君が道平に譲る。宣子仏事料足に宛つ。のち冷泉為相に返却

30	備後	奴可東条	本所	文明十七年（一四八五）	政覚記	尚侍殿領の内。光明照院に寄進。荘内に金山村あり金山荘とも
31	阿波	河輪田荘	本所	応永十九年（一四一二）	東寺百合文書	御堂御前領の内。光明照院に寄進
32	土佐	安芸荘	本所	弘安九年（一二八六）	中臣祐春記	尚侍殿領の内。九条家より譲らる。兼基?後宇多院に寄進
33	筑前	山鹿荘	本所	正応六年（一二九三）	九条家文書	尚侍殿領の内。九条家より譲らる
34	壱岐	諸岡別符	?	観応三年（一三五二）	西高辻文書	師基筑前安楽寺に寄進か
氏社院家領						
35	大和	長河荘			談山神社文書	法成寺領。多武峰に寄進
36	河内	長野荘		貞和三年（一三四七）	春日神社文書	法成寺領。春日社に寄進
37	伊勢	尼寺田		観応元年（一三五〇）	祇園執行日記	法成寺領。祈禱料所として顕詮知行
38		和具荘		観応元年（一三五〇）	祇園執行日記	法成寺領。祈禱料所として顕増・顕詮知行
39	丹後	賀悦荘		康暦元年（一三七九）	古文書集	関白渡領。領家は実相院
40	不明	カワラノ荘		応安五年（一三七二）	後愚昧記	平等院領。近江国高島郡川上荘か。また春日社領に大和国河原荘あり

御子左家領
越部下荘

同じく婚姻により獲得した所領に29播磨国越部下荘《こしべのしも》がある。領家職・地頭職をあわせた一円《いちえん》知行《ちぎょう》地で、藤原俊成《しゅんぜい》・定家・為家と伝来した御子左家の重要な荘園であったが、先の嵯峨中院と同じく、為家の孫女京極《きょうごく》姫君から兼基、ついで道平の手に渡った。御子左家は一期分ゆえに姫君の譲渡を無効として争ったが、斥けられた。ところが、道平は元亨三年九月二十八日に避状を執筆し、「外家の親昵《しんじつ》たり、当道の師範たり」という理由で、この荘を冷泉為相に譲った。このとき「故二品《こにほん》」亡母宣子の仏事料足一千疋と、「九条北政所」こと妹治子《ちし》（九条房実《ふさざね》室）の扶持分《ふちぶん》を割いて納めさせるようにした（『冷泉家古文書』）。つまり返付の見返りになお権限を留めていた。この縁で為相の子為秀は良基に出仕するようになったのであろう。

東寺教令院領

このほか二条家の支配が及んでいた所領として東寺《とうじ》教令院《きょうれいいん》領がある。教令院は後鳥羽院護持僧長厳《ちょうごん》僧正を祖とする院家《いんげ》で、良実の孫に当たる忠瑜《ちゅうゆ》法印が入室したことで、二条家の祈禱所となった。嘉元二年、忠瑜は置文《おきぶみ》を認め、所領の管理を二条家に委ねた。1教令院敷地と畠・巷所、東寺境内の3五段《ごたん》田・4款冬《やまぶき》田がその主なもので、小所ではあるが、洛中だけに貴重な収入源であった。なお、五段田は師忠の女が知行していた。さらに、5大和国安堵《あと》荘・6同国桧牧《ひのまき》荘もやはり教令院が領家職を有していたが、忠瑜の代には二条家に預けられたようである（『東寺百合文書』）。

貧弱な所領

かくして弱体であった経済的基盤も、歴代の努力で強化がはかられた。とくに兼基は関白在職が比較的長かったせいか、いくつか新たな所領を獲得した。たとえば、22小坂荘は良実の死後に亀山院に召し上げられたが、兼基の運動の結果、嘉元元年頃に返還された（『海老名文書』「嘉暦二年八月二十五日関東下知状《げち》」）。それでも一条家の根本家領四十一ヶ所、九条家の同じく三十四ヶ所には遠く及ばない。しかも多くは一時的な知行権や上分の一部を得たに過ぎない。その乏しい所領から、一門の生活費のほか、菩提寺・祈禱所の経済基盤を捻出しなくてはならない。おそらく荘務権を留めた形で、12は美濃立政寺《りっせいじ》、1・24・31は光明照院に寄進されている。

知行国

このため二条家では諸国の国衙《こくが》領の支配権を与えられる、いわゆる知行国《ちぎょうこく》の獲得にも懸命であった。ときには他家から奪うことさえ辞さなかった。

上総国を洞院家より奪う

道平は正和五年夏、治天の君後伏見院に、和泉・三河の両国を望んだ。花園天皇の分《ぶん》国《こく》であるため叶わないと知ると、洞院実泰《とういんさねやす》が知行していた上総国を所望した。実泰は「自身并びに両（公賢・公敏）息拝趨《はいすう》の羽翼《うよく》」であるとして拒絶した。ところが翌年七月、実泰の父公《きん》守《もり》が没するや、公守の知行国丹後が実泰のものとなるはずだから上総は必要あるまい、と再度愁訴した。「執柄として、分国無きの条、頗る先規無きか、福光園（良実）已後《いご》、或は両国、或は三ヶ国知行のところ、一ヶ国も当時知行せず、且つは先々の例に背けり、且つは随身の恩給《おんきゅう》の如きも闕乏《けつぼう》に及ぶの間、機嫌を顧みず、申し入るるところなり」という、窮迫に駆られた訴えであった（『俊光《としみつ》卿記』文保元年十月四日条）。こうして上総国は道平の知行国となった。元徳元年（一三二九）頃、丹後国も道平の手に帰した（『籠神社文書』「元徳元年十月十一日丹後国宣」）。これは二条家と洞院家との間で数ある遺恨の一つとなったことであろう。

七　窮　乏

窮乏に悩む

良基の代は、そもそも荘園の支配力は弱まる一方であり、父祖に倍する厳しい情勢下、あらゆる手段を講じなくてはならなかった。自然、祗候の人々への依存度が増した。良基が後小松天皇の摂政であった晩年、『吉田家日次記』永徳《えいとく》三年（一三八三）九月十八日条に、そうした一件が記されている。

源氏千種両町を知行す奉行は兼熙

洛中源氏《げんじ》町・千種《ちくさ》町は、村上《むらかみ》源氏の祖具平《ともひら》親王の旧跡で、久我《こが》家ゆかりの地であるが、当時は良基が知行し、「家君（兼熙）御奉行」とあるように、地代の徴収を家礼の卜部兼熙に委ねることで給恩とし、地代の四分の一は、兼熙が管領する吉田社へ寄進した。

無断で借金

ところが、良基はこの地の奉行職を担保に、羽渕《はねぶち》法印宗信《そうしん》という人物から二千疋《ひき》（二十貫、現在の二百万円ほど）を借用する契約を断りなく結んだ。同月末、夢窓疎石《むそうそせき》三十三回忌のため天龍寺に参詣する費用に宛てようとしたのである。

兼熙弁済す

兼熙が慌てて参上すると、良基は来月中かならず請け出すので心配するな、四分の一の寄進は契約から除外する、となだめた。しかし兼熙は、良基の「吉田明神の照覧《しょうらん》」にかけての誓約にもかかわらず、「御契約しかるべからず」として二千疋を用立てた。良基はたいへん喜び、「利平《りびょう》（利子）」を加えて返済すると述べた。二日後にその旨一筆を遣わしているが、履行されたかは日記が翌月の記事を欠くので不明である。

耐える家礼

現職の摂政でありながら二千疋に事欠いたこと、家礼への給恩を勝手に担保にしてしまうことに驚かされる。兼熙はここで良基が宗信と「御契約」を交わせば、源氏・千種両町は永遠に返ってこないことを承知していたに違いない。あらがうことなく主人の窮状を救ったのは、たぶん一度や二度ではなかったであろう。良基の孫持基《もちもと》の代には、家礼の月輪尹賢《まさかた》が、預けられていた「御家領の重書廿余通」を借銭のため勝手に質物《しちぶつ》に入れる事件を起こした。銭主の「山法師」が期月を過ぎても返済されないと訴えたため、露顕したのである（『康富記《やすとみき》』応永《おうえい》三十年〈一四二三〉十月二十一日条）。これは逆に主人が煮え湯を飲まされたケースであるが、中世の摂関家ではこの種のトラブルが相当に多かった。

宗信は土倉か

ところで、宗信は出自不明であるが、貞治《じょうじ》五年（一三六六）の年中行事歌合《ねんじゅうぎょうじうたあわせ》や康暦《こうりゃく》二年（一三八〇）六月の「花御会《はなのごかい》（立花）」にも加わり、良基のもとに足繁く出入りしていた人物である。東坊城秀長が記した三回忌諷誦文《ふじゅもん》に「貨財を殖して生栄を誇る、猗頓《いとん》（春秋時代の魯国の富豪）の富に向はず」という句があり（『迎陽文集《こうようぶんしゅう》』巻七）、理財によって巨富を

憧憬の代償

なしたことが分かる。やはり公家を顧客とした、おそらくは比叡山に属した土倉であり、良基は日頃その財力に依存していたと見て間違いあるまい。

摂関家は出入りする者に栄誉を与え、文化的憧憬を満足させた。兼煕も良基の歌会に初参したときには「当家、執柄御会に参ること、初度なり、面目の至りなり」と感激した。しかしこのとき、良基は参加者に「人別五連《れん》（五貫）」を課した（『吉田家日次記』貞治五年十一月二・三日条）。財力に欠く者には負担できる額ではない。宗信も富裕で和歌に関心が深かったから、かれこれ良基の意に叶って出入りを許されたのである。もちろんこのような負担は家礼に日常的に課されたであろう。摂関家の諸行事は、こうした人々の献身的な奉仕によって、辛うじて維持されていたわけである。

第二　大臣の修養

一　朝儀の研鑽

左大将を兼ねる

良基《よしもと》は建武《けんむ》三年（一三三六）三月二日に権大納言に昇っていた。これは後醍醐《ごだいご》の命であったが、光厳《こうごん》上皇も良基を摂家の当主に相応しい官途をもって遇した。翌年八月八日正二位に叙され、暦応《りゃくおう》元年（一三三八）十月十九日に左近衛大将を兼ねた。そして、十一月の光明《こうみょう》天皇の大嘗会《だいじょうえ》（天皇が初めて新穀を神々に供える大祀）と翌月の万機旬《ばんきのじゅん》（代始の官奏）に出仕して、廷臣として本格的なスタートを切る。ときに十九歳である。

朝儀に出仕

良基に限らないが、摂関家の嫡子は、十代後半から二十代前半の、ごく若年で大臣・大将に任じられた。近衛大将は衛府の官人《かんにん》・随身《ずいじん》を率いる地位であるから、朝儀や行幸への出仕を拒むことはできなかった。また、大臣となれば、節会・除目・叙位といった重要な朝儀で中心的な役割を果たすことが求められる。

節会の内弁

節会とは「天子紫宸殿《ししんでん》に渡御なりて、群臣百官に酒を給ひて宴会ある儀なり」（『公事根源』)、恒例の儀は正月の元日《がんじつ》・白馬《あおうま》・踏歌《とうか》の三節会に定まった。譲位《じょうい》・大嘗会・任大《にんだい》臣《じん》などに臨時の節会が開かれるが、進行は三節会に同じである。参仕する公卿（外弁《げべん》）に指示を与えつつ、儀式の進行を承明門《しょうめいもん》内で司る役を内弁という。立ち居振る舞いが堂々としていなくてはならず、衆目環視のもと違乱なく勤仕するには相当な研鑽が要った。当時の朝儀は宮廷の外の人々の耳目を強く惹きつけたが、節会はその最たるもので、たとえば康永元年（一三四二）の白馬節会は「今日見物の男女堂上堂下に充満す」という状態で、天皇の身辺さえ「人気蒸すが如し」であった（『光明院宸記《こうみょういんしんき》』）。

叙位除目の執筆

定例の叙位《じょい》は正月五日、除目《じもく》は春（県召《あがためし》）・秋（京官《つかさめし》）二度であり、その他臨時の小除目がある。大臣・納言・参議・蔵人が参仕し、それぞれに役があるが、中心となるのは執筆である。原則第一の大臣が務めた。

執筆は、諸人・諸官衙より出される官職の希望書（申文《もうしぶみ》）、あるいは年給《ねんきゅう》（顕貴の人が毎年一定の人数を官位に叙任できる恩典）による申請書などをあらかじめ審査させ、その当否を判断して叙任される者を決定し、姓名と事由を天皇御前で大間書《おおまがき》（欠員の出た官を書き連ね、叙任者を記入する長大な巻物）に記入する。

政務ではあるが、儀礼としての性格も色濃い。諸国や諸司の三等官以下は実質を失い、任官希望者も絶えていたから、申文も年給も架空の人名（作名《さくめい》）を仕立てた虚構であった。

家記と文書を披見『春除目抄』『玉葉』『台記』

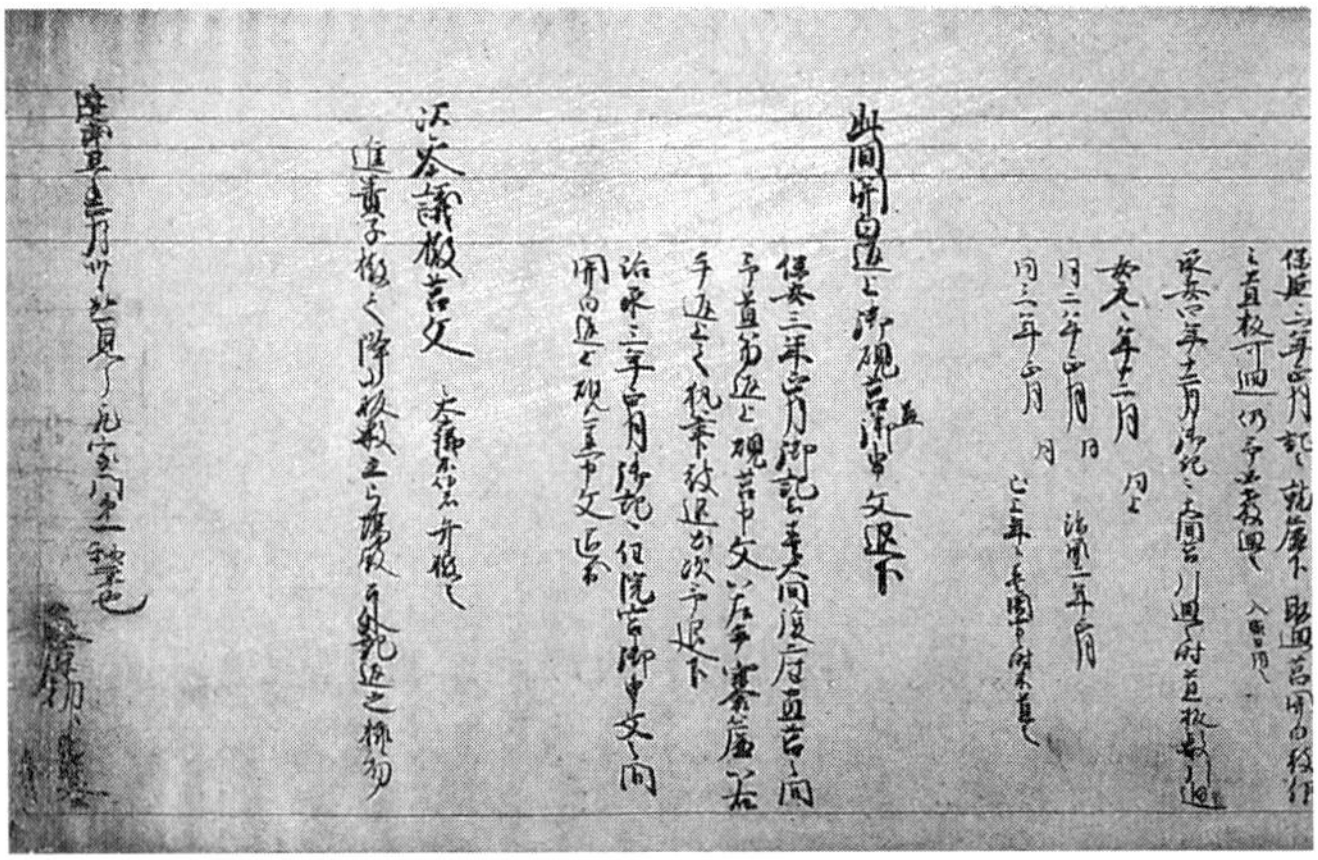

『春除目抄』（宮内庁書陵部蔵）

それでも叙位除目は最重要の朝儀であり、執筆の役はあらゆる官職位階に関する複雑な規定と実際の運用に通暁することはもちろん、御前での厳粛な進退作法にも習熟しなければならなかった。執筆を務める摂関・大臣がいかに故実の習得に熱心であったかは喋々するまでもなく、たとえば鎌倉後期の関白鷹司基《もと》忠《ただ》は、どれほど研鑽しても極め尽くせないのは「除目の事と和歌の道」だと述べた（『井蛙《せいあ》抄《しょう》』）。

　良基は早くからこうした朝儀の学習に勤しんでいる。それはもっぱら家に伝わる日記・文書を披見したり書写したりして、摂関家の作法を身に付けることであった。建武四年十月十五日に、除目文書のうちから、曩祖《のうそ》九条兼実《かねざね》が松殿基房《まつどのもとふさ》と交わした、摂関の宇治平等

松殿説を学ぶ

院参詣に関する問答八通を披見し、識語《しきご》を加えている（九条家本『宇治入条々《うじいりじょうじょう》』）。翌暦応元年正月には、兼実の子良経《よしつね》の編纂した『春除目抄《はるじもくしょう》』を一見し、自筆で奥書《おくがき》を据えている。さらに同年には『玉葉《ぎょくよう》』『台記《たいき》』といった、家に伝わる旧記に目を通している。

直接の先祖である兼実・良経の著作はもとより、摂関家では有識抜群と認められていた頼長《よりなが》・基房の作法を熱心に学んでいたことが分かる。実際、『台記』を一見しては「殊勝々々」と感歎し（康治《こうじ》元年記奥書）、また基房のことも「およそ松殿は摂政有職の人これに過ぎず」と深く尊敬していた（『実冬公記《さねふゆこうき》』嘉慶《かけい》元年〈一三八七〉正月七日条）。家成立の経緯から、相伝の文書に乏しい二条家にとっては、この基房の教え、つまり「松殿説」がよりどころであった。

執筆や内弁は摂関就職の条件

こうして大臣・大将の間に、少なくとも節会の内弁および叙位・除目の執筆を務めれば、関白となる望みを持つことができた。しかし、失態があれば無能の烙印を捺されてしまうので、できるだけ一度で済ませようとする者がほとんどであった。

出仕を熱望春日神木動座も憚らず

ところが良基ははなはだ意欲的であった。暦応二年十一月、興福寺が朝廷に嗷訴《ごうそ》することがあり、春日社の神木《しんぼく》（榊の枝に神鏡を懸けた神体）を金堂前に遷座させた。藤原姓の公卿は神慮を憚《はばか》り、出仕を止めなくてはならなかった。しかるに良基は翌春いずれかの節会で内弁を務めるつもりでいたらしく、神木遷座中に内弁を務めた人物がいたか調査させている（『師守記』同年十二月二十四日条）。良基の場合、このような無神経さは、敬神の念と矛盾しない。もっとも氏長者を出す摂関家が神慮を無視するわけにもいかなかったのであろう、けっきょく出仕はせず、村上源氏出身の堀川具親《ほりかわともちか》・中院通冬《なかのいんみちふゆ》が節会内弁を分担して奉仕した。

内大臣昇進

良基は同三年七月十九日には内大臣に任じ、翌春の参仕を期したであろうが、嗷訴は解決せず、あろうことか十二月十九日、寺僧に奉じられて神木が入洛する異常事態となり、在洛は翌年八月に及んだ。二年続けて三節会の内弁に源氏公卿が当たるのを見て、良基はさぞかし髀肉《ひにく》の歎《たん》をかこったであろう。

神木の入洛に四度際会

なお、興福寺の嗷訴は南北朝期に最も熾烈であった。神木入洛は実に四度を数え、朝廷・幕府を大いに悩ますが、良基はそのすべてに際会するのである。

二　執政の祈願

関白を祈願金剛般若経を書写奉納

興福寺・春日社と摂関家の因縁はもちろん古くて深い。良基は康永二年四月十一日、春日社頭で金剛般若波羅蜜経《こんごうはんにゃはらみつきょう》（金剛般若経）を手写し、速やかな関白就職を祈願した。摂関家の人がこの経を転読・書写させることはしばしば見えるが、これは「春日御社御《ご》正体《しょうたい》、真実は金剛般若経なり」（『玉葉』治承五年〈一一八一〉閏二月二十六日条）という信仰に基づく。良基はさらに同年十二月二十八日の春日社正遷宮の際、「存ずる旨あるに依り」三御殿に奉納した。三御殿の祭神は藤氏の祖神天児屋根命《あまのこやねのみこと》である。

宿願を列挙

この良基自筆経は現存し、奥に「成就すべき宿願の条々」として十ヶ条が列挙され、識語が続く。いま読み下して箇条書きにする。

㈠ 先途《せんど》の事、已《すで》に理運たる上は、早速の恩に浴すべき事、
㈡ 執政の間、建久（五年、兼実）・正安（二年、兼基）の例に任せて、興福寺を供養すべき事、この願尤《もっと》も大望なり、
㈢ 春日詣を遂ぐべき事、
㈣ 当社の事、身の大事として、奉行すべき事、
㈤ 神訴理《り》を帯し、若《も》し聖断《せいだん》庭《ち》（遅）々たらば、職に替えて申沙汰すべき事、非理に於いてはこの限に非ず、
㈥ 重臣として久しく朝庭（廷）に仕うる事、
㈦ 執政の間、所存の如く公事《くじ》を興行し、礼節を専らにすべき事、冥助《めいじょ》に預り、信心を増すべきなり、
㈧ 敬神帰仏の志、信心を増すべき事、
㈨ 寿命延長の事、
㈩ 臨終正念、浄土に往生すべき事。

神恩を期待

㈠の懇願に対し、㈡㈢は当然の義務のようであるが、関白といえども、この時期は容

易に果たせなかった事情がある。㈣㈤は頻発した興福寺の嗷訴を受けたものであり、㈤の牽制はいかに寺訴に悩まされていたかを示す。また、㈧で冥助を受ければ信仰をより厚くするだろうというのも随分露骨であるが、関白の行動はしばしばこういう最も神恩厚い者であるという自信に根ざしていた。

「興行」の願い

公家政治家としては㈦が注意されよう。為政者が、現在の社会の状態を衰え廃れたものとして容認せず、理想的な過去の状態へと復興することを「興行《こうぎょう》」と称し、徳政（善政）の指標とされた。鎌倉後期は、公武政権とも「興行」を標榜しつつ、徳政に邁進していたが、公家徳政の最大の成果が後醍醐の親政であった。

朝儀復興への情熱

良基は北朝に仕えながら生涯、後醍醐を敬慕していた。著作でもその治世を理想とした。ただ、惹かれたのは、倒幕のごとき破天荒な行動力ではなく、朝儀の復興であった。かつて年間大小百五、六十もあったという朝儀（広く公事ともいう）は、主として経済的理由から略儀削減へと流れていったが、このような陵遅に抗することも公家政治家の務めであった。もちろん「興行」が題目以上のものではないことも、十分に分かっていたはずである。それでも良基は「興行」を唱え続けた。執着心の強さは生涯の基本線となる。

心性正直と称す

また、その性格の直截さ、一種の独善ぶりはこの宿願の奥に「良基極めて下愚蒙昧《かぐもうまい》といへども、心性《しんせい》頗る正直、更に奸邪《かんじや》の性無し、所願若し冥慮《めいりよ》に背かずんば、精祈《せいき》豈《あ》に盍《なん》ぞ成《じょう》ぜざるや」と識す通りであろう。

三　一上をめぐる暗闘

内弁執筆を勤仕

康永元年十二月二十一日、良基は初めて京官《きょうかん》除目の執筆を勤めた。翌二年正月七日の白馬節会では内弁、二十六日から三日間の県召《あがためし》除目の執筆を勤めた。そして、金剛般若波羅密経手写の前日、四月十日には右大臣に転じた。すでに摂関就職への条件を満たしていたが、良基はこの後も積極的に叙位除目の執筆、節会内弁、あるいは諸政務の上卿《しょうけい》を勤仕し続けた。

洞院公賢左大臣になる

ところが、良基が右大臣に任じられると同時に、洞院公賢《とういんきんかた》が左大臣に任じられた。

両統を游泳

洞院家は西園寺公経《さいおんじきんつね》の四男実雄《さねお》を祖とする清華家《せいがけ》である。実雄が後宇多《ごうだ》・伏見《ふしみ》・花園《はなぞの》三代の天皇の外戚となったことで、持明院《じみょういん》・大覚寺《だいかくじ》両統の治天の君に等しく重用された。鋭敏な政治的感覚の賜物であるが、さらに歴代は朝儀作法に通じ、旧規故実に詳しいことでも自他許した。

道平との因縁

洞院家と二条家とは、ともに鎌倉後期の政治的激動に翻弄され、軌跡をほぼ重ねながら、運命は明暗対照した。元弘の乱で道平・良基が処罰されたのに対し、公賢は不問に付され、さらに後伏見上皇のもとで内大臣に還任した。続く建武政権では道平急逝後、公賢が右大臣に昇った。南北朝分立後は、公賢も京都に留まり、しばらく謹慎していたが、いまふたたび光厳上皇に召し出されたのである。公賢から見れば道平の振る舞いは軽忽そのものであろうし、道平は公賢の首鼠両端を嫌悪したであろう。確執は容易に想像される。かつて道平が洞院家の知行国を奪ったこともあった。

『園太暦』の良基評

公賢の日記『園太暦《えんたいりゃく》』は、詳細な内容といい、明晰な文章といい、古来の名記として知られるが、良基に対してだけは客観的に評価を下すことは難しかったらしい。

公賢の活躍

さて、左大臣公賢は翌康永三年には早速、元日・白馬節会の内弁を務め、続いては春秋除目の執筆を果たし、光厳の期待に応えた。また、練達した作法は衆目を集めた。これは良基にとっては脅威であった。

一上を望む

康永四年五月十八日、良基は公賢に対し「一上《いちのかみ》」について何事か談ずることがあった（『園太暦目録』）。一上とは、良基の説明では「左大臣には一上の宣下といふ事あり。第一の臣下なれば太政官の内の事を悉く取沙汰するなり。何事も禁中の公事は一上まいりて行ふ事なり」（『百寮訓要抄《ひやくりようくんようしよう》』）となる。さらに七月十六日、良基は、大外記《だいげき》中原師茂《なかはらもろもち》に命じ、左大臣に一上が宣下されない時、太政官の政務を次席の大臣が代わって行う先例を注進させた（『師守記』）。公賢への一上の宣下が遅れていたため、右大臣の自分が代わって公事を沙汰しようとしたと推定できる。

改元定上卿を務めんとする

この年十月二十一日、貞和《じょうわ》と改元された。公賢が改元定《かいげんさだめ》の上卿に指名され、このときに一上の宣下を受けたらしい。当時、公賢は軽服《きょうぶく》の身であったが、先例を引勘し出仕は問題なしと判断した。これには光厳上皇も同意したものの、勅書のうちで、治暦《じりゃく》元年（一〇六五）の改元定では、右大臣藤原師実《もろざね》・内大臣源師房《もろふさ》がともに参内しながら、師実が軽服のため師房に上卿を譲り、陣では奥座に着した先例を問題にした。これは次席の大臣である良基に上卿を譲ったらどうか、との暗示である。これまでの一上をめぐるやりとりから、上卿を望む良基の働きかけがあったと考えるほかない。

公賢拒絶す

公賢はそのことを則座に見抜いた。奉答して「治暦には、左大臣で一上の藤原教通《のりみち》が不参であり、右大臣と内大臣との間で上卿を交替しても問題ない。しかし今回は、一上である自分が出仕するのに、次席の大臣が上卿となるのはおかしい」と疑問を一蹴した。さらに「公賢、咳気《がいき》さらに未だ退散せずといへども、奉行の事、他人に仰せられ難くんば、扶《たす》け参るべく候」と、良基の野心をぴしゃりと封じたのである（『園太暦』）。

良基が公賢をおしのけようとする姿勢は、北朝の権力闘争の一つであったが、摂関家の子弟にここまで熱心に公事を勤仕する必要はなかった。その熱意はいよいよ高まる。

三節会内弁

明けて貞和二年（一三四六）正月には白馬節会・踏歌節会の内弁を勤仕した。元日もそうであろう。白馬節会では内舎人《うどねり》を召す「トネメセ」の声が門外に達したという。父道平も声の大きい人であった。松殿基房の著作に「松殿口伝物召音《ものめしおと》」というものがあるから（『桃華蘂葉《とうかずいよう》』）、松殿説を学んだのであろう。

県召除目執筆

さらに二月十九日、公賢に懇望し、県召除目の執筆を譲り受けて、三ヶ夜にわたり勤仕した。研鑽の成果は十分に披露されたであろう。ところが、良基の作法は、当時の慣例とは相容れぬとの批判を受けた。とりわけ公賢はまったく評価しなかった。

摂関期の任官例を再現

これは先祖の兼実・基房・良経らによって大成された摂関家の説に忠実に従った結果であった。後に良基は、藤原道長《みちなが》より代々途絶えず執筆を勤仕しているのは、五摂家のうち自分だけである、と誇っている（『原中最秘抄《げんちゅうさいひしょう》』）。実際に良基の拠った任官例はしばしば院政期を越えて摂関期にまで遡ってしまうことがあり、いかにも耳遠く、ある意味では古風であった。

公賢に疑義を呈される

この県召除目でも、公賢は「今度の除目常に見狎《みな》れざる事多し」として、六項目の疑問を列挙しているが、やはり多くは摂関期の任官例を再現した点であった。

揚名介

その最たるものは「揚名介《ようめいのすけ》」を望んだ申文の処理である。「揚名介」とは、名目だけで職掌も俸禄もない、諸国の権介《ごんのすけ》（定員外の次官）のことである。平安時代中期の除目で何度か任官されたが、その後、実態は忘れられ、故実家の話題に上るだけであった。

架空の中文

この除目で、良基は、諸国揚名介への任官を望む「藤原良清《よしきよ》」なる架空の人物の中文を仕立てて提出した上で、自らの年給により山城権介に任じた。藤原良清とはかつて藤原道長が「揚名介」の中文で使用した名であり、かつ『源氏物語』に登場する、光源氏の従者の名でもある。由緒のある作名には一種の遊び心さえ感ずるが、公賢はじめ有識者の耳目を集めようとしたともいえる。

公賢の除目説との懸隔

公賢は、摂関期から降って、院政期の左大臣源有仁《ありひと》によって大成された朝儀作法、すなわち「花園説《はなぞの》」を奉じており、かつ叙位除目執筆は計十七度という豊富な経験を持つ。良基の尊重する摂関期の古儀は、鎌倉時代以降の近代の例とはあまりに懸隔あるもので、その正当であることを説明されても、「珍重の事か」と肩をすくめるほかなかった。公賢に取り、良基が唱える「興行」など、およそ真面目に受け取れるものではなかった。

良基の除目説は摂関家華やかなりし時代の古儀を理想とし、「興行」の熱意に駆られ、これを儀式の場で再現しようとしたと評価できよう。しかし、これはそういう理想ばかりではなく、より現実的な計算も働いていた。

良基に扶持の人なし

良基は父道平と十六歳で死別し、叔父師基は翌年南朝に出奔した。つまり官歴の始発期、良基に朝儀作法を実地に教えてくれる人はいなかったのである。これは廷臣としていちじるしい痛手である。朝儀の作法は、日記や儀式書の研鑽だけで十全に習得することは難しく、経験豊富な先達に就いて指導されることが不可欠であった。まして将来のため失態の許されない貴種であれば、「扶持《ふち》」と称して、先達が儀式の場に参入して手助けすることさえ認められていた。現に公賢は多くの廷臣を助けていた。そのような援助が期待できないからこそ、誰も見たことのない摂関期の古儀を研鑽し、あえて実践したとしてもあながち誤りではあるまい。案の定、それは批判や反撥に晒されたのであるが、良基は少しもひるむことがなかったのである。

四　連歌への耽溺

異常な熱愛

良基の伝記に連歌を逸することはできない。「常住《じょうじゅう》ただこの道に酔はせ給ひける」（『梵燈庵主返答書《ぼんとうあんしゅへんとうしょ》』下）といわれ、つねに句を案じて詠吟し、生涯「五六十万句も云《い》ひ出だしつらめ」（『長短抄《ちょうたんしょう》』上）という句数をものした。また、深夜であろうと添削を乞う者があれば応じた。その熱狂は中世人の心をとらえて放さなかった連歌の魅力を象徴する。

漢詩和歌を嗜まず

摂関家の子弟の嗜《たしな》むべき文芸は、もちろん漢詩・和歌である。良基も当然学んだはずであるが、師範などまったく不明で、この時期には作文《さくもん》（詩会）・歌会の開催も知られない。後年に内裏《だいり》・仙洞《せんとう》での催しには欠かさず参じているが、これは関白としての責務であり、文芸愛好とは別である。なぜ連歌が良基の心をとらえたのか、まず、良基に至るまでの連歌の歴史と当時の実態を顧みておきたい。

連歌の歴史

連歌史は非常に長いが、二句一組で完結する短《たん》連歌の時代が過半を占める。これはその場での言い捨てであるから記録されることもなく、発展の余地も乏しい。長《ちよう》連歌は、連想の糸によって鎖のように句を続けるものであるが、出現は比較的新しく院政期で、それも作品はまとまった形では残存しない。

後鳥羽院の時代に連歌法式定まる

鎌倉時代前期、後鳥羽《ごとば》院の治世に重要な進展があった。仙洞で頻繁に行われた連歌では、連衆を有心《うしん》・無心《むしん》に分け、付句《つけく》の数を競わせた。前者は和歌的で優美な風情を、後者は滑稽・機知を宗《むね》としたが、毎度有心衆の圧勝であった。要するに詩情に乏しい無心連歌では、句を続けることが難しかったからで、以後和歌に学んだ有心連歌が急速に成長を遂げる。またこの時期には、句を続けるための原初的なルール（式目《しきもく》）を定め、懐紙を用いて付句を記録するようになり、ほぼ百句（百韻《ひやくいん》ともいう）を単位とするようになった。なお、こうした縁で後世の連歌師は後鳥羽院を深く敬慕した。嘉慶元年六月、院の百五十回忌に、京都四条道場（金蓮寺《こんれんじ》）に属した時宗連歌師によって、追善の千句連歌・百首和歌が勧進されたときには、最晩年の良基も参加し、序を寄せている（『隠岐高《おきたか》田《た》明神百首和歌』）。

花下の連歌

鎌倉中期の後嵯峨《ごさが》院の時代、連歌の名手が多く現れた。二条良実《よしざね》や一条実経《さねつね》も愛好し、藤原為家《ためいえ》・為氏《ためうじ》父子らは新たな式目を定めたという。しかし、いずれも宮廷歌人であり、連歌は余技にとどまった。いっぽう、出雲路《いずもじ》の毘沙門堂《びしゃもんどう》や白河の法勝寺《ほうしょうじ》、あるいは東山の鷲尾《わしのお》や地主権現《じしゅごんげん》といった洛外の花の名所では、三月下旬の鎮花祭《はなしずめのまつり》（桜の散る頃に流行する悪疫を祓う祭礼）に際して催す連歌の興行、いわゆる「花下連歌《はなのもとれんが》」が隆盛となった。

連歌師の出現

良基も「道生《どうしょう》・寂忍《じゃくにん》・無生《むしょう》などいひし者の、毘沙門堂、法勝寺の花の下にて、よろづの者おほくあつめて春ごとに連歌し侍りし」（『筑波問答《つくばもんどう》』）と記す通り、そこで中心となったのは素性の知られない地下《じげ》の遁世者であった。その句風はさほど洗練されておらず、『菟玖波《つくば》集』もたいして句を採っていないが、初めて連歌を生業とする人々、すなわち連歌師が登場してきたことは重要であろう。

善阿と門弟

花下連歌の傑物は、鎌倉後期の正和年間（一三一二―一七）、七条道場（金光寺《こんこうじ》）に属して活動した時宗僧の善阿《ぜんあ》であった。鷲尾での興行には院（伏見院か）が車を立てて見物したという。また、亡父道平も毎年加わり、発句《ほっく》も出したと良基は語っている。こうして道平のもとに善阿の一派が出入りするようになった。良基は善阿とは直接面識はなかったらしいが、「善阿といひし者、ならびなき上手にて、門弟ども今にこの道の堪能にて侍るにこそ」（『筑波問答』）と、地下連歌の正統と認めていた。その高弟、順覚《じゅんかく》・信昭《しんしょう》・十仏《じゅうぶつ》・救済《きゅうせい》《ぐさい》・

良阿《りようあ》らはあいついで良基の知遇を得たようである。個性豊かで老練な連歌師たちはそれぞれ若い良基の心をとらえたが、わけても心酔させたのが救済であった。「救済は善阿を学びてしかも善阿を捨てたり」（『十問最秘抄《じゆうもんさいひしよう》』）と良基が述べたように、救済の句風は地下連歌のしつこさを脱し、簡勁にして優美なものであった。傾倒は生涯変わらず、その出会いこそ連歌愛好熱の発端と見られる。

救済に師事

救済は弘安《こうあん》五年（一二八二）の生まれと考えられるが、「侍従房」という房号が伝わるのみで、出自などいっさい未詳である。良基がいまだ「御かたさま」と称されていた時期に初参し、その将来を予祝する発句、

初参の発句

染《そ》めぬより露に色ある梢《こずえ》かな（秋に露は紅葉を染めるものだが、すでにその色が見えるような、この露にしっとり濡れた梢であるよ）

を詠んだと伝えられる（『古今連談集』）。「御方」とは貴人の嫡子のことで、かつ句の季は夏の終わりであるから、初参は父道平の生前で、建武元年、良基十五歳以前のこととなる。これより救済に師事すること実に四十年に及ぶのである。

式目不統一の問題

あたかもこの建武元年八月、建武政権を諷刺する有名な「二条河原落書《らくしよ》」が出現し、そこに「京鎌倉ヲコキマゼテ、一座ソロハヌエセ連歌」の一節があった。長連歌はすでに社会各層に浸透していたが、統一したルール（式目）はいまだ存在しなかった。その

ため京都・鎌倉、あるいは堂上《とうしょう》・地下の連衆が同座すると、用いる式目がまちまちであって、進行が円滑ではなかったことを皮肉っているのである。当時の連歌界の抱える課題を伝えていよう。良基は連歌に親しむにつれ、この問題を痛感せざるを得ず、やがてみずから敢然と立ち向かうのである。

千句連歌を開催

暦応三年から康永二年までの内大臣在任中に、自邸で千句連歌会を催している。千句とは百韻を十度列ねるもので、各百韻の発句はそれなりの名人でなくては務まらないから、良基を含む、名匠十名が一同に会したものであろう。大規模な会の開催は、この世界で指導者たらんとする自信をアピールするのに十分である。

『僻連抄』執筆

かくして二十六歳の貞和元年三月には、連歌論書『僻連抄』を執筆する。自跋に「ある田舎人、連歌はいかなる物ぞと尋ね申ししかば、愚かなる心に誤れる事のみ書き付け侍るなり」と述べ、さらに「康永四年三月下旬の比、鷲尾の辺より不慮に尋ね得たる所なり」という奥書を持ち、地下連歌師の拠点であった東山で行われた著作であるかのように擬装するが、当初から良基の作として知られていた。

完成度の高い論書

『僻連抄』は連歌の歴史・稽古・寄合《よりあい》・会席《かいせき》・賦物《ふしもの》・句体・発句などを取り上げて論じ、「その後の彼の著述も畢竟本書の部分的補注か乃至は敷衍でしかない」（『連歌論集上』解題）と高く評価される。連歌史上初の本格的な論書でもある。

『連理秘抄』と改名

すぐに流布したようで、四年後に改訂稿をまとめ、「この書未定の草案、所々に流布すと云々、これを用ゐるべからず、この本をもつて正となすべし」と断り、『連理秘《れんりひ》抄《しょう》』と題してふたたび世に問うているのである。

式目の制定

『僻連抄』の後半には、良基考案の連歌式目を附載する。良基の斯道における最大の功績は、この式目の制定であろう。むしろ式目の発表に際し、この書でほかの論点をも洗い出したともいえる。

変化させるための工夫

いうまでもなく、連歌は、提示された句（前句）に対して、新たな句（付句）を付けるごとに、つぎつぎと句境を変転させる、その変化の妙が生命である。しかし、通常は十二、三人ほどの作者が数時間で遊ぶものであるから、ともすれば同じ発想や題材が現れて、百句の運びはときに停滞しがちである。句を隔てて同じ趣向を詠むことは「輪廻《りんね》」として忌避された。また、誰も詩情豊かな花や月の句、あるいは恋の句を詠みたがる。そこで百句のうちにも、自由新鮮な発想を持続させるための制限、すなわち「去嫌《さりきらい》」の取り決めが必要となってくる。句数（同季、恋・述懐などの句は何句続けてよいかという連続制限）、句去《くさり》（ある題材は何句隔てるべきかという間隔制限）・物数《ものかず》（ある題材は何度詠んでよいかという回数制限）といったものである。

先行の式目

すでに院政期の藤原清輔《きよすけ》の歌学書に去嫌の萌芽が見られる。鎌倉後期、二条為世《ためよ》の

「弘安（建治）新式」や冷泉為相の「藤谷《ふじがやつ》式目」といった堂上作者のもの、道生・善阿ら地下連歌師のものがあり、後者のとくに「花下様」と称される式目が同じく世に行われていた。これらは現存しないものの、多くは去嫌の取り決めであり、絶えず追加訂正が加えられていたと考えられる。

長年にわたる式目改訂

良基は主として弘安新式に依拠しつつ、それぞれの長短を弁じて、救済の意見を参考にし、式目の改訂に取り組んだ。もっとも題材によっては実物か似物《にせもの》（比喩）かでも扱いが変わってくるし、さらに題材もまた事物そのもの（体）かそれとも作用・働き（用《ゆう》）かを分別することも必要であった。こうした「可分別物《ふんべつすべきもの》」や「体用事《たいゆうのこと》」は個別の細則として追加され続けることになる。

最終的完成『連歌新式』

式目は現代人の眼には煩瑣《はんさ》に映るものの、ひとたび習得してしまえば、地域も階層も異なる面々が同座して連歌を楽しむことができ、きわめて合理的な法則といえる。現にここで打ち出された式目が基盤となって、たえず修正の手を加えられながら、数十年をかけて洗練され、応安五年（一三七二）制定の『連歌新式《れんがしんしき》』に到達する。これが長く、連歌・連句を嗜む人がかならず拠る宝典となったことは贅言を要しまい。

五　和歌との距離

熱意を欠く

いっぽう和歌に親しむのは連歌よりかなり遅れた。しかも「詠歌の事はすべて立ち入らざる道にて侍れども」（『近来風躰《きんらいふうてい》』）と自身認めているように消極的で、現存する歌数も決して多くはない。和歌史上の良基の功績は、歌壇のパトロンとして、あるいは歌論書『愚問賢注《ぐもんけんちゅう》』『近来風躰』の執筆者としてであって、現存歌数は三百首足らず、実作者としては頓阿《とんあ》ら専門歌人はおろか、同じような立場の権門歌人である洞院公賢にも及ばない。

公宴歌会への出席

現存資料で確認できる限りでは、良基の公的な歌会・歌合《うたあわせ》への出席は、康永三年閏二月十二日の光厳上皇仙洞年始《ねんし》歌会が初見である。ついで貞和二年に、その光厳の親撰した『風雅《ふうが》集』のための応製《おうせい》百首にも出詠した（後述）。これが「貞和百首《じょうわひゃくしゅ》」である。ただ良基の百首は散逸し、現在二十首弱が拾遺されるに過ぎない。

歌風

その歌風であるが、「貞和百首」では光厳の庶幾する京極風を詠んだが、これには後に「為兼《ためかね》卿異風《いふう》を詠み侍りしなり」と否定的で、大半は二条風つまり伝統的な発想にいくぶんの新味を加えたものである。ときに率直な感慨が混じるものの、内容・表現とも当時の水準を出ていない。

自邸での月次百首会

ただ貞和年間（一三四五―五〇）、良基は一月に三度の定例の歌会を開催するようになった。ここで『近来風躰』の有名な回想を聞いてみたい。

> 貞和のころは、毎月三度の月次《つきなみ》百首の会、為定《ためさだ》大納言の点《てん》又判《はん》などにて侍りしなり。その時の会衆はみな名誉の人々にてありしなり。家の人には、為忠《ためただ》・為秀《ためひで》卿、定衆にて侍りし。為明《ためあきら》卿は時々まじり侍りしなり。頓阿・慶運《きょううん》・兼好《けんこう》、定衆にて所存を申ししなり。道英《斎藤》《どうえい》などは又勿論なり。門真《かどま》（経清、寂真）霜台《そうだい》入道・顕阿《けんあ》などもよませ侍りし。

指導者は二条為定

指導者には二条為定を迎えた。為定は藤原俊成・定家以来繁栄する御子左《みこひだり》家嫡流の当主で、歌壇の宗匠として権威があった。

形式は続歌

ところで、この定例の歌会は頻度からしても続歌である。続歌《つぎうた》とは指導者があらかじめ歌題を準備し、これを参加者が分担して短冊に詠み、提出された短冊《たんざく》をもとの順に接続し直すことでこの名がある。その会席は内々の性格が濃く、かつ歌数を競うこともあり、しばしば懸物《かけもの》（景品）を伴った。複数の作者が共同で一巻を編成することなど、連歌との共通項が多い。

歌道修練のため

ここでは各人の短冊を、作者名を伏せて転写し、為定のもとに送って合点させ、その点数を競ったり、ときには作者を左右に分け歌合形式に番《つが》えて、互いに批判させた後、為定の判を仰いだりしたのであろう。続歌はしばしば歌道の修錬を兼ねた。良基の場合も、一通り詠歌に習熟すると、開催の回数は少なくなっていったようである。

歌会の構成

なお、同じ御子左家一門といっても、かならずしも為定と快くなかった他家の冷泉為秀、庶流の二条為忠が毎度参加したのも、二人が良基の家礼だからである。また、「時々まじ」った為明は為忠の兄である。この為明は後に為定と不和になり一門を分裂させる。

地下の名人

為定の地下門弟も「定衆」であった。その俊秀、いわゆる「和歌四天王《してんのう》」のうちの三人、頓阿・慶運・兼好についてはいうまでもない。そして、六波羅探題《ろくはらたんだい》奉行人斎藤氏出身の道英法師（俗名未詳）、同じく室町幕府奉行人門真経清《つねきよ》こと寂真法師、時宗僧の顕阿などにも詠ませたとある。善阿門下の連歌師もそうであったが、少しでも名があって良基の好みに叶う者は一度は召して詠ませてみたらしい。さらに禅僧らしき祖月・円照という好士と同座できなかったことを残念がっている。歌会の開放的な性格が察せられる。ただ、良基がこうした好士と接したのは、彼らが遁世した後であろう。頓阿・慶運・兼好はもちろん、六位の侍やそれ以下の層が在俗時の身分のまま摂関家に出入りすることは許されなかった。

的確な歌人評

ところで、この『近来風躰』は、指導を受けた歌道師範から地下の名人まで、すべて故人となったこれら歌仙の風躰への短評が続く。たとえば兼好について、四天王のうちでは「ちと劣りたるやうに人も存ぜしやらん」とした言は有名である。こうしたあからさまな月旦評は、『歌仙落書《かせんらくしょ》』など匿名の例はあるものの、中世では珍しい。憚る相手の居ない関白の著作ならではであり、かつ人を見る眼の確かさをうかがわせるのである。

蹴鞠

このほか、この時期に蹴鞠《けまり》を嗜み始めた。蹴鞠の家の難波宗緒《なんばむねお》・宗清《むねきよ》父子が師範であった。康永三年十一月、宗清に対し、もっぱら技法について百ヶ条もの質問を送り、回答させている。これが蹴鞠《しゅうきく》論書『宗清百問答《ひゃくもんどう》』である。関心の高さが分かるが、同好の士に示すためにあえて細かな質問を設定したのかもしれない。

声明

管絃の事績は見えないものの、孫の満基によると、浄土宗の如法念仏会《にょほうねんぶつえ》で唱誦される『法事讃《ほうじさん》』の声明《しょうみょう》を熱心に稽古し、十八歳から共行《ともゆき》（行道）に立ったという（『吉田家日次記』応永《おうえい》九年〈一四〇二〉七月二十二日条）。信仰心からではなく、懺法《せんぽう》の伽陀《かだ》（偈誦）の聴覚的な美しさに惹かれたものらしい。当然、美声で音感も好かったのであろう。これは後年、内裏で懺法講の開催を推進する下地となる。

こうした芸道は、いずれ関白となった後にも役立つ教養でもあったが、蹴鞠にしろ声明にしろ、みずから熱心にこれを研鑽し、嗜んだ点は異例である。かつ、蹴鞠や声明の用語を良基の連歌論はしばしば用いており、芸道への関心は連歌を核として拡がり始めたのである。

第三　偏執の関白

一　関白の詔と家政機関

《貞和二年》関白となる

貞和《じょうわ》二年（一三四六）二月二十九日、良基《よしもと》を関白および氏長者《うじちょうじゃ》とする旨、詔書が下された。ときに二十七歳であった。同じく三月二日内覧《ないらん》が、四月二十九日には一座《いちざ》（官次にかかわらず宮中の最上座に着する承認）・牛車（乗車したままの参内の承認）・兵仗《へいじょう》（武装した随身を給わること）が宣下され、文字通り朝廷の首班となった。同日、拝賀《はいが》を遂げ、光厳《こうごん》上皇の仙洞持明《せんとうじみょう》院殿《いんどの》はじめ各所へ慶《けい》を奏した。拝賀とは新任昇叙された者が、天皇・主人・氏社氏寺などに参じて御礼を言上する儀礼である。

就職の感慨

このときの感慨を述べた、良基の「貞和百首」の一首が伝わっている。

今年はや若紫《わかむらさき》に咲きそめて三代《みよ》にこえたる北の藤波《ふじなみ》（『新続古今《しんしょくこきん》集』春下・一九八）

藤花の開花を詠んだ四季詠であるが、「北の藤波」とは藤原北家《ほっけ》嫡流である摂関家を寓する歌語でもあって、師忠《もろただ》・兼基《かねもと》・道平《みちひら》の三代より「若」い年齢での就職を自祝するものである。

関白家職員

摂関家では当主が関白に就くと、改めて政所《まんどころ》・侍所《さむらい》・随身所《ずいじん》・小舎人所《ことねり》・厩司《うまやつかさ》などの機関を組織し、祗候《しこう》する諸大夫・侍から職員を選任し、いわゆる関白家家司《けいし》を構成した。こうした制度の鎌倉中期以後の実態はよく分からないが、良基の関白就職時には多少の手がかりがある。以下に述べてみたい。

政所

政所執事に坊城俊冬《としふゆ》、これを輔佐する年預《ねんよ》に中御門季定《すえさだ》を補した。両名は勧修寺《かじゅうじ》《かんじゅじ》流のうちでは、総じて摂関家に忠実であった坊城経俊《つねとし》の子孫である。政所執事はたんに「執事《しつじ》」ともいい、弁官でもある殿上人が当たった。家政を統轄する立場にあり、藤原氏関係の氏寺・氏社に宛てて出した長者宣の奉者となる。後に俊冬が公卿となって執事を辞すると、季定が跡を襲った。さらに延文《えんぶん》元年（一三五六）三月、季定が侍四郎左衛門《しろうさえもんの》尉《じょう》某に襲われて不慮の死を遂げると、俊冬の子俊任《としとう》が補されたようである。

侍所

侍所の別当（職事《しきじ》）には諸大夫の藤原有茂《ありもち》、事務を担当する勾当《こうとう》には同じく高階仲経を宛てた。

発給文書 政所下文

こうした家司は、重要な職務として良基の仰せを奉じた。良基が発給した文書を見ると、「御消息《ごしょうそく》（御気色《みけしき》）所候也（如此）、仍執達《しったつ》如件」という文言で結んだ関白御教書の形式が最も多く、藤氏長者宣《とうしちょうじゃせん》もしばしば発している。史料残存状況の関係で大和春日社・下総香取社などに宛てたものが目立つが、いずれも東坊城秀長が奉じた例が多く、抜群の信任の度をうかがわせる。このほか観応年間（一三五〇―五二）まで、関白家政所《まんどころ》下文《くだしぶみ》を発給している。これは官宣旨《かんせんじ》（弁官下文）と同じ形式で、関白の命を「所仰如件、○○等宜承知、敢勿違失、以下」として伝えるもので、奥に別当・案主《あんじゅ》・大従《だいじゅう》ら家政職員が連署する文書であるが、当時すでに廃れており、良基のものが知られる限りでは最後となる。しかも観応の擾乱《じょうらん》の最中である。三位以上の公卿がよく用いた、簡便な御教書ではなく、あえて手続きの面倒な、古式の文書を作成させたことになり興味深い。

北政所不在

ところで就職の翌春、関白室は女叙位《にょじょい》で従三位に叙され、北政所《きたのまんどころ》と称されるのが慣例である。あるいは関白辞職の前に叙位を申請することもある。しかし、良基にはついにそのことが確認されず、正室を置かなかったものらしい。妻妾は複数おり、貞和元年には家女房左衛門督局《さえもんのかみつぼね》との間に長男師良《もろよし》を儲けている（『諸家伝』）。

宣旨局土岐頼康女

美濃守護土岐頼康《よりやす》の女は良基に仕えて「宣旨局《せんじのつぼね》」と称した。宣旨局も関白家職員の一つで、関白宣下のとき、外記《げき》・史《し》の持参した宣旨を主人のもとに運ぶ役を務めたことにちなむ。ただ、頼康女は文和《ぶんな》二年（一三五三）頃から良基の寵愛を受けたらしく、延文元年に二男師嗣《もろつぎ》、二年後に三男経嗣《つねつぎ》を産んでいる。すると頼康女は貞治《じょうじ》二年（一三六三）の関白還補時にこの役を務めたと見るべきであろう。

二　「興行」の努力

関白は朝儀を監督

関白となった良基は、早速に朝儀の復興に乗り出した。宿願十ヶ条の㈦「執政の間、所存の如く公事《くじ》を興行し、礼節を専らにすべき事」との誓いは真情であった。関白は「百官惣己《ひゃっかんそうき》」といわれる通り、監督し指導はするが、直接朝儀に携わることはない。いわば舞台の演出家のような立場で接したのである。

節会の興行

最も力を注ぎ、かつ分かり易い事例は節会である。後醍醐《ごだいご》天皇は節会の興行に意義を認め、親王を参仕させたり、立楽《たちがく》（楽人が立ちながら演奏すること）を二度行わせるといった、珍しい古儀をつぎつぎ復活させていて、良基も深く共感するところがあった。しかし、北朝では兵乱・寺社の嗷訴《ごうそ》などにより完全な形で節会を行った年は稀で、良基が内弁を務めた貞和二年の三節会も、東大寺八幡宮神輿《しんよ》の在洛を憚《はばか》って、天皇の出御が略されている（表3参照）。良基がこれに非常に不満であったことは想像に難くない。

《貞和三年》晴儀で強行

貞和三年正月七日の白馬《あおうま》節会は途中から激しい雨となった。このような場合、略式の雨儀に切り替えるにもかかわらず、良基の命により晴儀《せいぎ》のまま続行されたので、「諸人鼻を舐《ねぶ》り、衣裳は水を引き出づるが如し」となった。洞院公賢《きんかた》は「内弁未練、執柄物宜《ぶつぎ》

表3　北朝の叙位除目・節会の停廃

年（西暦）	朝儀	事由
建武四年（一三三七）	元日停止、白馬・踏歌略儀	兵革
	叙位、県召・京官停止	執筆領状の人無し
暦応元年（一三三八）	白馬略儀	藤原兼子（広義門院母）没
	県召・京官停止	兵革
二年（一三三九）	京官停止	春日神木動座
	踏歌略儀	今出川兼季没
三年（一三四〇）	三節略儀	春日神木動座
	叙位、県召・京官停止	春日神木動座
四年（一三四一）	県召・京官停止	春日神木入洛
	三節略儀	春日神木動座
康永二年（一三四三）	三節略儀	上杉清子（足利尊氏母）没
貞和元年（一三四五）	三節略儀	東大寺神輿入洛・春日神木動座
	叙位、県召・京官停止	同右
二年（一三四六）	三節略儀	東大寺神輿入洛
三年（一三四七）	京官停止	春日神木動座
四年（一三四八）	三節略儀	同右
	叙位停止	同右
五年（一三四九）	三節略儀	花園院崩
観応元年（一三五〇）	京官停止	兵革
二年（一三五一）	元日略儀、白馬・踏歌停止	同右
	叙位、県召・京官停止	同右

（注1）　県召除目が行われない場合は京官除目も停止される。
（注2）　『続史愚抄』『叙位除目執筆抄』により作成。

を弁へられざるの致す所なり（内弁が未熟で関白が非常識なせいだ）」と歎息した。

立楽に執着

それに先立つ正月四日、前内大臣転法輪三条実忠《てぼりさんじょうさねただ》が死去し、十六日の踏歌《とうか》節会での立楽を略するか否かが問題となった。良基はいちおう先例を調査させたものの、「已《すで》に日数相ひ隔て候の上は、弥《いよい》よ別儀あるべからず、毎事例の如く沙汰あるべきか」との考えであり（『師守記』）、はたして節会当日は良基監督のもと、立楽はことさら華やかに奏されたという。

出仕を強制

廷臣には出仕を催促し、強制も辞さなかった。九月十六日、良基は関白在職のまま左大臣に転じ、右大臣に九条経教《つねのり》、内大臣に近衛道嗣《みちつぐ》を任じた。そこで任大臣節会が挙行されたが、春日神木《かすがのしんぼく》が金堂前に動座中で、これを口実に出仕を渋る公卿が続出し、内弁さえ欠く有様であった。けっきょく久我通相《こがみちすけ》が務めたが、通相は同日の小除目で権大納言に昇進したため、領状させられたのである。さらにこの日、通相に附随するいくつかの人事を上卿として宣下するよう求めた。通相は着陣《ちゃくじん》（公卿が昇進後、初めて内裏の陣座に着いて公事を行う儀）を当然遂げていないので固辞したが、激しい応酬のすえ、良基は先例を探し出して強要した。公賢は「執柄あながちに張行《ちょうぎょう》せられ、無力と云々」とした。

四条畷合戦

明けて四年正月五日、河内国四条畷《しじょうなわて》で楠木正行《まさつら》が高師直《こうのもろなお》と合戦し敗死した。この捷報がもたらされると、朝儀は兵乱を考慮すべきか、具体的には歌舞音曲を伴う踏歌節会

兵革を憚らず

の規模がふたたび問題となった。

良基は、「兵革《へいかく》中と雖も、諸公事《しょくじ》あながち省略されざるの例、繁多に候、況んや今度逆徒已に滅亡の上は、諸事省略、尤も庶幾せざる」と主張したので、正月十四日、光《こう》明《みょう》天皇は公賢に諮問した。公賢は、たとえ正行が滅びたとしても師直はまだ帰参せず、南方の情勢も分からないのだから、節会を平時の規模で行うのは感心しない、と述べて、「安きに居て危きを忘れず、もっとも君子の所存か」と批判する。

独善的姿勢

五年十二月二十六日、崇《す》光《こう》天皇即位礼では、諸儀の周備に固執し、周囲の意見にもかかわらず、新帝に随行する命婦《みょうぶ》が全員揃うまで出御を遅らせ、内弁を努めた公賢からは「偏執《へんしゅう》如何」といわれた。「偏執」とは、文字通りみずからの考えに固執し他人の意見を容れないこと、転じて人の言行を妬んで悪くいうことといった用法がある。後年、良基は朝儀作法で自説に従わない公卿を痛罵することがあり、まさに「偏執」の両義にわたる、激しい性格の持ち主であったことは否めない。

光厳上皇の信頼

以上は多く『園太暦』によった。ただ、これほどにかたくなであれば、早晩廟堂の支持を失うはずである。しかし、良基は更迭されなかった。他家の当主がいまだ若かった幸運もあるが、その姿勢は公賢の冷ややかな批判とは別に、一定の評価を得ていた可能性がある。とくに治天の君、光厳上皇の信頼をかち得ていたことは確かなようである。

晩年にも「後醍醐院・光厳院、わかくよりとりわき御めぐみにあづかりしは、物をよくおぼえたりと叡感にてありしにや」（『嵯峨野物語《さがの》』）と回顧している。ただ、光厳の在位は良基の十二歳から十四歳までに過ぎずしかも官を辞していたのだから、院政を敷いていた期間に信頼関係が築かれたと見なければならない。

三　仙洞の雰囲気 ―日記『後普光園院摂政記』―

摂関家は院と疎遠

藤原忠実《ただざね》と白河院《しらかわ》、九条兼実《かねざね》と後白河院《ごしらかわ》の例もあるように、もともと摂関家は院とは疎遠であった。院は転法輪三条・西園寺・洞院・徳大寺《とくだいじ》など閑院《かんいん》流の清華大臣を重用し、院中を差配する執事別当や御厩を管理する左右馬寮御監《ごげん》といったポストを与えた。また院政の実務は、勧修寺流・葉室《はむろ》流・日野《ひの》流など名家出身の中級廷臣を登庸して委ねた。光厳院政でも執事別当は洞院公賢、執権は勧修寺経顕《つねあき》であり、かたがた良基の居場所はなかったように見える。

仙洞の百首披講に参入

関白となって半年後、貞和二年閏九月十日、光厳上皇が当代の歌人から召した百首歌の披講《ひこう》が、仙洞持明院殿で行われることになった。『風雅集』の撰歌資料とした応製百首で、年号を取り「貞和百首」と通称する。良基もその作者であったが、披講の席に参入した。案の定、公賢から「披講先々如法内々《にょほううちうち》の儀なり、しかるに関白未《いま》だ昵近《じっこん》の仁《ひと》たらず、今夜参入あながちに詮無きか」（『園太暦』）と、場違いだと批判された。「あえて参加したのは、その頃進行中の勅撰集に入集する希望を強く持っていたためであろうか」（木藤才蔵『二条良基の研究』）という推測もあったが、次元の異なる事柄であり従いがたく、良基の意図が知りたいところである。

良基の日記

実は「貞和百首」披講日の良基の日記が、東山御文庫蔵『仙洞和歌御会記《せんとうわかごかいき》』のうちに伝わっている（石田実洋氏教示）。良基が漢文体の日記（『後普光園院摂政記』）を記していたことは想像されていたが、失われたと考えられていた。これはまとまった分量の逸文として貴重なので、『園太暦』と対照させつつ、やや詳しく紹介してみたい。

貞和二年後九月十日、天晴る、風静かなり。此の日仙洞に於いて□首等を詠ぜらる、蓋し是れ宝治《ほうじ》以下度々の先規なり、余人数たるに依り、戌剋《こく》直衣を着し仙洞に参る、是より先に前左府（公賢）以下透渡殿《すきわたどの》の辺に在り、余則ち彼《か》の所に参り、暫く言談、執権卿（経顕）を招きて内々に愚詠一巻（高檀紙《たかだんし》にこれを書く、太上皇の字を加へず、同字に於いてはこれを書く、文保の例なり、）を付す、次に法皇（花園）の御方に参る、按察《あぜち》二品《にほん》出来、暫く言談、

百首を提出

良基は参院すると、まず百首歌の清書本一軸を、奉行の院執権勧修寺経顕に提出した。和歌作品としては最も格式の高いものなので、かならず巻子本に仕立てかつ自筆で認め

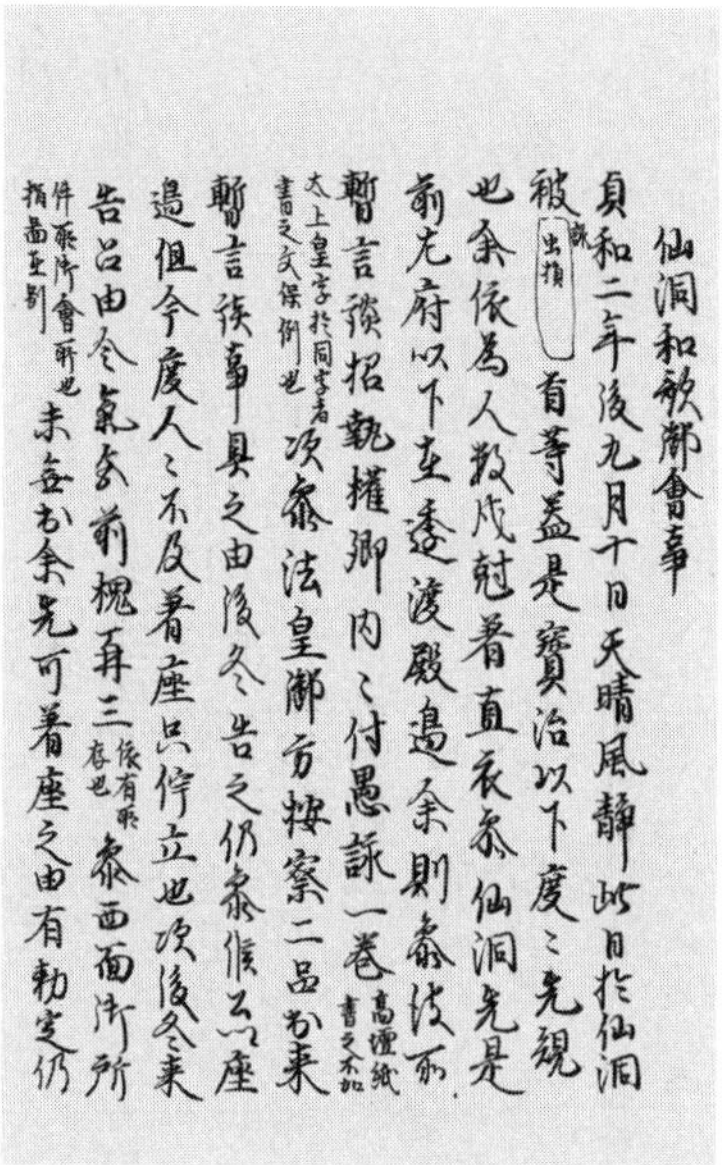
仙洞和歌御會事
貞和二年後九月十日天晴風静、此日於仙洞
被詠（出頭）百首哥、蓋是寶治以下度々先規
也、余依為人数、戌剋着直衣参仙洞、先是
前右府以下参透渡殿邊、余則参彼所
暫言談、招執權卿内々付愚詠一巻 高檀紙書之不加
太上皇字於同字者書之、文保例也 次参法皇御方、按察二品来
暫言談、事具之由後々告之、仍参候公座
邊、但今度人々不及着座、只佇立也、次後々来
告召由、公氣参、前槐再三 依有恐也 参西面所
件所會所也 指圖在別 未出御、余先可着座之由有勅定、仍

二条良基日記逸文
（『仙洞和歌御会記』より，東山御文庫蔵）

るのが慣例であった。もっとも良基は松殿忠嗣《ただつぎ》に清書させた。「太上皇の字を加へず」などとあるのは、端作《はしづくり》（詠作の季・題などを記す標題）の書式の故実で、正式には「秋日侍《（陪）》太上皇仙洞同詠百首応製和歌」とするところ、関白であり、かつ父道平の文保百首の例に倣って、「侍太上皇」の四字を略し、「同」字は書いたということなのである。

読師は公賢
講師は為秀

披講は寝殿西面の五間を会場とし、南北二行に畳を敷いて公卿座とした。良基は光厳の命によりすぐに参候し奥座の第一座に着いた。公卿は依然佇立したままであったので、良基は公賢に再三合図して早く始めるよう促した。光厳が出御したので、良基は着座するように命を下そうとしたが、公賢はこれを待たず端座の第一座に着いた（『園太暦』には良基に続いて着座したとしか書いていない）。

公卿十人が着座すると、左少弁万里小路仲房が文台を据え、右少弁九条朝房が円座を敷き、五位蔵人坊城俊冬が詠進された百首歌数十軸を持参した。

良基に披講の読師《とくし》を務めよとの命があったが、「腹病なほ不快、始終祇候不定」ということで、公賢が勤仕した。講師《こうじ》は左中将冷泉為秀であった。二条為定が講師を務めるべきであるが、光厳とは疎遠であったため、庶流で官も低く年少ながら為秀が抜擢されたのである。

披講の儀

公賢と為秀が座に着くと、公賢が光厳の御製《ぎょせい》を賜り、文台に置いた。それから公賢が講頌衆八人を召した。春二十首を為秀が読み上げ、講頌衆が三度づつ詠吟した。

為秀の評価

為秀は経験不足だとして公賢は好感を持っていないが、良基によればその振る舞いは「作法失無し、神妙」であった。

続いて花園法皇・関白良基以下の百首歌を順に、おそらく巻頭歌だけを披講していった。こうして儀式は寅一点（午前三時過ぎ）に終わった。「以ての外早速に事終る、神妙なり」とある。けっきょく良基は最後まで祇候した。

公賢への反感露わ

公賢は良基を白眼視したが、良基もまた公賢に敵意を抱いていた。

抑も今夜左府〔公賢〕烏帽子を著す、女何〔如〕、余冠を著すの処《ところ》、頗る故実無きに似るか、但し宿老の臣、定めて先規を存するか、およそ先々披講の儀、一向密儀たるの由、左槐《さかい》〔公賢〕度々これを講〔称〕す、若しくはこの故か、如何々々、邂逅《かいこう》の儀、無為珍重なり、

公賢仙洞の重臣を自認

まずみずからは冠直衣《かんむりのうし》であったのに、下位の公賢が烏帽子《えぼし》直衣であったことに気分を害している。公賢を「宿老の臣」とするのにも、たぶんに含むものがある。公賢は数日来体調が悪く、この日も席上で鼻血を出し、「今更こんな老人が出現し、恥をかいた」と自嘲しているが、公賢一流の韜晦《とうかい》であり、アクシデントをものともせず堂々と読師を務めて、仙洞の重鎮であることを見せつけた。その公賢によれば、応製百首ではかならずしも披講は行われず、行われたとしても密儀（内々の儀）であるから、くつろいだ烏帽子直衣の装束は、周到な先例調査とそれに基づく判断である。とはいえ、公賢がたびたび「一向密儀たる」と称したことは、良基からすれば、仙洞と距離のある自身を排除する口実に感じられたに違いない。両者の確執はいまさらのように明らかである。

上皇の感言

ところで、上皇は良基の参入に感ずるところがあった。良基の日記によれば、わざわざ人を遣わして「今夜病気の由、人々申すの間、早出すべきかの由、思し食さるるの処、始終祗候、返す返す神妙、一座の眉目なり」との仰せがあったという。

披講は邂逅の儀

実は応製百首の企画は持明院統に取り初めてであった。公賢の意見は正当ではあるが、いっぽうで良基の記す通り「邂逅の儀」なのだから、光厳は披講が少しでも立派なものになることを期したであろう。そこに関白が参じたことは嬉しかったはずである。

光厳への忠誠を詠む

また、この頃の良基の詠は、

わが心なほこそみがけ玉くしげ藐姑射《はこや》の山に照る月を見て（『後普光園院殿御百首』秋・三九）

と、光厳への忠誠を励む心を詠んでいる。「藐姑射の山」は仙洞御所のことである。

こうして良基は翌三年正月十四日の院評定《いんのひょうじょう》に初めて参仕する。

四　光厳院政と評定衆

院評定

院評定とは、治天の君に指名された公卿十数名が評定衆となり、院御所において国政の大事を定期的に審議して聖断を輔佐した廷臣会議のことである。

伝奏

同時に人々の要請を治天の君に上奏し、またその意向を下達する、専任の連絡役すなわち伝奏《てんそう》が設置された。これは鎌倉時代中期以後の治天の君が、激増した雑訴（不動産関係の訴訟）に対応するため、北条氏の建言を受けて整備した体制である。

朝廷の太政官機構との関係では、職事（当時は五位蔵人を指すことが多く、しばしば弁を兼ねる）を院司とすることで、外部からこれを動かすことも可能となった。職事や弁官は名家出身の廷臣が任じられたが、のちに伝奏に登庸されるケースが目立つ。なお、これは親政の場合でも同様であり、議定衆《ぎじょうしゅう》と敷奏《ふそう》を置き、議定を開催して太政官を通さず政務を運営した。公文書を管理した院の文殿《ふどの》は親政では記録所となる。

こうして院評定は、形骸化した内裏陣定にかわって、意志決定ないし訴訟審理の機関として運営された。そこでは伝奏が議題の設定、議事の進行、目録（議事録）の作成、院宣の発給にいたるまで活躍した。コンパクトに整えられた院評定の制度と運営は、公家政権の称がふさわしく、文殿や検非違使庁を従え、懸案の処理に当った。とくに洛中に対する支配は南北朝時代まで実を保っていた。とはいえ幕府に掣肘され、または依存する場面もしばしばで、かつ後醍醐天皇の挫折を経た後、治天の君の意欲にもかかわらず、北朝ではその自律性は失われていったのも事実である。

中世朝廷の公家政権への転換

評定衆の構成

光厳上皇の評定衆は、近衛基嗣《もとつぐ》・一条経通《つねみち》・九条道教・鷹司師平《もろひら》の前関白、洞院公賢・久我長通《ながみち》・転法輪三条実忠・徳大寺公清らの清華家出身の大臣、そして、勧修寺経顕と柳原資明《すけあきら》を双璧とする名家出身の大中納言、以上の三層で構成された。関白が積極的に評定を主導したことは見えず、在職年数の短さからも困難であろう。また、執事別当の公賢はともかく、大臣たちも無気力であった。経顕・資明が上皇の意向に沿って評定を導き、伝奏として幕府や寺社との交渉に活躍した。摂関からすれば、名家の廷臣はかつて諸大夫として祗候していた人々であり、院評定の雰囲気になじむこともなかったであろう。

《貞和三年》貞和徳政

貞和三年正月、光厳上皇は政道振興を企て、公賢に「此の春別《こと》に政事など微力を励ますべきの由、誓願の子細候、定めて御合力候か」と抱負を伝え、評定衆にもその旨を周知させている。同じ頃、足利直義《ただよし》が主導する室町幕府も、建武以来の戦乱はいちおう終熄したと見て、平時体制へ転換する施策を進めた。近年これを「貞和徳政《じょうわとくせい》」の称をもってする。足利尊氏《たかうじ》は関心を示さなかったが、直義は前代以来の公武協調を宗《むね》とし、秩序の復原に積極的であった。直義は光厳とは水魚の関係にあり、たびたび参院して意見を交換していた。ちょうどこのようなとき、良基は評定に加えられたわけであるが、院政との関係も、やはりこれまでの関白と大いに異なったのである。

賀茂社御幸供奉を切望

この春、光厳は初めて石清水《いわしみず》・賀茂《かも》両社に御幸しようとした。治世の初めに御幸するべきが、厳しい時勢のため果たせず、ようやく機が熟したのである。四月十九日に石清水社への御幸が実現、ついで賀茂社にも参るところに、良基が供奉《ぐぶ》を望んだ。関白の供奉はこの時期皆無であったが、まず後嵯峨院以後の先例を大外記に調査させた。案の定「執柄御供奉の例、近年所見無く候」との答申に、白河院まで遡って探索するよう重ねて命じた（『師守記』）。先例を見出せないまま、良基は御幸を監督する公賢に書状を送り、無理矢理供奉を諒承させた。五月二十八日に予定されていた御幸は延引を繰り返すうち、七月に春日神木が動座し、けっきょく沙汰止みとなったが、良基が関白として光厳に奉仕しようとする姿勢は明らかであろう。

左大臣転任

さらに公賢が辞退して空席となった左大臣への転任を望み、九月十六日に任じられた。関白は公事の上卿を務めないので、在職のままの転任は異例であった。

任官興行

続いて良基は官吏の減員を企てた。九月十三日、近衛府の中少将のうち、出仕していない者を除籍しようとした。また俗人にせよ僧侶にせよ、新たに官位に叙任された者が口宣案《くぜんあん》の受領だけで事足れりとする風潮を憂慮し、外記局（局務《きょくむ》）・弁官局（官務《かんむ》）の官人に叙位任官の手続きを厳格にするよう求めた。さらに外記には過去の「任官興行《にんかんこうぎょう》」の先例を調査するよう命じた。濫《みだ》りに官職を授けることは政道の衰頽の最たるもので、これを正常な状態に戻そうとする試みであるから、「任官興行」と称したのである。

成功例なし

公家政治家が任官興行を提唱することは何度かあった。しかし、廷臣にとっては官位の昇進こそが生きる甲斐であったから、不利益につながる改革には抵抗が強く、成功しないのはある意味で当然であった。それでも九条兼実・亀山《かめやま》院・後醍醐天皇が実際に官員を減らしている。しかしこれも次の治世にはなし崩し的に元の状態に戻ってしまった。

徳政を推進

前車の轍は承知の上で、良基が任官興行に乗り出したことは、光厳と歩調を合わせた貞和徳政の一環と考えられよう。やはり目立った成果が挙がることはなかったが、良基もまた徳政に邁進した公家政治家の系譜に列なるのである。朝儀復興への異様なまでの

上皇の支持

情熱もその一環なのであった。

そして、光厳は朝廷に人材が乏しい現在、関白に相応しい器量の者ならば、「みずからの意志によらない限りは、簡単に辞職させるべきではない」と考えていた（『玉英記抄』）。ときに偏執に辟易しつつも、良基の姿勢を支持したと思われる。

光厳院仙洞の御薬陪膳

貞和五年元旦の仙洞御所の御薬《おくすり》では、良基が陪膳《はいぜん》を務めた。陪膳は院の執事である大臣の所役であり、関白の出仕は異例であった。公賢は「陪膳作法、打《う》ち任《まか》せざる（普通でない）事等多し、陪膳の座に著かず、始終御前の板に候ふと云々」と批判するが（『園太暦』）、光厳と良基との距離が確実に縮まっていることに苛立ちを覚えていたのである。

五　即位灌頂

《貞和四年》崇光天皇践祚

貞和四年十月二十七日、光明天皇が譲位し、崇光天皇が十五歳で践祚した。譲位の儀のための里内裏には、押小路《おしこうじ》烏丸殿《からすまどの》が宛てられ、新帝は二ヶ月ほど居住した。崇光は光厳上皇の第一皇子であるから、光厳の院政が継続し、良基の関白もそのままとされた。光厳の信任のゆえであろう。皇太子には花園法皇の皇子直仁《なおひと》親王が立てられたが、これも実は光厳の子であった。

即位で輔弼の使命を確認する

関白と天皇とが最も交渉を持つ機会は、践祚・即位・大嘗会など一連の即位儀礼であろう。中世の関白は「天子御作法」の教授者の性格を持っていた。たとえば大嘗会の本祭、卯日神事《うのひのしんじ》では、天皇が悠紀《ゆき》殿で神膳を供進《くしん》するが、その作法は関白が授けるものので、摂政のときには代行することになっていた。

智　拳　印

これは摂関家にとり、輔弼の任務を高い次元で確認する意を有していた。天皇の側も、この時期の皇位継承がたびたび異常な状況で強行されたため、即位儀礼に多大の関心を払う事情があった。

即位の印と真言を伝授

五年十二月二十六日が即位礼、崇光は、高御座《たかみくら》で手に印を結び、口に真言（明《みょう》）を唱えるべく、前夜に関白良基より伝授を受けた（『光明院宸記』）。これが即位灌頂《そくいかんじょう》であり、その知識を即位法と称した。

二条家の関白即位法を実践

古代インドで、時の国王は高僧より四大海《しだいかい》の清浄な水を頭頂に灑《そそ》がれることで、四大世界を統領する金輪聖王《こんりんじょうおう》に化すと説かれている。教典上の知識にとどまっていた、この即位法を、王位を保ち世を治める秘法であるとして実践に移したのは鎌倉後期の二条家である。二条家は、始祖良実《よしざね》が父九条道家より義絶されており、摂関家に伝わる大嘗会の神膳供進作法の知識に欠いていた。師忠・兼基・道平三代は、偶然、天皇即位時の関白であり、他家に対抗すべく、師忠の兄で青蓮院門跡《しょうれんいんもんぜき》であった道玄《どうげん》の智慧を借り、即位での印明《いんみょう》伝授を導入したものである。その内容は天台即位法をアレンジして、師範として高僧の代わりに関白を配したに過ぎないから、いかに家の秘説と称しても他家からは無視ないし冷笑され、天皇もさして積極的ではなかった。

摂関家の秘事となる

ただ、即位法は密教思想の深奥として関心を抱く識者は多く、二条家による印明伝授の実施がしだいに注目を浴びるようになっていた。そこに春日信仰が混淆し、印は大日《だいにち》如来《にょらい》の智拳印《ちけんいん》、真言は藤氏を守護する夜叉《やしゃ》、荼枳尼天《だきにてん》の荼枳尼真言と説かれるようになった。良基が伝授の実績を積み知識の整備に努めたので、即位灌頂は二条家のみが伝える摂関家の秘事として認められるにいたる。

六　雑芸の愛好

蔵春閣の連歌

関白に就いた後も、連歌への情熱は衰えなかったらしい。作品は残らないものの、毎年晩春には、蔵春閣《ぞうしゅんかく》と命名した泉殿で、池水に映える藤花を愛でる連歌会を開くことを常としたらしい。貞和三年春には、やはり連歌好きで知られた梶井門跡尊胤《かじいもんぜきそんいん》親王が来臨し、発句を詠んでいる。

《貞和五年》
蹴鞠
鶯待

貞和五年は、崇光天皇即位の準備のため公務繁忙を極めたが、『師守記』に断片的に見えるだけでも、二月二十五日に蹴鞠《しゅうきく》、四月七日に泉殿に著名な学僧玄恵《げんえ》を招いての会（和漢聯句か）、五月三日には稚児を侍らせ鶯待《うぐいすまち》があった。この頃、富裕な武家の間に小鳥合《ことりあわせ》が流行したことも思い合わされるが、良基は鶯の飼育にも長けていて、後に内裏の鳥を預かったこともある。この期に及んでも作文の開催はついに見えず月次の続歌の頻度も落ちたようであるが、余暇にはさまざまな芸能を楽しんでいた風がうかがわれる。なお、七月十七日には『僻連抄《へきれんしょう》』の修訂を終えて『連理秘抄《れんりひしょう》』と改名、玄恵の序と救済《きゅうせい》《ぐさい》の跋を請い受けている。

四条橋勧進
田楽を見物

注意すべきは当時流行し、足利尊氏をはじめ武家に愛好された田楽《でんがく》・猿楽《さるがく》などの雑芸への関心であろう。この年六月十一日、「二条当関白殿」が、尊氏・尊胤らとともに、洛中四条橋《しじょうはし》造営の勧進《かんじん》田楽を見物したことは『太平記』巻二十七に見える。大観衆の興奮が頂点に達したとき、桟敷が倒壊し、死傷者多数を出す惨事となったと伝えられる。

揶揄の落首

関白がこのような場に臨むことはあり得ないとして、『太平記』の虚構とする向きもあったが、新史料（田口和夫「新出　貞和五年桟敷崩れ田楽『落首和歌七首』─東寺金剛蔵蔵『字記《じき》正《しょう》決《けつ》』紙背文書」）により、良基の桟敷への臨席が確かめられた。それは翌日、橋柱に張り出

されたという落首七首の写しで、そこに良基を揶揄した、

高《たか》さじき一のかみよりおちぶれて　いふにかひなき左大臣殿

がある。あえて関白といわず、「一のかみ」としたのは、関白となれば官はすぐ辞退するのが慣例なのに、良基は依然左大臣一上にとどまり（この年九月十三日ようやく辞退し、九条経教に譲る）、そのことにかけて嘲笑したものである。

芸能と朝儀

加えて物見高くも桟敷の最上席に陣取っていた、という事実も読み取れるわけである。

良基がこの頃愛好した芸能は、連歌・蹴鞠・声明《しょうみょう》と、その場で湧く感興を優先し、これに身を委ねるものが目立つ。田楽・猿楽は最たるものであるが、最晩年の言、「諸人面白がらねば、いかなる正道も曲なし。たとへば田楽・猿楽のごとし。連歌も一座の興たるあひだ、只当座の面白きを上手とは申すべし」（『十問最《じゅうもんさい》秘《ひ》抄《しょう》』）が改めて想起される。保守的な公家のうちでは、たしかに型破りであった。

これは朝儀復興の努力と矛盾するように見える。しかし、良基の場合、すでに述べたように、節会のような見せ場に富む儀礼に最も関心が深かった。それは一種の興行として華やかさを優先するもので、古儀に忠実であろうとしたとはかならずしもいいがたい面がある。

後鳥羽院と芸能

古人で良基に似たところがあるのは後鳥羽《ごとば》院である。建暦《けんりゃく》元年（一二一一）九月、院は順

徳天皇大嘗会の卯日節会の習礼《しゅらい》（リハーサル）を太政官庁で行わせ、みずから内弁の役を演じた（『玉蘂《ぎょくずい》』）。連歌や蹴鞠・狩猟まで嗜《たしな》んだ院は、古礼の復興を名目にしつつ、朝儀を演出し演ずることに感興を覚えたのであろう。ちなみにこの節会習礼時の「宸筆御記」は官務壬生《みぶ》家の文庫に伝えられ、良基はこれを一見し「末代の重宝、官庫の規模《きも》」という奥書を加えたという（国立歴史民俗博物館蔵広橋家旧蔵記録文書典籍類『基定卿書状外三十通』「文明十四年正月二十四日壬生晴富書状」）。良基の姿勢は、後鳥羽院に学ぶところがあったとして誤りではなかろう。院や摂関のごとき顕貴の人々には表向き秘めながらも、芸能する身体への執着はかえって強かったともいえる。おそらく、この性格が、後年、足利義満《よしみつ》に奨めて朝廷へのデビューを成功させる下地となっているのであろう。

地位の安定
師良の元服

また、良基の芸能に耽る姿勢はその地位の安定を反映していようか。五年三月二十五日、長男師良が五歳で元服を遂げ、正五位下に直叙された。北朝で肩を並べる人はいなくなった。洞院公賢は崇光践祚の直前、太政大臣となったが、これは名誉職であり、二年後の観応《かんのう》元年（一三五〇）三月十八日に辞退、事実上の隠退であった。

前関白にも
遠慮せず

ほかの摂関家では、近衛基嗣・鷹司師平・一条経通の三人の前関白がいたが、上臈ながら良基は遠慮することがなかった。十五歳も年長の基嗣に対しても、院評定で座次を争い、まったく譲らなかった。基嗣は出仕を止めてしまった（『相国与前関白座次事』）。

九条経教

近衛道嗣『後深心院関白記』

良基の次席につける左大臣九条経教は質朴な性格であり、実弟らしいことは先に述べたが、生涯良基に対抗するような動きも見せなかった。

いっぽう基嗣の嫡子、内大臣近衛道嗣は、観応元年の三節会の内弁を十九歳で勤仕しており、才気を感じさせた。その日記『後《ご》深《しん》心《じん》院《いん》関《かん》白《ぱく》記《き》』では、良基の言動に厳しい批判を向けることになる。もっとも、経教も道嗣も十歳以上年少であった。しばらくは良基の執政が続くのであるが、それは未曽有の試練となるのであった。

第四　床をならべし契り

一　北朝の消滅

《貞和五年》幕府の内訌

その頃、足利直義《ただよし》と高師直《こうのもろなお》の対立は険しさを増し、貞和《じょうわ》五年（一三四九）閏六月には洛中で両派が衝突した。いったん直義は師直の執事職を解くものの、すぐに反撃に遭い、幕政からの隠退、ついで出家を余儀なくされた。尊氏はこの政変を追認し、師直の権勢は絶頂期を迎えた。なお、直義隠退と入れ替わりに、鎌倉にあった尊氏嫡子の義詮《よしあきら》が上洛、師直によって尊氏の後継者に迎えられた。

《観応元年》直義派挙兵

ところが観応《かんのう》元年（一三五〇）、崇光《すこう》天皇の大嘗会の準備が進められていた頃、各地で直義与党の蹶起が相次いだ。最大の脅威は直義の養子直冬《ただふゆ》で、九州を押さえて中国を併呑し、京都をうかがう勢いであった。その捷報が公武政権に与えた衝撃は大きく、大嘗会も中止を余儀なくされる。十月二十六日、好機とばかり直義が京都から脱出すると、尊氏傘下の将兵はあいついで直義のもとに奔った。

《観応二年》
師直の敗死

観応二年二月十七日、摂津国打出浜《うちではま》の合戦で尊氏・師直は大敗し、尊氏は直義と媾和した。師直は出家し尊氏に縋《すが》るも、帰洛の途上あっけない最期を遂げる。

直義の復帰
歓迎されず

直義は幕閣への復帰を果たすが、もはや尊氏とはぎこちない関係しか築けなかった。義詮は直義を憎悪し、ことあるごとに排除しようとした。

尊氏南朝と
和睦

この間、驚くべきことに、直義も尊氏も南朝後村上《ごむらかみ》天皇との和睦に乗り出す。直義は前年から秋波を送り交渉していたが、合意にいたらずに五月に決裂すると、尊氏・義詮が交渉を進めた。後村上天皇以下の強硬派も次第に和睦に傾いていった。

直義都落ち

危機を察知した直義は七月三十日、ふたたび京都から逃れ、越前国敦賀に拠って抗戦した。この間、光厳《こうごん》上皇の延暦寺御幸を要請したが、聞き入れられなかった。続いては尊氏との媾和に望みを懸けたが、これも不調に終わり、直義はあきらめて関東を目指して北陸道を落ちていった。

導誉の周旋

十月二十四日、南朝は尊氏父子の降参を受け入れ、直義追討の綸旨《りんじ》を下した。実は尊氏は和睦に懐疑的であったが、義詮が佐々木導誉《どうよ》とその女婿赤松則祐《そくゆう》と謀り強行したという。導誉は諸勢力に顔が利き、則祐も南朝とは太いパイプがあった。

南朝に内通
する歌道家

ちなみに良基の家礼二条為忠《ためただ》は、則祐の歌道の師であったが、ちょうどこの頃、南朝に出奔し、後村上の蔵人頭に補された。歌道家御子《みこ》左《ひだり》家の嫡流二条家は、家督の為定もまた後醍醐《ごだいご》から受けた恩顧を忘れず、和睦の動きを歓迎したらしい。

北朝の消滅

尊氏父子と南朝との和睦交渉が進むと、北朝の政務は目に見えて停滞し、十月にはほぼ機能を停止した。関白職も有名無実となった。

南朝洞院公賢を登庸

南朝が京都の首班に指名したのは、良基ではなく、致仕《ちじ》したはずの洞院公賢《きんかた》であった。公賢も内々に南朝との連絡を保っていたのである。日記では乱世に際会した歎きや出家の望みを口にするものの、かといって南朝への協力を拒もうとしなかった。

尊氏の東下

十一月四日、尊氏は義詮を守備役として残し、軍勢を率いて関東に向かった。前関白一条経通《つねみち》は致仕して久しく、時勢に対して超然とした姿勢を貫いていたが、その日記で尊氏の無節操を憤り、「顔原《がんげん》(顔回・原憲)の類、乱世に遭ふ、誠にしかるべきや」(『玉英記抄』)と自嘲した。

崇光天皇を廃す
正平の一統

十一月七日、崇光天皇は廃位され、光厳院政も停止された。これが正平一統《しょうへいいっとう》である。後村上はただちに還幸するはずが、方忌《かたい》みを口実に賀名生《あのう》(現奈良県五條市)の行宮《あんぐう》を動かず、蔵人頭中院具忠《ともただ》を派遣して、北朝の遺臣に指示を出した。十二月二十三日、北朝に伝えられた三種の神器も接収された。同じく経通によると、粗末な長櫃に納められ、持明院殿から「協殿」(賀名生)へと運ばれたという。

光厳上皇の失意

北朝にとっては、直義・師直の抗争より、それまで表舞台に出なかった尊氏が登場し、義詮も加わったことが、深刻な影響を及ぼした。直義は公家に理解があり、光厳とは個人的な信頼関係さえ築いたが、尊氏は無頓着であった。ましてや義詮は幼時から鎌倉に在って成長した人物である。直義の幕府からの離叛が光厳院政の命取りとなった。

尊氏直義を討つ

なお、直義は駿河薩埵山《さつたやま》（現静岡県静岡市清水区）で尊氏と会戦するも、大敗して降参、そのまま鎌倉に連行、幽閉された。

良基無視される

良基は徹底的に無視された。亡父道平《みちひら》の功績を顧みれば用いられてもよさそうだが、光厳院政への積極的な貢献によって忌避されたのであろう。十一月十三日、官務の小槻《おづき》匡遠《ただとお》が良基のもとを訪ねたが、良基は「南方の事、この間伝聞の事など」（『園太暦』）を語ったのみであった。去る九日、談山《たんさん》神社で大火があり、藤氏長者は実検使を派遣しなければならないが、「この間政務は勝手に処理できない、だから沙汰に及ばなかった」とも述べている。

師基関白となる

代わって関白となったのは、建武以来南朝に仕えていた、良基の叔父師基《もろもと》である。十二月二十八日、陣宣下《じんせんげ》によって正式に詔命を受けている。同日には後村上の生母阿野廉《あのれん》子《し》に新待賢門院《しんたいけんもんいん》の院号を定め、また北畠親房《きたばたけちかふさ》を准三后《じゅさんごう》としている。

南朝の政務

南朝ではそれまで関白を補さなかったらしいが、これは後醍醐の遺訓を守ったものではなく、早くから復活が既定路線であり、たんに行宮では手続きが困難であったためしい（鈴木満「南朝関白考」）。南朝では太政官機構を運営する弁官局・外記《げき》局の活動も認められない。そのため各種の決定は蔵人の奉ずる簡便な綸旨によったが、これはいわば亡命政府の非常手段であった。正平一統によって職事・弁・外記・史《し》が揃っての、太政官機構による政務処理が可能になると、まずは山積していた、関白以下の重要人事を処理したことは頷ける。

御神楽・四方拝の次第を注進

窮冬、後村上は内侍所《ないしどころ》御神楽《みかぐら》を追行し、続けて元旦の四方拝《しほうはい》を挙行しようとした。ともに即位後初めてであったらしい。「かくの如き御作法、先々執柄申沙汰《もうしざた》せしめ候」とあり、師基が指導すべきであるが、しかし南朝では経験がないので、公賢を通じ、北朝の前関白、一条経通・鷹司師平《もろひら》、そして良基の三人に、次第《しだい》を注進させるよう命じてきた。次第とは会場の室礼《しつらい》、参列者の所作などを式次第に沿って記した儀式のプログラムのことで、天皇が携帯して参考にするのである。

北朝関白への「課試」

後村上は「三人は現在このような事に通ずると自負する面々であろう。「課試《かし》」（登庸試験）と思っている」と嘯《うそぶ》く。南朝への忠誠度を測る瀬踏みである。

消極的抵抗

『園太暦』に三人の次第が写し取られている。経通のは詳細、師平のは簡略ながら、ともに「次……。次……。」という形式を守り、過不足はない。ところが良基のものはすこぶる異質で、「一、御装束事」以下の故実を、項目の一つ書きで解説する。良基の添状には「所見一通書き進《まい》らせしめ候、当職に非《あら》ざるの間、御次第に於いては斟酌《しんしゃく》を加へ候」とあるので、あえて次第の形式としなかったと分かる。ほかの二人とは異なり、現職ではないから次第は作成できない、としたのは、屈辱的な「課試」への、せめてもの抵抗かもしれない。しかしいっぽう、公賢に「良基去る中旬より持病更発《こうはつ》、惘然《ぼうぜん》に候ふ間、文書の如き披見に及ばず、且つ御使に付して馳筆《ちひつ》の間、旁《かたが》た散々不可説《ふかせつ》の事など候か、殊に芳言を加へしめ給ふべく候なり」と低姿勢で言い送り、とりなしを懇願しているのは卑屈である。良基が覚悟を決めるにはもう少しの時間を要した。

二　南朝の苛政

《南朝正平七年》

明けて正平《しょうへい》七年（一三五二）、後村上は依然賀名生を動かず、二月三日、ようやく上洛の意志を公賢に告げてきた。

廷臣の去就

一統となれば、一般の廷臣にとり最大の関心事はみずからの処遇であり、後村上の還幸を待たず、行宮へ御機嫌伺いに赴く者が続出したという。『太平記』は彼らのことを痛烈に皮肉っているが（巻三十・南帝羽林《なんていうりん》偽御和睦事《いつわってごわぼくのこと》）、長年の両統迭立《てつりつ》を経験した廷臣にとって、二つの朝廷間の距離はいまだその程度であったことを意味する。崇光天皇は廃位されても、直仁親王は皇太子にとどまっていたようで、尊氏も公賢も後村上帰洛の暁には両統迭立の世に戻ると楽観視していたらしい。ゆえに光厳も一統を呑んだのであろう。

官位を建武三年に戻す

南朝は、北朝での官位叙任は認めず、一律に建武《けんむ》三年（一三三六）の時点に戻そうとした。たとえば公賢は前右大臣から改めて左大臣に任じられた。しかし、この方針はすこぶる不穏便であり、公賢は、摂関家の当主はいずれも若年で、すでに大臣である九条経教や近衛道嗣などは無位無官になってしまう、また、故人や出家した者はどうするのか、原則論にとらわれず現実的な対応をしてほしい、と申し入れている。そこで正月二十七日、大臣以上の者はもとの官を用いてよいとの通告があった。

南朝諸家の家督を改替

もとより南朝は北朝の遺臣には高圧的であって、正月十五日、後村上は近衛家の家督の争いに介入、家門を経忠に安堵した。しかし公賢のとりなしで、北朝に仕えた基嗣・道嗣父子にも配慮を見せている。いっぽう「所詮不参の輩に於いては官位の望みを断つべきか」とも口にした（『園太暦』正月十七日条）。けっきょく南朝関係者との親疎が官位の黜陟《ちゅっちょく》を左右するから、こういう状況を見て、良基も家門維持の期待を懸け、後村上の心証を少しでも良くすべく動かざるを得なくなった。

後村上賀名生を発す

二月二十六日、後村上は賀名生を立ち摂津住吉へと向かった。鹵簿《ろぼ》の列に関白師基の嫡男教基が左大将として従った。また、供奉の少納言として「長綱」がいる。東坊城長綱である。長綱はかつて後醍醐天皇の六位蔵人を務めた旧縁に縋り、北朝の本官のまま登庸されたのである。ただ良基の最側近であるから、南朝参仕はその内命を含むものであったかも知れない。

住吉行宮に参上

二十七日、良基は住吉へ向かった。従三位五条為嗣《ためつぎ》を同伴していた。為嗣は歌道師範家二条家傍流の出身で、歌人としては目立たないが、武芸の心得があったようで、『太平記』に「御子左（二条）少将為次」として登場、建武二・三年、後醍醐の命で関東や北陸への遠征に加わっている。

為嗣は首尾良く本階を許されて閏二月八日に退出、十日に公賢に報告している。良基のことは何も記されていない。同じ頃帰京したのであろうが、二条家の家督は師基に定められていて、とくに成果はなかったようである。

和睦破れる南朝の侵攻

二月二十六日、足利直義は鎌倉で急死した。尊氏はなお関東にあって直義の残党を掃討していたが、もはや幕府が南朝と手を結ぶ必要は薄れた。両者ともに和睦を破棄する契機を探っていたが、義詮の機先を制する恰好で、閏二月十九日、後村上は石清水《いわしみず》八幡宮に行幸、翌日先遣隊が洛中に突入し、義詮を近江へと敗走させた。北畠親房《ちかふさ》が乗り込んできて、洛中の政務にあたることになった。公賢に音信して「十七年を歴《へ》て旧里《きゅうり》の塵《ちり》を履《ふ》む、自愛せざるに非ず」と自歎したのはこのときである。

北朝の三上皇を監禁

義詮を騙し討ちにして滅ぼそうとするくらいだから、南朝は両統迭立などは考慮の外にあった。それどころか持明院殿《じみょういんどの》に居た光厳・光明《こうみょう》・崇光の三上皇、直仁親王を八幡へと連れ去り、いかなる武家勢力によっても推戴されないように監禁した。

義詮京都を奪回し南朝を追う

もっとも南朝に京都を長期間維持する実力はなく、三月十五日に義詮が奪回した。後村上は軍勢とともに八幡に籠城した。二ヶ月ほど激しい攻防戦が続いたが、五月十一日に陥落、後村上はついに上洛の夢を果たせないまま賀名生へと落ちて行った。この間、良基の消息も途絶える。息を潜めていたのであろう。

一統の傷跡朝儀全停止

正平一統の間、朝儀は停止・省略を余儀なくされた。南朝は行宮で最小限の儀式を執行するばかりで、京都を顧みる余裕はなかった。それでも二月までは行事担当の弁官を公賢のもとに派遣しているが、やがてそれさえ途絶えた。義詮が八幡攻撃を開始すると、一統後に掻き集めた廷臣も皆逃げ出した。四月は、一日の平座以下、松尾《まつのお》祭・平野《ひらの》祭・賀茂祭・吉田祭など神事が続くが、すべて停止となり、公賢は「ただ戎狄《じゅうてき》の国のごとし」「しかしながら蛮異《ばんい》の国たるか」と歎いた。正平一統は鎌倉時代以来の公家社会の慣習を破壊し、その代償を北朝、そして良基も背負うのである。

皇子の確保

義詮は南朝の政務を否定し、正平一統以前の状態に戻そうとした。公家の家督、寺院の門跡、諸社の祠官などは、ほんらい武家が決定すべき事柄ではないから、北朝の再建は和睦の破綻直後から喫緊の課題であった。しかし、崇光を復位させるにしても、三上皇と直仁は三月三日には八幡から河内国東条に、さらに賀名生へと遷されており帰洛は絶望的であった。

芝宮弥仁王

新たな北朝の主君には崇光の同母弟で、光厳の第三皇子芝宮弥仁《しばのみやいやひと》が擬された。当時は十五歳、出生直後から持明院統の重臣日野資名《すけな》に預けられ、資名没後は後室芝禅尼《しばぜんに》が養育した。芝禅尼の宿所は安居院《あぐい》芝の地にあり、仙洞《せんとう》持明院殿にも近い。四月二日、南朝の軍勢が入洛し弥仁を八幡に連行するとの情報がもたらされると、上京に多数の武士が集結した。資名末弟には将軍護持僧の賢《けん》俊《しゅん》がいる。幕府では擁立を決定していたのであろう。

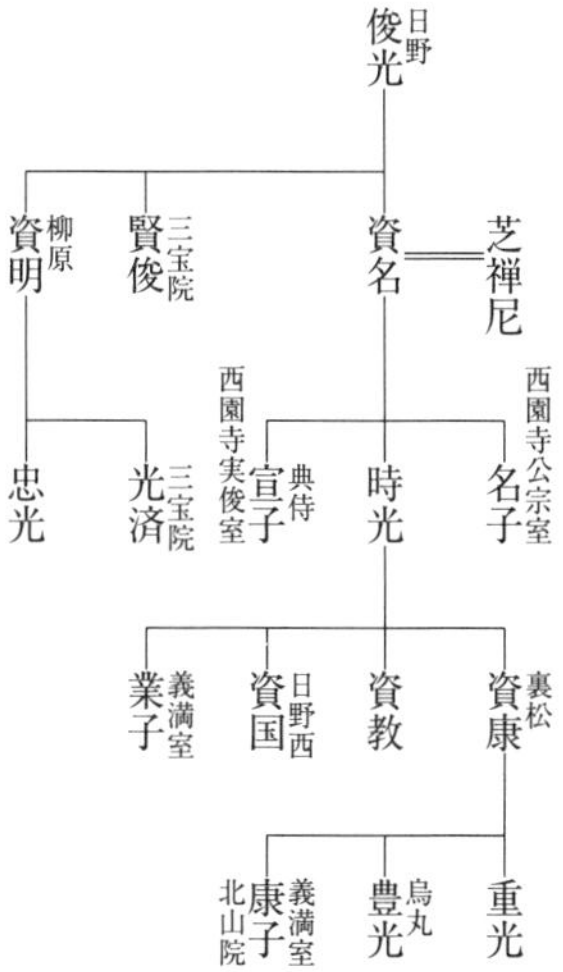

日野家略系図

女院の命により践祚

しかし、弥仁践祚は難事であった。三種の神器を欠くことはかならずしも障碍ではない。京都には先皇、つまり譲国の詔を発して新帝を即位させることのできる天皇経験者が誰もいなかったことが問題であった。

そこで幕府は光厳・光明の生母で弥仁には祖母に当たる広義門院寧子《こうぎもんいんねいし》の命によることにし、六月三日、佐々木導誉がその旨を申し入れた。女院は前代未聞の要請に難色を示し、説得まで一ヶ月近くを要したのである。

関白に復職

しかし、これより先、良基は関白として活動を再開した。五月二十七日、前関白一条経通は岳父《がくふ》の洞院公賢から新帝践祚の情報を得たついでに、以下のように記している(『玉英記抄』)。かれもまた朝廷の危機からは距離を置く傍観派であった。

立王《りつおう》の間の事、前相国《（公賢）》、示す事などあり、もっとも理なり、大麓《だいろく》（関白）の事、本《もと》の人《（良基）》たるべきの由、治定《じじょう》すと云々、神妙々々、武家、余《（経通）》、其の仁に当たるの由、すでに一決す、かたがた難義の子細ありて進退惟れ谷《きわま》るの処、毀隔《きかく》の人ありて、忽ち彼の人に改変す、□《（仇）きゆう》讎《しゆう》還《かえ》りて骨に肉《にく》するなり、悦豫《えつよ》の至り且千《しやせん》なり、（一条家旧蔵本の東京大学史料編纂所蔵謄写本で校訂した）

幕府の決定

このとき、幕府は関白を良基にすると決定したという。当初は経通がふさわしいとされ、辞退にしろ承諾にしろ難儀であり窮していたところ、讒言する人がいて、すぐに良基に変えられたという。経通は、これこそ「仇讎肉骨」（仇敵がかえって命を救う）であり、まことに悦ばしい、と記す。高踏的で晦渋な文章からは内心の失望が滲み出ているようである。

関白が必要とされる

それはともかく、朝儀では天皇より関白の指導力が必要であった。南朝さえ、本格的な朝儀を執行するとなったとき、けっきょく関白を補したのであった。まして践祚の手続きを進めるのであれば、まず関白を決めておかなければならないのは道理である。ただ良基とて一度は後村上のもとへ参っているが、義詮の判断は現実的で、「八幡より退出の輩、即ち所領并《なら》びに官位去年十月の比《ころ》に違ふべからず」（『園太暦』同年七月一日条）と、たとえ三月まで南朝に祗候《しこう》していた者でも、昨年十月の時点、つまり正平一統以前の官位と所領を保証した。良基の復職もこの方針に沿う。

還補と見なす

六月二十五日、践祚に先んじて、女院は正式に良基を関白とし、政務を執ることを命じた。良基自身は還補と見なしているが、関白職は一統の前後で継続したと考えるのが慣例である。南山に奔った長綱もこの頃までには良基のもとに戻って来ていた。

人材の確保

ついで政務を担当する人材、具体的には蔵人・弁官を召集しなければならない。たとえば万里小路《までのこうじ》仲房《なかふさ》は、後醍醐の重臣であった宣房《のぶふさ》の孫である。一統の間、南朝に参仕していたため、三月以後奈良で謹慎していたが、良基と勧修寺経顕とが、遠慮する必要はないとして召し出した。仲房は蔵人頭左大弁に復職して、践祚のために猛然と働き始めるのである。

三　異例の践祚

《北朝文和元年》後光厳天皇践祚

観応三年八月十七日、弥仁こと後光厳《ごこうごん》天皇の践祚は、「新北朝」の語が用いられるように（伊藤敬『新北朝の人と文学』）、北朝に転機をもたらした。それは洞院公賢に代表される、鎌倉後期の公家社会の伝統との訣別も意味していた。良基の「偏執」は、擾乱《じょうらん》の余燼なお収束しない時代に、強い力を発揮した。九月二十七日、文和《ぶんな》と改元された。

天皇を激励

三種の神器なき践祚に、さすがに不安を隠せない新帝に、良基は「天照太神《てんしょうだいじん》《あまてらすおおみかみ》を鏡に、足利尊氏を剣に、不肖良基を璽《じ》と思し召せ」と言い放ったと伝えられる。これは室町末期の二条家に伝えられていた説が『続本朝通鑑《ぞくほんちょうつがん》』に採用されたものであるが、良基の性格、あるいは関白と天皇との関係をよく示すエピソードである。

勅書は多く良基宛

ところで後光厳の宸筆《しんぴつ》書状（当時は「勅書《ちょくしょ》」と称した）は確実なものでも五十余通現存する。その内容は北朝の政務運営を知る第一級の史料であるが、原則、年時も宛所も記されないため、十分に活用されていない。そもそも、こうした勅書は濫《みだ》りに出すものではなく、宛先は限られる。後光厳の勅書はかなりのものが良基宛てと考えられる。

相談の内容

践祚直後と見られる勅書では、『元亨釈書《げんこうしゃくしょ》』の編者として知られる禅僧虎関師錬《こかんしれん》七回

天皇の教育に当たる

『後普光園院殿御百首』を詠む

忌にあたり国師号を贈与する件、足利尊氏の侍医和気致成《わけむねなり》の施薬院使《やくいんし》《せやくいんし》任官について意見を徴する。こうした僧俗の人事への関与は関白の権限だからである。この時期の関白は、叙位・除目《じもく》に先だって天皇が任官予定者を記した、「宸筆小折紙《こおりがみ》」をあらかじめ一見し、これを清書する慣例となっていた。

後光厳天皇像
（『天子摂関御影』より，宮内庁三の丸尚蔵館蔵）

さらに「一昨日の一座《いちざ》并びに先日の懐帋《かいし》の事、申さしめ候、付《つ》け廻《めぐ》らさるべく候なり」と、内裏での一座（歌会の参加者の詠作）と、和歌懐紙とを一見したいから、使者に託して送ってほしいとある。良基が内裏の和歌の催しを差配していたと見て誤らない。践祚の事情から後光厳は歌道の修錬を受けず、良基と青蓮院尊円《そんえん》親王に相談したと『近来風躰』で回想するのはこうした事情を受けるのであろう。

ところでこの頃、良基は百首歌を詠み、頓阿《とんあ》・慶運《きょううん》・兼好《けんこう》に合点させた。うち頓

天皇に和歌を実地に見習わせるか

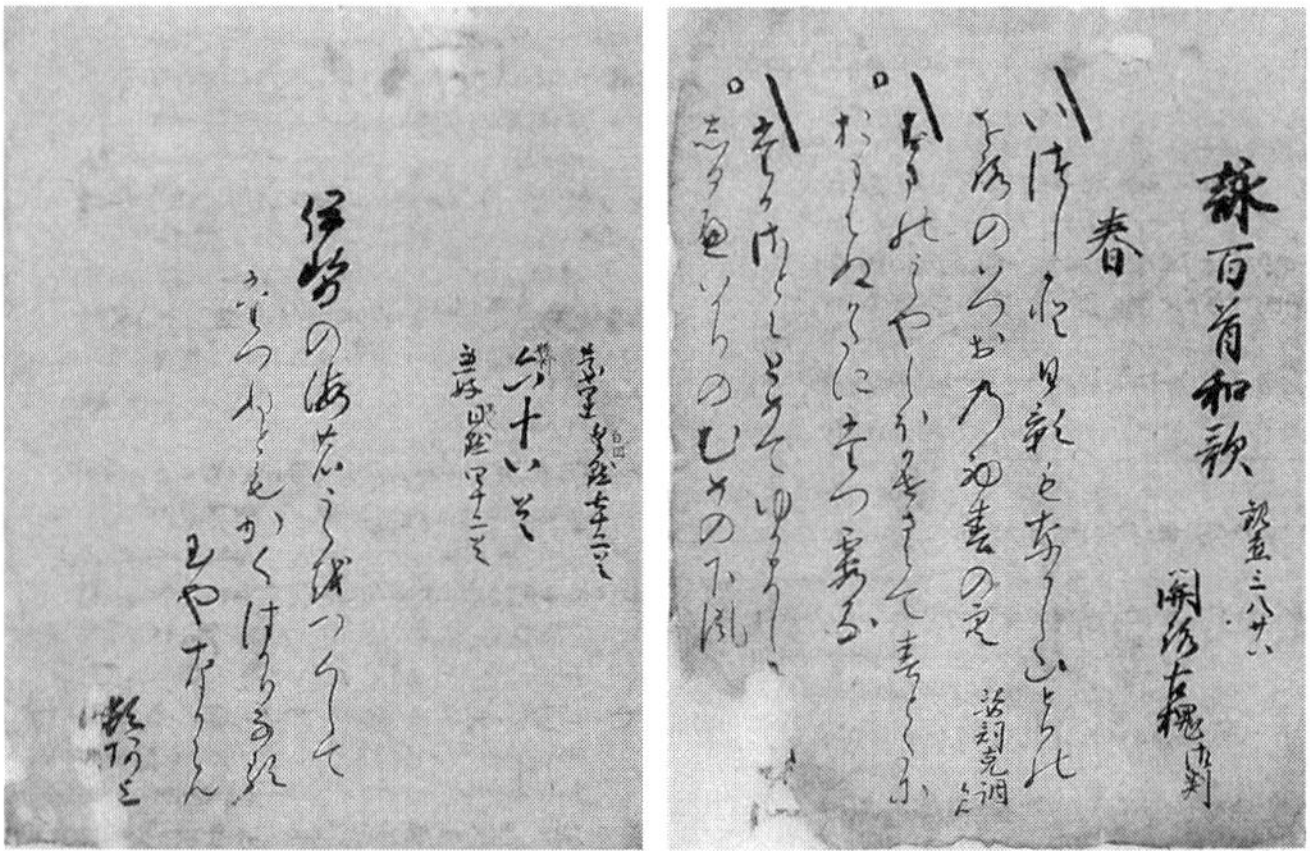

『後普光園院殿御百首』（冷泉家時雨亭文庫蔵）

阿は評語も付して八月二十八日に跋を記している。これが『後普光園院殿《ごふこうおんいんどの》御《ご》百首《ひやくしゅ》』である。良基はほかにまとまった詠草を遺さず、三歌人の批評を受けた点も手伝って、後世珍重されることになったが、生涯最も繁忙であった時期にいかにも不自然である。また、いかに名声高かったとはいえ、地下《じげ》歌人が関白の詠草に合点することも異様である。

この百首は、良基が初学の天皇の教育のため、頓阿たちに諮りつつ、まとめたものであろう。ほんらいは二条為定が歌道師範たるべきであるが、南朝に協力したため活動できなかった。実際、この百首は、このとき新たに詠まれたものではなく、貞和年間の月次《つきなみ》百首歌会での旧作で構成されたと考えられている。

日野宣子を典侍とする

　後光厳は好学の性分であったが、あまり強い意志の持ち主ではなく、日野家の人々に依存しがちであった。芝禅尼は依然内裏に出入りして世話をし、禅尼の所生らしい、資名女宣子《せんし》が践祚と同時に典侍《てんじ》に任じられた。宣子はやがて従三位に叙され、十歳ほど年少の後光厳に強い影響力を及ぼす。

雑訴聴かれず

　そもそも父院・兄院の後見もなく、広義門院にも男性の治天のような指導力が望めないとなると、雑訴をはじめとする後光厳の政務が停滞するのもやむを得なかった。後光厳が形式的にも政務を親裁するにはさらに二年を要した。

「懐中の政」

　その頃、洞院公賢は、良基らが政務を壟断し、自分や嗣子実夏《さねなつ》への諮問が絶えてないとの憤懣を繰り返し記している。『園太暦』八月二日条には「践祚の事、明日延引必定の由風聞す、しかるに職事曾《かつ》て大納言（実夏）に示す事無しと云々、毎事秘蔵、偏へに懐中の政なり」、九月十二日条には「およそ践祚の儀ありと雖も、政道と云ひ、公務と云ひ、執行するに人無し、天下滅亡、天を尤《とが》めず、人を怨まず」などと、激越な言葉が続く。

公賢の嫉視

　たしかに践祚の前後、諸儀手続きを略することは多く、群臣に協議がないという批判は正論であろう。しかし、南朝がいつ勢力を挽回するとも分からず、後光厳の践祚には非協力、あるいは傍観を決め込む者も少なくなかった。したがって、良基の独断専行を難じていても割り引いて考えなければなるまい。正平一統の間、公賢は南朝のために働いたのであるから、これも仕方のないことであった。良基が公賢の識見に頼ることも実は多いのである。たとえば九月二十六日、改元詔書の作者について意見を求め、「貴辺《きへん》何事《なにごと》か候や、この間不審に候、先日亜相（実夏）の光儀眉目《びもく》に候、毎事旧儀に違はず、申し承《うけたまわ》るべきの由、思ひ給へ候」と辞を低くして言い送り、十月八日には公賢に議定始への参仕を懇請したが公賢は応じなかった。

十二月十七日、良基は公賢に「明春なほ世上無為に候はば、礼儀に於いては是非に就いて興行すべく候、必ず合力あるべく候や、且つ憑《たの》み奉る」と告げ、早くも朝儀の復興を表明し、協力を求めた。続いて二十九日の書状でも「近日の公務、旁だ以て難治《なんじ》に候か、しかるに一身張行、十分の一申沙汰し候なり」と、一身で政務を処理したとも述懐している。その上で、節会《せちえ》・小朝拝《こちょうはい》などは平年と同じに沙汰すべきか、あるいは小朝拝を停止するかを諮った。公賢は天皇の生母陽禄門院《ようろくもんいん》秀子《しゅうし》が崩御したばかりなので、節会は行うべきであるが、出御は略したほうがよいと返答している。

徐々にではあるが、朝廷は元の姿を取り戻していくかのようであった。しかし、擾乱の余波は容易なことでは収束せず、さらなる災難が良基らを見舞うのである。

四　美濃行幸と将軍参内の記―『小島のすさみ』―

《文和二年・正平八年》美濃小島は守護土岐氏の本拠

美濃国小島《おじま》（現岐阜県揖斐郡揖斐川町小島）は、大垣市の北方、濃尾平野の最も奥に位置し、眼前に粕川《かすかわ》の流れを望む、風光明媚な地である。守護土岐氏はこの地に瑞巌寺《ずいがんじ》を開き、周辺には不破《ふわ》の関、寝覚《ねざめ》の里美濃の御山《おやま》など歌枕《うたまくら》も点在するが、この山間の寒村が脚光を浴びたことはそれまでなかったであろう。小島が歴史の一舞台となったのは、まったく擾乱の余波のゆえであった。

山名時氏幕府から離叛

前年の八幡攻防戦で足利義詮を援けて功績のあった山名時氏《ときうじ》・師義《もろよし》父子は、恩賞の少なさを理由に分国伯耆に出奔し、ついで南朝に降伏、山陰・四国の兵を集めて、文和《ぶんな》二年（一三五三）夏、楠木正儀《まさのり》・石塔頼房とともに京都に迫った。

南朝再入京　義詮後光厳と美濃小島に逃る

天皇だけは南朝に奪われてはならない。六月六日、後光厳は、義詮の四条坊門富小《しじょうぼうもんとみこう》路《じ》邸に近いとの理由で、良基の押小路《おしこうじ》烏《からす》丸殿《まどの》に急遽行幸したが、義詮の要請でさらに延暦寺へと逃れた。尊氏はなお関東にあり、兵力に乏しい義詮は九日に神楽岡・吉田河原合戦で大敗、そのまま後光厳を奉じて東へ走り、小島に拠ったのである。西園寺実《さね》俊《とし》・万里小路仲房・日野時光《ときみつ》らの近臣が小島まで供奉したが、関白が城外に出る先例も

家記文書を没収される

公賢再び南朝に用いられる

瑞巌寺（岐阜県揖斐川町）

なかったために、良基は近江坂本にとどまって帰洛した。

ふたたび乗り込んできた南朝の使者によって、後光厳の践祚に出仕した輩は解官され、延暦寺に参った者は邸第を没収された。良基は「偽主《ぎしゅ》」を践祚させた張本人として厳しく断罪された。押小路烏丸殿から追い立てられ、家記文書は師基に渡された。嵯峨中院の山荘に引き籠った良基は、瘧病《おこり》（マラリア）に罹って苦しんだという。

洞院公賢は南朝によって今度は太政大臣に任じられ、政務を委ねられている。拒絶すれば何をされるか分からないからと弁解するが、さすがにこの姿勢では大方の信用を失わせてしまうであろう。今度の南朝の天下も僂いものであり、在京に疲労した軍勢はしだいに数を減じ、七月二十六日には義詮が京都を恢復した。

美濃へ出立

この日か翌日、良基は密々裡に美濃小島の後光厳のもとへと出立した。後述する『小島のすさみ』の表現を借りれば、瘧病が治癒しないまま、「報国《ほうこく》の心ざしなれば、などか神仏も助け給はざらむ」という悲愴な決意であった。八月五日になってそのことを知った公賢は、召しに応じて最も早く参った者を関白にするとの風説があるとし、「近日の風、名利《みょうり》曾《かつ》て無益か、これをなすに如何せん〱」と冷淡に述べている。近衛道嗣が良基の後を追ったが、ほかの三摂家の当主一条経通・鷹司師平・九条経教は京都を動かなかったようである。

関白職安堵

良基は二、三日の行程を五、六日かけて「やみやみからうじて」小島に到着した。現在、瑞巌寺の地に比定される行宮で早速に後光厳と対面、「これまで参りぬる上は、床をならべし契り、さらにかはり侍らじ」との言を得る。

二神約諾の神話を想起

この「床をならべし契り」とは、天照太神が天孫降臨の際、天忍穂耳尊《あめのおしほみみのみこと》に宝鏡を授けて「与《とも》に床《ゆか》を同じくし、殿《おほとの》を共にして」と命じ、天児屋根命《あめのこやねのみこと》（藤氏の祖神）・太玉《ふとだまの》命《みこと》には、「亦同《とも》に殿の内に侍ひて、善く防ぎ護るを為《な》せ」（『日本書紀』神代紀《じんだいき》・下）と、皇孫瓊瓊杵尊《ににぎのみこと》を守護させた神話を受けるもので、関白職の安堵に他ならない。

なお、このいわゆる「二神約諾神話」は、院政期以後の摂関家が強調するもので、良基にとっても精神的なよりどころとなった。

尊氏父子に伴われて帰京

侘びしい山住みは一ヶ月ほどで終わる。八月二十五日に後光厳は垂井《たるい》宿に遷り、そこで関東より西上した尊氏と、京都から迎えに東下した義詮と合流、父子に伴われて九月二十一日にもとの土御門《つちみかど》内裏に還幸した。良基・道嗣は前日に入洛した。往路とはうってかわって、数万の軍勢に護衛されての堂々たる偉容であった。ただ、地方の情勢は依然不穏であり、早くもその月末、足利直冬が南朝の綸旨を給わり、西国の軍勢が蜂起したとの風説が流れている。

首鼠両端を許さず

ところで、良基は師基に奪われた家記文書を生前には取り戻せなかったらしい。しかし、文書を失った痛手よりも、関白として盤石の信任を得たことが重要であった。以後、北朝も廷臣には忠誠を求め、行宮に不参の廷臣は罪科に問われた。一条家や洞院家はこれまで持明院・大覚寺《だいかくじ》両統から受けがよく、それを当然としていただけに、苦しい立場に置かれた。後光厳は明らかに経通を嫌っていたし、公賢の識見を尊重はしても親しみは持たなかった。疎外された公賢はみずからを「聖朝の半隠《はんいん》、当世の外物《がいぶつ》」（『揚名介《ようめいのすけ》事《こと》』奥書）と観じている。一時は北朝の中心となっていた観さえある洞院家であるが、隆盛を取り戻すことはなかったのである。

紀行文『小島のすさみ』を執筆

良基はこの秋の経験を『小島のすさみ』と題する仮名日記に綴った。紀行文に分類される。緊密な構成を取り、流麗な文体を持ち、文学史的評価も高い。

将軍参内の記録

ただ、本書は天皇に献上されており、まず関白職安堵を謝し、水魚の関係を確認するものであった。もう一つの主題は、天皇と尊氏との初めての対面を記録することにあった。それは九月三日、美濃垂井の頓宮での出来事で、尊氏の率いる大軍の描写は印象的であるが、尊氏その人について、

おほかた城外《じょうがい》へ臨幸の後は、寝殿をさりて興遊物《もの》のねをもとどめて、ふかくおそれ申しけるときこえし。いとありがたき事なり。げに仁義をもわきまへてこそ、これほどの運をば保ち侍らめと返々たのもしくぞうけたまはりし。鎌倉右大将《(源頼朝)》、建久にはじめて上洛せられけるも、ただかくこそはありけめ。

と、正平一統から二年を経て、ふたたび北朝を推戴した尊氏の胸中は推し量らず、ひたすら天皇に恭順を示す功臣として描き出す。

良基の武家観は伝統的

天皇が「城外」に遷る、つまり京都から追われて以来、尊氏もまた寝殿で起居せず、歌舞音曲を停止して、深く謹慎の意を示したと強調するのは、事実かもしれないが、やはりそうであってほしい、という公家側の願望が強く籠められていよう。その意味では良基の武家観はなお伝統的なものであった。

尊氏父子は鎌倉将軍の後継者

この時期の公武関係は依然、鎌倉時代の枠組みが生きていた。将軍が公卿であり高官

を帯びていたとしても、公家社会に往来することはなかった。尊氏も義詮も、鎌倉幕府将軍の後継者と見なされ、『小島のすさみ』でも、それぞれ「鎌倉大納言」「鎌倉宰相中将」と称されているのである。幕府への依存の度は前代よりも大きかったが、それでも天皇にとり将軍は圏外の人であった。尊氏が参内したのはこの後わずか二回だけである。

関白と武家

朝廷を代表する関白も同様であった。摂関への就職、所領の保護などのために幕府への連絡は密であったはずであるが、人を介するもので、尊氏と直接交渉することは見えない。わずかに『小島のすさみ』に、尊氏の道中での和歌に合点するよう請われて「否みがたうて、おづおづ墨を付け侍りし」とあるのが注意される程度である。尊氏は連歌をも好み、後に良基は『菟玖波集《つくばしゅう》』では多数その句を採ったが、尊氏の反応はとくに伝えられていない。

将軍参内に祇候

ところが、良基はこれ以後、将軍参内の場にかならず祇候するようになる。これは今までの関白には見られなかったことである。けっきょく美濃での経験が、武家との協調に異常な努力を払う原点となったのである。

五　後光厳親政と議定衆

後光厳親政　鬼間議定始

後光厳の鬼間《おにのま》議定始《ぎじょうはじめ》（最初の議定）は、美濃から還幸後まもなくの文和二年十月二十八日のことであった。出席者は良基・近衛道嗣・勧修寺経顕の三人であった。

当時の親政は、院政と同じく、まず議定衆（議奏《ぎそう》）・伝奏（敷奏《ふそう》）を定め、毎月それぞれ三度の議定と雑訴沙汰を定期的に開催することで始動した。ようやく政務の実が整えられたのである。

議定衆

在位は二十年に及んだので、議定衆には出入りがある。良基・道嗣・経顕は固定メンバーであるが、初期には他に中御門宣明・葉室長光《ながみつ》・洞院実夏がいて、延文三年（一三五八）八月に油小路隆蔭・甘露寺藤長が加えられた。光厳院政で活躍していた人々が引き続いて用いられるが、藤長・隆蔭・長光が没すると、貞治三年（一三六四）に久我通相《みちすけ》・日野時光・万里小路仲房、まもなく柳原忠光も追加され、顔ぶれが一変する。他の摂家は疎外され、清華家の退潮は著しく、通相はともかく、実夏も言うに足りない存在であった。

伝奏

伝奏は十二名が検出される（森茂暁《もりしげあき》『増補改訂　南北朝期公武関係史の研究』）。光厳院政の伝奏をそのまま登庸したが、これも名家の廷臣に占められ、新任も文和年間に仲房、延文二年時光、康安元年（一三六一）忠光と、職事・弁官を経歴した名家の人々が目立ち、いずれもやがて議定衆を兼ねた。伝奏の人選は良基が預かり、叡慮を伝達している。仲房・時光・忠光は検非違使別当を経験し、北朝を支える中心メンバーとなる。

とはいえ光厳上皇の治世と比較しても、北朝をとりまく状況は悪化していた。

政務の停滞

議定は式日に開催されず、出席者も数名であった。議題は公事《くじ》用途の工面や高麗国の牒状（国書）への対応など財政・外交の問題を取り上げることもあったが、幕府の決定を追認するに過ぎず、しだいに神事の興行を謳うのみの空疎なものとなっていった。雑訴沙汰は、記録所が設置されたものの、活動は著しく縮小した。貞治五年のものと推定される後光厳の勅書は良基宛てらしく、議定が春日神木入洛で開催されず、せめて雑訴沙汰だけでも開催したいが、それも叶わず、「議奏に人無き事、この間度々申し奉《うけたまは》り候ひ畢んぬ、宣明・長光逝去已後、大略諸事を閣《さしを》かるるの様に候」と、君臣ともに人材の不足を概歎している（東北大学附属図書館蔵三春秋田家旧蔵『宸翰集』「後光厳天皇宸筆書状」）。

《文和三年》三度目の南朝侵攻

天皇は文和二年十二月二十七日に即位礼、翌三年十一月十六日に大嘗祭を挙げ、ともに良基が沙汰したが、十二月には、足利直冬を大将とする山名氏・桃井《もものい》氏らの南朝軍が京都に迫った。尊氏は後光厳を奉じ、二十四日、近江国武佐寺《むさでら》（蒲生郡武佐の長光寺。現近江八幡市）に逃れた。良基も供奉した。ほかに西園寺実俊ら十数人の廷臣が従い、三位局日野宣子と三宝院賢俊《けんしゅん》も行宮にあった。南朝の天下もこれで三度目であった。

《文和四年》

　後光厳と良基は翌四年元旦を武佐寺で迎えたが、尊氏の要請で、二十一日に近隣の成就寺《じょうじゅじ》、さらに二月八日、東坂本《ひがしさかもと》に遷った。行在では廷臣も生活の資に苦しんだようで、天皇は良基らに「助命兵糧」を与えた（『賢俊僧正日記』）。尊氏は京都に戻り、一ヶ月にわたり洛中で合戦、三月十二日、直冬を八幡へと敗走させた。二十八日、天皇は義詮に護衛され、坂本から土御門内裏に還幸したのであった。

文和千句秀逸多し

　坂本から戻って一月も経たない四月二十五日、良基は自邸で千句連歌を興行し翌月に及んだ。これが文和千句《ぶんなせんく》で、前半五百韻が現存する。作者は良基・救済《きゅうせい》《ぐさい》以下十一人で、永運《えいうん》・暁阿《ぎょうあ》・周阿《しゅうあ》・木鎮《もくちん》ら救済門弟の俊秀連歌師が結集している。南北朝期を代表する、水準の高い一座であった。

良基の感慨

　連歌という文芸は、発句《ほっく》を除いて、場の状況や作者の境遇を反映させる余地はなく、付合に集中し、ひたすら風雅の境地を目指すものである。連衆もこれに没入して現世の騒擾を忘れたのであろう。ただ良基は、ときに個人的な感慨を吐露している。

我よりも君が位は上にして　良基
春日の宮居《みやい》伊勢の神垣《かみがき》　救済（第二百韻、三三・三四）
世のための思ひや人にかはるらん　良基

神の心もあはれみはあり　　永運（第三百韻、三九・四〇）
我こそいまは世に聞こえつれ　　良基
さかりなる花の藤川浪かけて　　救済（第四百韻、八・九）
つかへては家を立てたる我ぞかし　　良基
あるじは国の柱ならずや　　素阿《そあ》（第五百韻、四五・四六）

執政の自負

平時であれば執政の自負と受け取れるが、実際は兵馬倥偬《こうそう》の世に翻弄され続けている。とはいえ連歌に慰藉を求めたとばかりは言えず、自信が漲《みなぎ》っているのは精神の強靱さであろう。救済らがうまく句を合わせているのも興味深い。

千句連歌しきり

時局のゆえ和歌の催しはほとんど見えないが、連歌はむしろ盛んであった。ときを同じくして、尊胤法親王・佐々木導誉らの下でも、盛んに大がかりな連歌が行われていた。これらは文和千句を除いて、すべて散逸してしまったが、翌年に発起される連歌撰集『菟玖波集』の資料として開催された可能性も十分にあろう。

政道興行を誓う告文

良基は拱手していたわけではない。十二月二十日、良基は議定衆と伝奏に対して、伊勢大神宮・八幡・賀茂をはじめとする二十二社に政道興行を誓う告文《こうもん》への署名を求めた。議定衆は政道上の諫言を憚らないこと、伝奏は訴えを受理したならば、権勢や財力と関係なく速やかに上奏すること、また賄賂を厳禁し、裁判の公正を誓っている。さらに蔵人・弁官や記録所衆にも同じく連署させた。

空虚な「興行」

訴訟の公正迅速は、鎌倉時代以来の公家政権が取り組んだ課題である。その伝統に立ち、良基が訴訟制度の振興に意を尽くそうとしたのは確かであろう。しかし、どれだけの実効が期待できるであろうか。公賢は「若しくは政道興行あるべきか、もっとも神妙の事なり」と記すが、もちろん皮肉であり、良基の呼びかけに鼻白《はなじろ》んだだけであろう。それでも「政道興行」を執拗に唱えて、廷臣にも迫るところ不撓不屈というべきだが、ただ、さすがの良基にも、現実にできることは乏しかった。この時期、かえって文芸での活動が充実して来るのは理由がないわけではない。

六　二つの勅撰集—『菟玖波集』と『新千載集』—

新たな勅撰集の企て

勅撰和歌集はすでに十七集を数えた。院政・親政を問わず、新しい治世の開始とともに勅撰集撰進が下命される慣例であった。後光厳の在位も数年経過すればそのことが意識された。

撰者の候補

二条為定はおのずと撰者の望みを抱いたが、かねて南朝に通じたことから、後光厳の治世では活動を自粛せざるを得なかった。従弟の為明・為忠は賀名生の行宮に出仕さえした。歌壇では地下歌人の頓阿・慶運らが活躍し、彼らを良基も高く買っていたのであるが、勅撰集の撰者は公卿でなくてはならなかった。

いっぽう、同じ御子左家一門の冷泉為秀は一貫して北朝と幕府に忠誠を尽くし、後光厳の美濃と近江の行幸にも供奉している。

冷泉為秀撰者を望む

文和三年十二月、戦雲急を告げているなか、為秀は後光厳に撰者の希望を出した。後光厳はとてもそんな時勢ではないと消極的であったが、良基はともかく「打聞《うちぎき》（私撰集）」を準備してみよと激励した（『冷泉家古文書』「後光厳天皇宸翰并二条良基自筆書状」）。これは応徳《おうとく》三年（一〇八六）、『後拾遺集《ごしゅういしゅう》』が当初は藤原通俊の私撰集として編纂され、完成後に白河《しらかわ》天皇によって勅撰集とされたとする一説（『袋草紙《ふくろぞうし》』ほか）を受けるのであるが、近代では必ず撰者を下命してから、撰集の業を開始しており、このような変則が認められるとは考えにくい。しかも為秀は公卿でさえなく、冷泉家は過去一度も撰者を出しておらず、かたがた実現は難しかった。ただ良基が、乱世の勅撰集には便法もあり得ると考えていたことは興味深い。

《延文元年》嗷訴の頻発

延文《えんぶん》元年（一三五六）に入ると、情勢は比較的平穏であったが、南都・北嶺の嗷訴《ごうそ》が頻発した。戦費調達を理由に武士が寺社領を押領することへの抗議であった。朝廷にはもはや事を処理する能力がなく、幕府はもとより解決に熱心でなかったために、しばしば訴

『新千載集』の下命
尊氏の執奏
撰者は為定

訟が長期化した。東大寺八幡宮の神輿のごときは、この年八月に入洛したまま、在洛五ヶ年に及んだ。出仕は差し支えないとの重臣の見解にもかかわらず、神慮に藉口《しゃこう》して懈怠する者が多く、朝儀の遂行を著しく阻害したのであった。

六月十一日、後光厳は勅撰和歌集の撰進を二条為定に命じた。為定が尊氏に取り入って、執奏《しっそう》させた結果であった。これが『新千載集《しんせんざいしゅう》』である。続いて八月二十五日、応《おう》製《せい》百首（『延文百首《えんぶんひゃくしゅ》』）の詠進も命じられた。しかし、勅撰集の歴史上、武家執奏による下命は初めてであり、後光厳は乗り気ではなかった。為定も老齢と眼病に悩まされ、撰歌は進まなかったらしい。

『菟玖波集』の編纂

いっぽう良基は、救済らの協力を得て連歌撰集の編纂に着手する。『菟玖波集《つくばしゅう》』である。これは、上代から当代を対象に、優れた付句を、四季・恋・雑《ぞう》など二十巻に分類し排列した撰集である。前句《まえく》は一部を除いて、いわば歌集の題ないし詞書《ことばがき》としての扱いを受け、付句《つけく》だけが作者名を明らかにされる。短《たん》連歌はともかく、長《ちょう》連歌は変化を楽しむ文芸であるから、前句・付句を取り出して鑑賞することは付合を観察する場合に限られていた。したがって連歌撰集という書物は、当時そう多く存在していたわけではない。この撰集が体裁といい、規模といい、勅撰和歌集に倣っていることは明らかであった。和漢両序を備えたことも珍しく、これは直前の勅撰集である『風雅集』を襲ってい

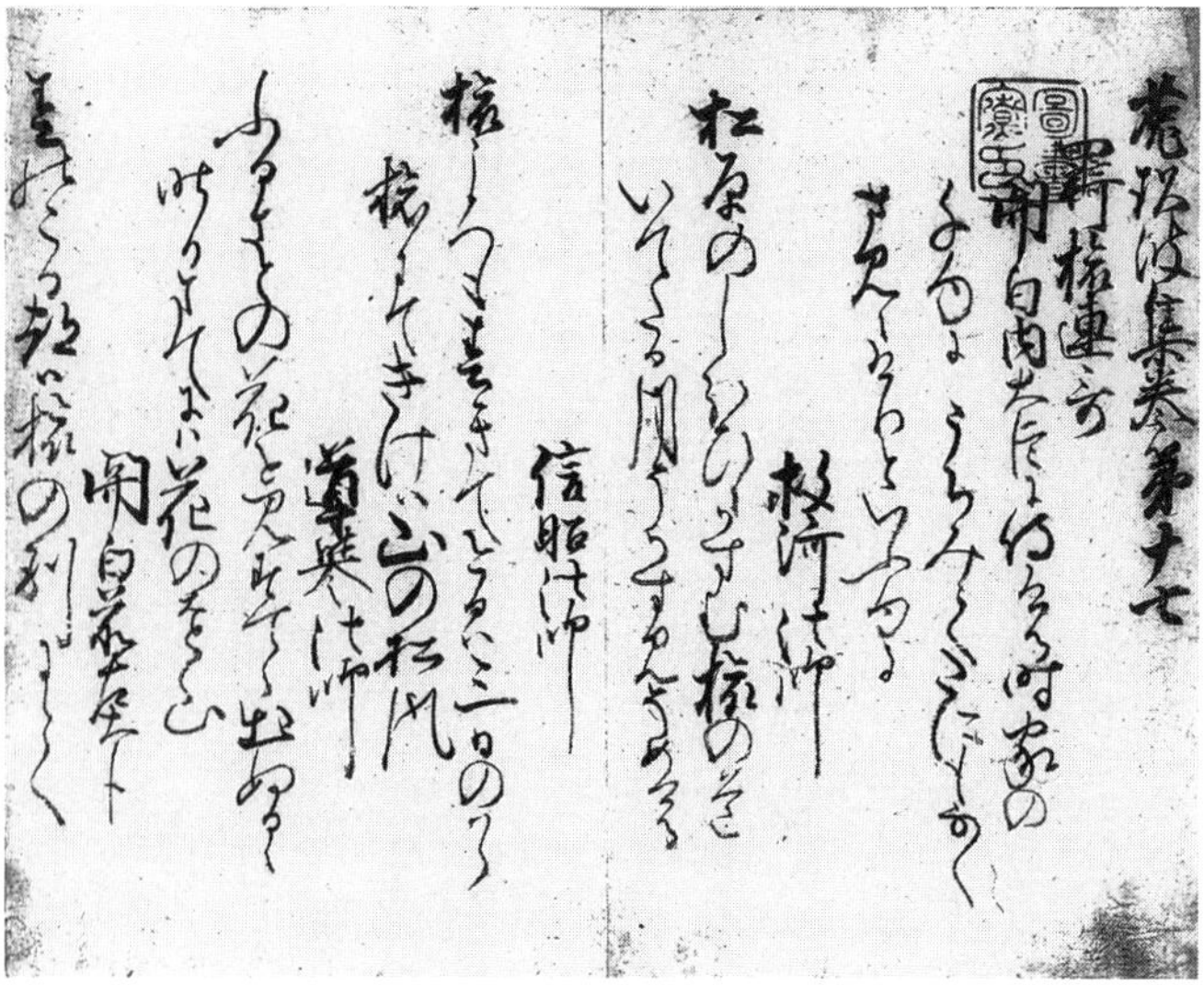

『菟玖波集』（伝素眼筆，宮内庁書陵部蔵）

る。仮名序《かなじょ》は良基自身、真名《まな》序は右大臣近衛道嗣が執筆した。両序の日付はともに『新千載集』下命より前の、文和五年三月二十五日となっている。

　良基の意図は周囲に伝わっていた。両序の日付は形式的なもので、実際の撰集作業はそれよりかなり遅れて進行した。洞院公賢はこの年八月、『菟玖波集』の企画を「勅撰に非ざる自由沙汰《じゆうさた》、まづ然るべからざるか」と批判した（『園太暦』）。

　連歌撰集の姿が整ったのは翌春のことらしく、三月、後光厳が良基のもとからこの集を借り出しており、強い関心を持って披見、誤字を訂正

《延文二年》松殿忠嗣の功労を賞す

光厳法皇ら帰京

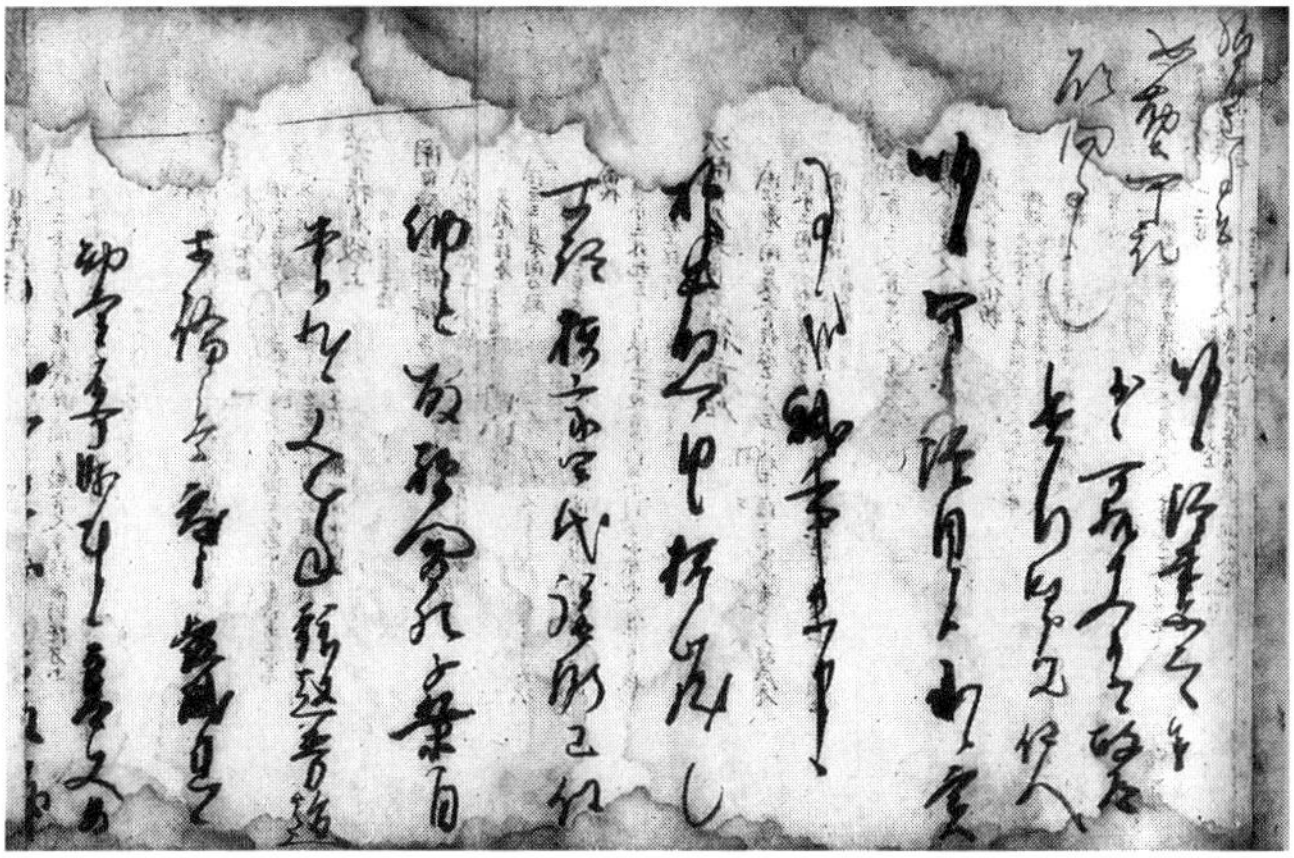

二条良基書状（『叙位儀次第』紙背文書，宮内庁書陵部蔵）

させている（『叙位儀次第《じょいぎしだい》』紙背文書）。

延文二年正月、中納言松殿忠嗣が三節会すべての内弁を奉仕し、未曾有といわれた。忠嗣は二条家の家礼《けらい》《かれい》であり、良基の腹心であるから、誰も内弁を領状しないのに窮した良基の命に違いない。良基は四月十五日の小除目で、忠嗣を父祖の官を越えて権大納言に推挙し、その労に酬いた（『同』紙背文書）。

二月十八日、光厳法皇・崇光上皇・直仁親王が五年ぶりに南朝から帰京した。光明法皇はすでに二年前に帰京していた。ただ、北朝での三院の処遇は微妙なものがあった。光厳は後光厳の践祚を認めず、廷臣との交際を絶って隠棲した。とりわけ『新千載集』の企画に強い不快の意を示し、入集を拒否したのである。

『菟玖波集』勅撰集に准じられる

閏七月十一日、『菟玖波集』を勅撰和歌集に准《じゅん》ずる綸旨が良基に下された。やはり尊氏の執奏であるが、公賢は佐々木導誉の働きであると暴露した。『新千載集』の撰歌を助力していた、為定従弟の為明は「此の上は勅撰の遵行《じゅんぎょう》定めて不定か、道のために不便」と公賢に語った（『園太暦』）。准勅撰集の扱いは歌道師範家が『新千載集』の「遵行」（ここでは完成と同義であろう）を悲観するほどに衝撃的であった。

良基は関白であり、後光厳もその申請ならばもとより許したはずである。つまり「武家執奏」という、公家からは異議の申し立てようのない手続きをあえて践《ふ》むことが重要であった。

准勅撰集の扱いは、文学史では連歌の地位向上を狙ったと説明される。決して誤りではないが、当時の畿内の戦局が不透明であったことも考慮に入れるべきである。

幕府と南朝和睦の風聞絶えず

幕府と南朝との間では、「和睦」の噂が絶えなかった。この七月にも、「南方・武家御和談の事」が決定したとの風説が流れた（『園太暦』）。北朝には幕府の独断で結ばれる和睦こそ最大の恐怖であった。成就すれば正平一統の再現となるのは確実であり、後光厳の退位、ひいては北朝の消滅を覚悟しなくてはならなかった。それゆえに後光厳も良基も、尊氏・義詮に促されての、たびたびの蒙塵の辛労を甘受したのである。

北朝の憂慮

『新千載集』の撰歌は、いまだ業半ばであった。万一、南朝との和睦となれば、北朝でのこうした企画はすべて水泡と帰する。首鼠両端を持してきた為定は、むしろ改めて後村上の命を受けることを期待するであろう。このため良基は連歌撰集、しかも正式な下命を経ない変則であるが、ともかく後光厳の治世に「勅撰集」を遺そうとしたと考えられる。連歌は自身の好尚であろうが、十年近く続く戦乱の状況や、歌道師範家の内情を鑑みれば、あながち取り越し苦労とも言えない、関白としての判断でもあった。

作者と句数

『菟玖波集』は付句二千百四十九句を収めるが、作者は約四百五十名にとどまる。かつ、救済百二十七句・尊胤九十句・良基八十七句・導誉八十一句・尊氏六十八句と、良基周囲の連歌愛好者に偏する。『新千載集』が、総歌数二千三百六十五首に対し作者八百八十名を数えるのに比較すると、私撰集の限界は露呈してしまっている。良基としては連歌史を俯瞰する、過去の多様な作品をほぼ集成し、かつ連歌の理想のスタイルを示したことで、いちおう満足したようであるが、やはり異例の状況下の撰集でもあり、しだいに不満も覚えるようになったらしい。後年、良基はふたたび救済と、『玉梅集《ぎょくばいしゅう》』という連歌撰集を計画した。しかしこれは事始《ことはじめ》の儀を行ったのみで終わったという。

七　宋代詩話の影響―『撃蒙句法』―

《延文三年》宋代詩話に学ぶ

良基は『菟玖波集』の編纂によって、連歌にはさまざまな句風があり、それも時代により激しく変遷することを知ったであろう。すると、いかなる風躰を理想とすべきか、という問いかけが生じてくる。こうした省察は、歌論に先蹤があるが、良基は中国の詩学、具体的には宋代に発展した詩話からも学ぶところが大きかったらしい。

『撃蒙句法』の執筆

延文三年七月、後光厳天皇に献上した『撃蒙句法《げきもうくほう》（撃蒙抄）』にそのことがよく看取できる。付合の種類を十四種に分かち、百七十句の例句をもって解説した連歌論書である。実践的な内容ではあるが、随所に宋代の詩話の影響を看取できる。

厳羽の詩話の影響

とりわけ跋文に、

> 多年この道《みち》を好み翫ぶといふとも、かつていまだその妙処《みょうしょ》を知らず。当座《(世)》の好士、或は才学をもて連歌とし、或は論義をもて連歌とし、或は幽玄《ゆうげん》をもて連歌とし、或は奇語《きご》をもて連歌とし、或は倒語《とうご》をもて連歌とする、皆十分正躰《しょうたい》にあらず、只是一篇の理路《りろ》なり。暫く心ざしを付けて自然の悟入《ごにゅう》を期すべし、となり。
>
> 時に延文第三初秋上旬、勅定によりこれを草す、　関白一翁

江湖派の晩唐詩尊重にも共鳴

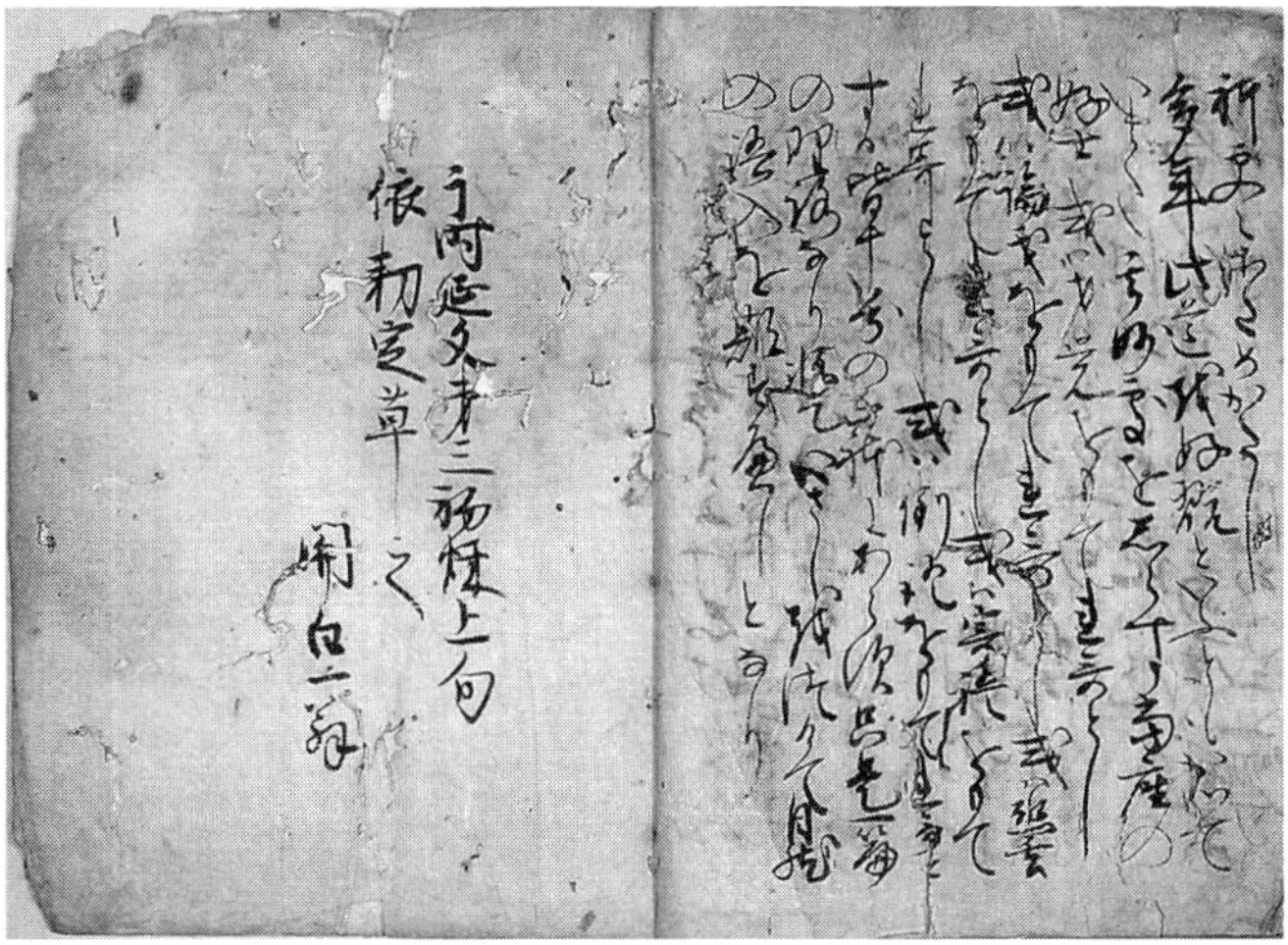

『撃蒙句法』（富山市立図書館蔵）

とあるのは、南宋の詩人、厳羽《げんう》の詩話（『滄浪詩話《そうろうしわ》』）の「近代の諸公、奇特《きとく》の解《げ》会《え》を作《な》す。文字を以て詩を為《つく》り、議論を以て詩を為り、才学を以て詩を為る。是を以て詩を為る、夫《そ》れ豈《あ》に工《たくみ》ならざらんも、終に古人の詩に非ざるなり」、あるいは「然る後に博く盛唐《せいとう》の名家を取って、胸中に醞釀《うんじょう》すれば、久しくして自然に悟入す」といった行文をただちに想起させる。

厳羽は盛唐の詩を理想とし、詩禅一致を主張した。これは当時流行の江西派《こうさいは》・江湖派《ごうこは》への批判であった。とくに晩唐の詩に傾倒し、身辺日常の題材を取り上げることを好んだ江湖派を、末流の低回趣味として糾弾したのであった。ただ、江湖派の詩人は好んで詩について談じ、それも詩話の形で陸続と刊行された。反対派の厳羽もその流れに乗じたのである。

『詩人玉屑』

厳羽の詩話は『詩人玉屑《しじんぎょくせつ》』に全文が収録され、この書の流布によって広く知られるところとなった。良基もこれによるのである。『詩人玉屑』は江湖派の詩人、魏慶之《ぎけいし》の編にかかる宋代詩話の集成で、南宋淳祐《じゅんゆう》四年（一二四四）の序を有する。北宋の欧陽脩《おうようしゅう》・司《し》馬光《ばこう》から当代までおよそ百四十種の詩話を渉猟し、その記事を項目別に示している。氷炭相容れぬ主張を同列に採録するので、論書としては一貫性に欠くが、宋代詩学を一通り知るのには至便であり、まして世が遷り国が変われば、そういう党派性は問題ではなくなった。宋版・元版各一種が知られ、本邦にも鎌倉後期には将来され、五山版《ござんばん》も刊行された。中世の知識人が得ていた唐宋詩の知識は、半ばこの書を通してであった。

『三体詩』

同じ淳祐年間、やはり江湖派詩人の周弼《しゅうひつ》が編んだ『三体詩《さんていし》』は、五律・七律・七絶の三体を収めたアンソロジーで、晩唐詩の名作を多く収録する。通俗的な作詩の手引きであったが、いち早く刊本が将来された。良基はこれも愛読し、「晩唐の詩といふ物を見れば、すべて心も知らぬ先より吟の面白くて、心にもしむやうにおぼえ侍る也」（『筑波問答』）、「今ハ盛ニ唐ノ詩ヲ本トスルニヤ。但シ、晩唐・宗《（宋）》朝ノ風躰ザザメキテ面白キニヤ」（『九州問答』）などと、華やかで明るい晩唐詩、さらに、江湖派に代表される晩宋詩への共感を繰り返す。晩唐詩を斥けた厳羽の主張に傾倒しながら、江湖派の晩唐詩尊重に従うのは矛盾した姿勢であるが、これが『詩人玉屑』を通しての理解であったとすれば、納得がゆくのである。

和漢聯句を始める

良基は和漢聯句についても発言するようになる。和漢聯句《わかんれんく》とは、連歌式目に従って、五七五ないし七七の和句と、五言の漢句とを付けて遊ぶ文芸で、鎌倉後期から流行を始める。『菟玖波集』巻十九には「聯句連歌」として、いずれも漢句に付けた和句二十四句を入集させた。『撃蒙句法』にも「和漢連歌」の項が立てられ、「所詮太白《たいはく》（李白）・子美《しび》（杜甫）・東坡《とうば》（蘇軾）・山谷《さんこく》（黄庭堅）などが風流を和にとりなすより故実あるべからず」などと解説している。後光厳もこの頃から和漢聯句を好んで行っている。

玄恵に学ぶ

それでは、良基を漢詩漢文に開眼させたのは誰であろうか。成長してから初めて関心を持ったとすれば、候補に挙がるのは玄恵《げんえ》である。玄恵は外典《げてん》にも通じ、正中《しょうちゅう》元年（一三二四）十二月、『詩人玉屑』に「批点句読《ひてんくとう》」を施したことが、五山版に附刻された一本の識語によって知られる。ただ玄恵は観応元年三月に没している。

学問の新しい潮流

良基と漢詩文の出会いは、巨視的に見れば、大陸における商業出版の隆盛により生じた、新しい学問の流れに棹差すものでもあったし、いっぽうで良基の唐宋の詩文への傾倒が、同時代の文学史にも多大な影響を与えたのである。

八　関白辞職と内覧宣下

《延文二年》一乗院と大乗院

興福寺を代表する門跡の一乗院と大乗院との間には長年確執があったが、この頃緊張が増していた。一乗院は近衛家の、大乗院は九条家の出身者に継承されていたが、ともに大和国内だけで数百ヶ所の所領を有する一大領主であり、院主の入室にあたっては京都の政情が反映され、しばしば激しい抗争が生じた。

一乗院良玄は良基猶子

延文二年三月四日、近衛道嗣は五歳の男子を南都に下向させた。当時の一乗院門主であった実玄は、かつて家督を争った近衛経忠の子であり、これを排除しようとしたのである。すると大乗院門主の孝覚が道嗣に加勢し、たちまち戦端が開かれた。

将軍尊氏の調停があり、いったん和睦したものの、六月二十七日、実玄は良基の猶子で十三歳の良玄を下向させ、後継者に擬し、道嗣に対抗した。

南都合戦

十月、実玄・良玄が孝覚を襲撃、両門跡が寺僧や国民を糾合して抗争したため、戦火が南都を覆い尽くした。面目をつぶされた幕府は一乗院から実玄・良玄を追い、処罰を朝廷に奏上したが、両人は逃亡潜伏した。良基の関与も疑われたらしい。

良玄の出自

ところで良玄の実父は、後の大乗院門主の尋尊《じんそん》によれば「南朝中務親王《なかつかさしんのう》」である

(『摂家系図』)。これは後醍醐天皇の皇子尊良《たかよし》親王とされるが、尊良は延元《えんげん》二年〈一三三七〉に没しているので非である。尋尊は「良玄禅師トテ南朝式部卿親王息」(『大乗院寺社雑事記《ぞうじき》』延《えん》徳《とく》元年〈一四八九〉十一月二十日条)ともしており、正確な出自を知らなかったらしい。同時代史料では良玄の実家をたんに「中務卿親王家」としている。これは後二条天皇の末裔木寺《きでら》宮《みや》であろう。木寺宮康仁《やすひと》親王は、これより少し前の文和四年に没したが、北朝で中務卿に任じられている。またこの頃、良基が木寺宮を訪れ歌会があったことが『続草庵集《ぞくそうあんしゅう》』に見える。良玄を南朝の皇子と見て、両門跡の抗争は南北両朝の対立と連動したとする通説は誤りである。

《延文三年》関係者処罰

翌延文三年四月三十日、尊氏が五十四歳で没し、義詮が継いだが、幕府は厳しく南都合戦の責任を問い、八月二十五日、実玄一派が断罪された。良玄は「中務卿親王家・二条関白家」を通じて、京都に送還せよとの指示が出された。

関白の更迭

良基にも累が及ぶ。九月十一日、幕府は「南都合戦已下《いか》の事、関白不義の風聞あり、改補あるべきか」と申し入れたとの巷説が流れる(『園太暦』)。

一乗院門跡系図

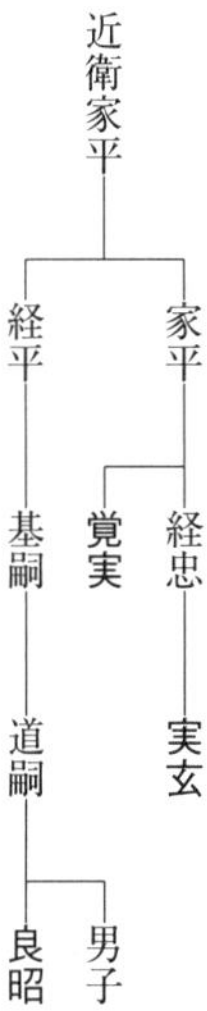

抗争に介入するか

良基の関与の度はよく分からないが、良玄は当時の史料で「二条新禅師」「二条禅公《ぜんこう》」などと呼ばれ、つねに良基との関係でとらえられている。伊藤敬氏は、孤立した実玄に積極的に肩入れして、近衛家・九条家に対抗しつつ、一乗院に足がかりを得ようとして失敗したと見る（『新北朝の人と文学』）。良基が五年後に春日社に奉った願文案（一三二頁参照）にも、「第四には南都合戦、一宗の滅期なり、この条定趣鎮まるやうに申し行ひ」云々とあるから、介入の意志は察せられる。なお、良玄も道嗣息もその後、事績が知られず、ともに早世したらしい。

関白在職十三年に及ぶ

更迭には幕閣にも慎重な意見があったようで、ただちに辞退とはならず、この間、種々の駆け引きがあったが、南都の問題がなくとも、在職も十三年に及べば、他家の不満も鬱積していたであろう。十一月六日、ついに辞退を承諾した。その跡を左大臣九条経教と右大臣近衛道嗣が競望した。道嗣は幕府の支援を要請したが、十二月二十六日、幕府は年臈の順に経教の就職を執奏したのであった。

「凶臣」とは誰か

良基の憤懣は激しく、その怒りはくだんの願文案でもなお消えず、「不慮《ふりょ》凶臣の口入《こうじゅ》により て、不意《ふい》に所職を辞せし事、その恨み未だ散ぜず」と吐露しているのである。「凶臣」は道嗣とされるが、経教・道嗣が関白を望むことは理運であり、たとえ讒言があっても、これを「口入」とは称しがたい。そこで同二十七日、洞院公賢が初めて後光厳天皇に謁し、「関白所職の事」を談じたことが注目される（『園太暦目録』）。策謀の有無は別として、良基はみずからの辞職する前日、内裏に現れた公賢を疑い、敵意を抱いたであろう。「凶臣」とは治世を乱す臣をいう。良基の立場では、南朝に用いられた公賢は「凶臣」である。もっとも、その敵意は願文のうちに秘められた。

内覧となる

しかし同二十九日、良基は内覧を宣下され、随身・兵仗も元のごとしとされた。良実・道平の例に倣って、以後は「大閤《たいこう》」「大殿《おおとの》」と称される。

《延文四年》

翌延文四年正月九日、公賢に内覧宣下を報じ、またしても「礼□（儀）興行、今春にあるべく候か」などと自祝している。実際、主要な朝儀には参仕を続けた。

『新千載集』に七首入集

四月二十八日、為定が『新千載集』を奏覧し、十二月二十五日に返納《へんのう》を遂げた。良基は七首入集したが、顕官のゆえである。しかもその七首はすべて『延文百首』のうちに見出せる。

道嗣より晩学を嘲けられる

七月十五日、良基は道嗣に請い『詩人玉屑』を借りた。道嗣は、作文を催したこともないのにどうして必要なのかと訝《いぶか》しがり、内裏の和漢聯句会に祗候するため慌てて詩文の学習を始めたとの噂を記し、「頗る老学《ろうがく》と謂ふべきか、言ふに足らざるなり」（『後深心院関白記』）と嘲けるが、すでに十分な造詣があったことは、先に見た通りである。いささか悪意の過ぎる記事である。

京官除目執筆西園寺実俊を教授

十二月九日、京官除目があり、権大納言西園寺実俊が執筆を務めた。実俊は無才無能の人と見なされていたが、後光厳のお気に入りであった。後光厳は実俊の失敗を懼れる余り、良基の教えを受けるように命じたらしい。当時の良基は多くの廷臣を家説に従わせていたが、たしかに関白は公事《くじ》の師範としても位置付けられるようになる。

義詮南朝討伐に出立

　十二月十九日、足利義詮は南朝討伐のために軍を率いて摂津・河内へ進んだ。北朝も旗と馬を賜るなどして激励した。同二十八日、警固《けいご》の儀を行うことについて、重臣に諮問があった。警固とは、六衛府《りくえふ》および左右馬寮《さゆうめりょう》・左右兵庫寮《ひょうごりょう》に対し、変事に備えて天子身辺の警衛を厳重にさせることである。通常は譲位・賀茂祭などに際して陣で宣下されるが、合戦などで外敵が京都を襲う危険のあるときにも宣下されることがあった。

《延文五年》警固を宣下

　しかし、南朝はすでに勢いを失っていた。さしせまる脅威は感じられず、義詮の将軍継承を記念する軍事動員であった疑いが濃厚である。このため公賢は「寿永（二年）・貞和（四年）等は、凶徒襲来し、防戦に依り官軍を遣はさる、ここによりて警固勿論か、今度は襲来の聞え無し、敵陣を追討せんが為に発向す、もしくは差別あるべきか」と反対したが、良基の意見によって、元旦に警固が宣下され、三節会が「警固中」に挙行される異例となった。

武家観の変化

　貞和四年の節会を、平常の規模で挙行させたのは良基であったから、前後矛盾に見える。この十年の間に武家観が大きく変わったことを象徴する。もちろん追従もあるが、北朝こそ幕府とともにあるとの姿勢を示したのである。

北朝は和平を警戒

実は、この陣中で義詮は「南方合躰の事（南朝との媾和）」を進めているといわれており、道嗣は大いに警戒している（『後深心院関白記』延文五年正月三十日条）。正平一統も将軍が都を離れたときに実現していた。北朝も危機に瀕していたのである。かねて遠征軍は戦意に乏しいと見られたから、北朝の君臣が疑心暗鬼に陥るのも無理はない。良基があえて警固を宣下させたことは、大いに意義があったといえる。

二条為定没

三月十四日、『新千載集』を返納したばかりの二条為定が逝去した。嫡子為遠《ためとお》は若年であったため、為定は従弟為明の野心を疑い、臨終間際に義絶した。

為明より『古今集』を伝授

良基はまもなく、この為明から『古今集』の説を伝授された（『六巻抄《ろっかんしょう》』）。数少ない和歌事績であるが、これは為明が家の正説を伝えることを誇示し、支持者を増やそうとする工作であり、とくに良基が望んだものではあるまい。

洞院公賢没

四月六日に公賢が七十歳で没した。やはり家督をめぐり嗣子実夏と弟実守《さねもり》とが争った。実夏が武家執奏により勝利するが、さしもの名門も衰頽は明らかであった。

討伐も媾和も不首尾

なお、遠征は部将の内訌が絶えず、媾和も立ち消えとなり、もとより戦果も上がらなかった。五月末に義詮は帰洛し、六月六日に開関《かいげん》・解陣《げじん》が宣下されている。

第五　再度の執政

一　足利義詮と執事

《康安元年》学僧阿一より儒書を学ぶ

康安《こうあん》元年（一三六一）六月六日、良基《よしもと》は阿一《あいち》という学僧を招き、『詩人玉屑《しじんぎょくせつ》』『毛詩《もうし》』の講釈を聞いたことが、陪席した柳原忠光《ただみつ》の日記に見える。阿一は同じ頃、崇光《すこう》上皇や近衛道嗣《みちつぐ》にも『春秋左氏伝《しゅんじゅうさしでん》』『周礼《しゅらい》』『尚書《しょうしょ》』「杜詩《とし》」を講じ、名声を博した。その活動は玄恵に匹敵する。残念ながら出自は不明で、道嗣が「年来《ねんらい》南方に参候し、此の間出京す」と伝えるのみである。新しい学問を伝えて南朝に用いられた人物らしい。

最勝講再興

同月二十八日、良基を奉行として内裏最勝講《さいしょうこう》が行われた。北朝では十五年ぶりの開催であった。

講説と問答散花行香あり

最勝講は毎年五月、東大寺・興福寺・延暦寺・園城寺の四大寺の学僧を召し、清涼殿で『金光明最勝王経《こんこうみょうさいしょうおうきょう》』を朝夕二座、五日間にわたり講説問答させて、天下泰平と玉体安穏を祈願した法会である。廷臣も参仕し、上卿《しょうけい》・弁のほか、出居次将《でいじしょう》・堂童子《どうどうじ》の

道嗣出仕せず

料足を欠く

南朝四度目の侵攻

《貞治元年》斯波義将執事となる 父導朝幕政を領導

役に当たり、初日と結願日には散花《さんげ》行香《ぎょうこう》も行われたので、衆目を集める朝儀としての性格も持つ。良基が再興に執心した理由もそこにあろう。

開催には苦労を重ねた。上卿に左大臣道嗣を指名したが拒絶されたので、良基は「出仕を承諾すれば、最勝講の後に関白就職を急いで取り計らう」と働きかけた（『忠光卿記』）。昇進を餌に廷臣の出仕を促すことは常であった。それでも道嗣は承諾せず、万里小路仲房《までのこうじなかふさ》が務めている。

また、料足は幕府が拠出するはずが、なかなか準備が整わなかった。ただ、この年は疫病の流行が止まなかった上、六月二十一日に畿内で大地震が起きた。その直後、ようやく開催にこぎつけたのである。ともあれ良基の朝儀復興の一事例である。

当時の幕閣は大名の内訌が絶えず、将軍足利義詮《よしあきら》は統制を失うこともしばしばであった。執事《しつじ》の指導力が相対的に強くなり、この時期には「管領《かんれい》」の語も現れる。この年九月、当の執事細川清氏《きようじ》が佐々木導誉《どうよ》に陥れられ、義詮に叛いて出奔、南朝に降参した。十二月にはその軍勢が京都に迫り、義詮は後光厳《ごこうごん》天皇を奉じて近江武佐寺に逃れた。ただそれは二十日にも満たず、良基にもほとんど影響はなかった。これが四度目にして最後の南朝の京都恢復となった。

貞治《じょうじ》元年（一三六二）七月二十三日、義詮は斯波義将《しばよしゆき》を執事に登庸した。義将は十三歳に過ぎず、実務はその父導朝《どうちょう》（高経《たかつね》）に委ねられた。導朝には佐々木導誉をはじめ政敵も多かったが、足利一門中屈指の門地の高い宿老であった。まもなく細川清氏は讃岐で従弟頼之《よりゆき》に討たれ、翌二年春、観応《かんのう》の擾乱《じょうらん》以来、南朝方であった大内弘世《ひろよ》が、ついで九月には足利直冬《ただふゆ》に与して長く反抗していた山名時氏が降参してきた。関東でもやはり直義の与党であった上杉憲顕《のりあき》が帰参を許され、公方基氏《くぼうもとうじ》に執事（関東管領）として登庸された。地方での和平が実現すると、幕閣の対立が先鋭化した面はあるが、さしもの内乱も終熄を迎えたといえる。

《貞治二年》義詮参内す

二年正月二十八日の除目《じもく》で義詮は権大納言に昇進し、源頼朝《よりとも》・足利尊氏《たかうじ》と並んだ。義詮はこの日、内裏土御門殿《つちみかどどの》に参じた。天皇と対面の場に良基も祗候した。

『新拾遺集』の下命
義詮の執奏
撰者は為明

義詮は和歌も好んでおり、昇進が一つの契機となったか、二月二十九日、十九番目の勅撰和歌集の撰進を執奏した。『新拾遺集《しんしゅういしゅう》』である。義詮の師範となった為明が、為遠を押さえて、撰者の地位を得た。『新千載集』返納から数年しか経たないこともあり、なりふりかまわぬ為明の運動に輿論《よろん》は好意的ではなかった。頓阿《とんあ》は進退に窮して歌道を抛《なげう》とうとしたが、良基に慰留されて翻意する一幕もあった。しかも為明は撰歌の中途で病没、頓阿が後継してようやく返納を果たした。良基は十首入集している。

良基はいちおう為明に助力する姿勢を見せ、また、「家の人々の事は人のとかく申すべきにあらず」（『近来風躰』）とし、直接の批判は避けているが、二条家末流のていたらくには失望していた。歌壇の人望は頓阿の上に集まった。

『愚問賢注』頓阿との問答体歌論書

そしてこの三月、頓阿とはかり、『新拾遺集』下命とほぼ同時に公表されたのが歌論書『愚問賢注《ぐもんけんちゅう》』であった。良基の好んだ問答体である。

良基は、理想の風躰《ふうてい》、心と詞、題詠《だいえい》、本歌取り、制詞《せいし》、趣向の凝らし方といった、二十九ヶ条の問いを立て、頓阿の答えを求めた。文飾の勝った序では、頓阿のことを「僕多年の知己《ちき》なり、一道の先達なり」と讃える。前関白の身で「愚問」と謙遜することも異例であるが、それでいてしばしば質問の語気が鋭く解答を圧倒することなど、著述意図は単純ではない。そこで二条派と京極派との新旧歌風の相違を示し、世間を二条派支持へ誘導するための演出とする見方さえあったが、そのような党派的対立に帰すべきではない。むしろ歌道師範が正面から答えようとしなかった、和歌を初めて詠む者が抱くであろう主要な疑義を選び出し、頓阿の見識を引き出そうとしたものである。

歌学の宝典

良基の著作のうちでも、質の高さといい、影響の大きさといい、特筆すべき仕事である。室町後期から多数の古注釈が著された。

義詮の称賛

本書は成立直後から多くの読者を得たが、義詮が多大の関心を示し、武家家礼《けらい》にして良基にも仕えていた公家、世尊寺行忠《ゆきただ》に宛て、称賛の書状を送った。いまだ直接のやりとりではないが、ともかく良基との交流が始まったのである。

二　還補への期待

「五湖釣翁」隠遁のポーズ

『愚問賢注』の跋で、良基は「五湖釣翁《ごこちょうおう》」と自署した。越王勾践《こうせん》の臣范蠡《はんれい》が大功を立てた後、五湖（中国湖南省の北に広がる、洞庭湖ほか五つの淡水湖）に小舟を浮かべて去った故事により、隠遁を意味するが、ポーズに過ぎない。これより先の康安元年十一月九日に、関白は九条経教から近衛道嗣に交替していたが、大閤《たいこう》良基の存在感は当職を圧しており、翌年十一月には早くも還補の噂が流れるほどであった。

「二条良基春日社願文案」にて還補を祈る

　自身もこれを期して、貞治二年六月七日、ふたたび春日社に自筆の願文を捧げた。それが、これまで何度か引用してきた「二条良基春日社願文案《がんもんあん》」（天理大学附属天理図書館蔵）である。草案らしく、判読しがたい文字もあるが、良基の肉声を伝える数少ない史料なので、読み下して全文を掲げた。

神恩を蒙ること余人に超過す

　従一位藤原良基敬白《けいびゃく》、春日権現に言《もうさ》く、それ大明神は、我の祖神なり、他国よりは我国の衆生は結縁厚く、我国の衆生の中には藤氏に生を受けたる輩は他の氏よりは縁深く、藤氏に生を受けたる輩の中に藤原氏長者を経たる輩は利益猶甚深《じんしん》なるべし。しかれば良基既に長者を経て数年ありき、無始爾降《むしじこう》、我大明神に結縁を結びし道理、又掲焉《けちえん》なる者か。しかれば良基この故に利益を蒙る事も余人には超過する由深く存ずる者なり。

辞職の恨み消えず還補の望みあり

およそ良基生涯の進退、心中の所存は、去る観応二年六月南円堂《なんえんどう》本尊を金仏に作り奉りて巨細敬白《こさいけいびゃく》し了んぬ、かの趣、神慮にも逆はずによりて、当代(後光厳天皇)登極《とうぎょく》に逢て、万機《ばんき》を輔佐□□事多年に及びき。しかるに不慮凶臣の口入《こうじゅ》によりて、不意に所職を辞せし事、その恨未だ散ぜず。又武家当流を閣《さしお》きて傍家を挙《きょ》する事、我家にその例なし。仍て度々巨細も超□間、再任の事近日挙奏すべきの由武家已《すで》に治定《じじょう》す。

五箇条所願成就を祈る

およそは多年の所職、執心あるべからず、されども再補の節、条々の所願等あり、第一には近日朝家の政、大略無きがごとし、形の如くと雖も国柄《こくへい》を取りて興行すべき事、第二には建久(五年、兼実)・正安(二年、兼基)の佳躅《かしょく》に任せて御寺を供養すべき事、この条は少年より中心の願ひたりと雖も、時宜《じぎ》未だ到らず、今度殊にその節を遂ぐべきの旨存ず、第三には近日凶悪の輩、朝に満ち、賢才の器、野に在り、直臣をすすめて凶臣を退くべき事、第四には南都合戦、一宗滅期なり、この条定趣(ママ)鎮やうに申し行ひ、当社遷宮以下執行すべき事、第五には家門若宮社、諸所以下の事、本願本意に任せて興行すべき由存ず、子細繁多と雖も、簡要これらの趣に在り、再任は元暦《げんりゃく》（元年、近衛基通）以来、度々勝《あ》げて計《かぞ》ふべからず、況んや先公《せんこう》（道平）三ヶ御跡、道理に背くべからず。しかれば代々敬信の余慶に、身は不信懈怠《けたい》候つるといふも、大明神冥助を加へて心底を照覧し給ふ者なり、敬白、

貞治二年六月七日　従一位藤原良基敬白

家祖良実に重ねる

康永《こうえい》二年（一三四三）の宿願十ヶ条と同様に、自分が神恩最も厚い者であることを謳うが、後光厳の治世を多年輔佐した自信からか、独善的な論理はいっそう強靱となっている。「凶臣」が洞院公賢であることは述べた。遺恨は深かったが、文辞は家祖良実が同じく春日社に還補を祈った願文（「二条良実公春日社御願文」宮内庁書陵部蔵）と共通する。これは宝治二年（一二四八）閏十二月十二日、やはり前関白であった良実が、道嗣の曩祖近衛兼経の辞意を受けて執筆したものである。その良実も武家の支持を得た歴史があるのに、五年前に「当流」（二条家）ではなく「傍家」（他家）を推挙したのは伝統に反する、としたのである。こうした排他性はどの摂家にも見られる。

後半では五ヶ条にわたり、還補の暁に実現すべき事柄を挙げる。第一は朝儀の興行を誓う。第三も「凶悪の輩」と口調は激しいが、任官興行の理念といえる。第二・第四・第五では興福寺・春日社・若宮社の造営遷宮を誓うが、自身の巻き込まれた南都合戦の記憶も生々しかったからであろう。最後は大明神に対して、不遜とさえいえる冥助の願

いで結ぶ。以上の願文の内容、よくいえば真率であるが、とかく敬神の念に欠けると見られたことも肯《うべな》われる。

関白に還補

幕府が還補を支持したのは、経験豊富な良基に任せれば朝廷も安定するとの考えからであろう。かくして六月二十七日、関白に還補される。ときに四十四歳である。

三　執柄の御沙汰

《貞治二年》中殿御会の開催に尽力

良基は再度の執政の間、詩と歌の中殿御会《ちゅうでんごかい》の開催を実現させた。まずは十月二十九日に中殿作文が挙行されている。

密宴と公宴の別

「中殿」とは内裏清涼殿《せいりょうでん》のことで、在位初度の晴儀の作文《さくもん》・歌会を、開催の場にちなみこう称した。御遊を伴う。歌会でも作文でも、中殿御会（代始会）の開催以前は密宴つまり内々の扱いとなるのに対し、以後は公宴と称し、作法・室礼《しつらい》・装束に劃然《かくぜん》たる差異があった。治天の君にとっては即位礼と同様の、代始めの儀礼の一つともいえる。

中殿御会は幼い天皇の多い中世では開催稀であった。近く両度の中殿御会を開催し得たのは後醍醐《ごだいご》であり、これには亡父道平《みちひら》も尽力したらしい。

初度の晴儀蹴鞠『衣かづきの日記』

この年五月十一日、後光厳にとり、やはり在位初度の晴儀蹴鞠《しゅうきく》があった。これにも

見物人の筆に仮託

中殿御会（『太平記絵詞』下より，国立歴史民俗博物館蔵）

中殿御会と同様の意義が認められる。還補直前であるが、良基が沙汰した。そのことは、みずから当日の盛儀を記した『衣《きぬ》かづきの日記』に明らかである。天皇・良基・近衛道嗣以下が鞠場に立ち、夥《おびただ》しい観客を集めた。「ことよくなりぬとて、衣かづきなどおどろおどろしくひしめく。門のうち、陣のうちより庭上まで、雑人たちこみてところなし」とある。

「衣かづき」とは、女性の衣を被《かぶ》って頭部を隠すこと、またはそのような姿をした人間のことで、このスタイルは自身の存在に注意しないでほしいという意志表示であった。この姿を取ることで、公家社会と無縁の人々も内裏に入り込んだのであった。良基は彼らの視線を十分に意識し、以後、行事のたびに著される仮名日記は、すべて見物人の筆に託した三人称の語りを取る。

朝儀復興は停滞

この期間も総じて朝儀・政務は活潑ではなく、十二月、良基はさっそく近衛中少将の減員を柱とする任官興行に着手したらしいが（『師守記』）、具体的成果に乏しい。不振の代償に中殿御会の開催に熱意を傾けたともいえる。

《貞治三年》関白拝賀

明けて貞治三年元日、良基は小朝拝《こちょうはい》・節会《せちえ》に出仕するついでに関白拝賀を遂げた。ただ拝賀が遅れたため、小朝拝・節会は二日の日中となり、前内大臣転法輪三条公忠《きんただ》は日記『後愚昧記《ごぐまいき》』で強く批判した。朝儀復興をこころざす関白がみずから儀式を台無しにしていると考えたからである。

節会遅引は天皇の希望

しかし、この直前の、良基宛てと見られる後光厳の勅書で実情が知られる。良基は拝賀に扈従する殿上人《てんじょうびと》をそのまま節会に動員するつもりで、後光厳に相談したらしい。後光厳はその便法に理解を示しつつ、「今年元日節会白昼《はくちゅう》必ず行はるべきに候」（『砂巌《しゃがん》』五「後光厳天皇勅書案」）と望んだ。参仕人が揃わない、行粧が整わないなどの理由で、朝儀は深夜に行われることが多かったからである。案の定、拝賀に手間取り、後光厳の要望にも沿う形で、二日の白昼に行われる変則となった。たしかに紊乱ではあろうが、当時の実情ではしかたのない面もある。さらに、道嗣・公忠ら、良基に批判的な日記の記主はすでに出仕をやめていた。いわば外野の安全地帯からの批判であり、公平とはいいがたいものがある。

光厳法皇崩御

七月七日、光厳《こうごん》法皇が丹波国山国荘《やまぐにしょう》（現京都市右京区京北井戸町《けいほくいどちょう》）で崩御した。宝算五十二。死後はいっさいの葬礼を禁じ、一人の禅僧としてただちに荼毘に付すよう遺詔した。

諒闇を決定し関白の沙汰とする

とはいえ今上の実父であり、たとえ遺詔があっても諒闇《りょうあん》は不可避である。翌八日、良基はあらかじめ柳原忠光を召して議した後、晩に参内した。勧修寺《かじゅうじ》《かんじゅじ》経顕《つねあき》を召し、ついで一条経通・近衛道嗣の両前関白の意見をも徴した上で、諒闇を決定した。担当の伝《てん》奏《そう》に忠光、職事に万里小路嗣房《つぎふさ》を指名した。後光厳は法皇と不和であったが、悲歎はなはだしく、「今度の儀、毎事執柄《しっぺい》御沙汰として申沙汰すべ」きと忠光に仰せた。

こうして良基が一連の服喪の行事を沙汰したことが、東坊城秀長《ひがしぼうじょうひでなが》の『迎陽記』に詳しく、別記としてまとめられている。東坊城家は紀伝道の博士家であるとともに、六位蔵人を務める家柄であった。当時は秀長の弟言長《ときなが》がその職にあって、良基の指示対応を克明に記録している。以下、おもにこれによって記す。

天皇と女房

後光厳は二十七歳であったが、その意向は三位局宣子《せんし》以下の女房によって代弁されている。宣子の母らしき芝禅尼《しばぜんに》も健在で、なお咫尺《しせき》に侍り、しばしば秀長に後光厳の動静を語っている。平時ならばともかく、内廷の機能が停止したときは、関白が指導力を発揮せざるを得なかった。

諒闇の儀礼あいつぐ辞退

以後、故法皇の追号定《ついごうさだめ》、廃朝《はいちょう》固関《こげん》宣下、遺詔奏《いじょうのそう》、さらに七日ごとの御誦経《みずきょう》と、追善の行事が続くが、廷臣はことごとくその役を忌避した。たとえば十七日、七大寺に二人宛発遣する御誦経使十四名を定めたが、うち十人が「故障」を申し立てた（『師守記』）。十九日、諒闇担当の行事蔵人には極臈《きょくろう》（六位蔵人の最上臈）で、天皇の寵臣物加波懐国《ものかわかねくに》を宛てようとしたが、これも辞退した。そのため幼少の言長に役目が廻ってきている。

倚廬入御の次第を作成

諒闇中の最大の行事は、内裏庭上に設えられた倚廬《いろ》という仮御所に天皇が渡御する儀で、良基は勅問に答えつつ次第を作成した。「別に御造《こと》進の儀に非ず、内々御意を得る為にこれを進らせらる」という。二十六日、天皇はこの次第を見ながら倚廬に渡った。この日は錫紵《しょくじょ》と呼ばれる、親族の服喪の際に着用する浅黒色の闕腋《けってき》の袍を召し、近臣・女房に素服《そふく》を賜った。十三日目の八月九日に清涼殿に還御、ついで除服、解陣《げじん》・開関《かいげん》を宣下し、沐浴《もくよく》した。令の規定では服喪は十三ヶ月であるが、「日をもつて月に易《か》ふるの謂《いい》か」としている。朝儀が極限まで縮小したとされる時期であるが、なお省略できないものも多々あり、相当に煩雑であった。

『玉葉』の書写

さらにその後の儀式の先例を知るためであろう。八月二十七日に「養和《ようわ》二年日記」を急ぎ書写するよう中原師茂に命じた（『師守記』）。高倉《たかくら》上皇の崩御後、諒闇が終わるのが養和二年（一一八二）正月十七日のことであった。それより、師茂の担当分でも、「治承《じしょう》日記」「安元《あんげん》二年日記」「承安《じょうあん》二年日記」をつぎつぎと書写させている。

「玉海」と改称

この日記は『玉葉』と考えられている。師基に奪われた家記は取り戻せないままであり、親本（九条家本か）を借りて新写したのであろう。二条家ではこれを「玉海《ぎょくかい》」と改称したという。

幕府の御訪に頼る

諒闇の諸儀礼は、もはや幕府の御訪《おとぶらい》（好意に基づく援助）がなくてはまったく実施不可能であった。かつて天皇生母の陽禄門院秀子が崩御したときは、戦乱を理由に協力を拒否、諒闇とならなかった。今回幕府は諒闇料足として五万疋（五百貫）を提供、別に葬礼を沙汰した天龍寺に二万疋を施入した。崩御の報せが届いた二日後、義詮は執事義将を伴って内々に参内しており、御訪は弔問に附随したものであろう。十分な額とはいいがたいが、以前よりは協力的な姿勢を見ることができる。良基の力であろう。

四　学芸の指導者

神木の入洛

幕府政治の安定によって、南朝の軍事的脅威は低下したが、かわって寺社の嗷訴《ごうそ》が激化した。すでに東大寺が八幡宮神輿を延文《えんぶん》元年（一三五六）七月から五年三月まで在洛させ、源氏公卿の謹慎を強いたが、最も影響が深刻であったのは興福寺の春日神木《かすがのしんぼく》である。貞治三年十二月十九日、興福寺は、寺領の越前国河口《かわぐち》・坪江《つぼえ》荘（現福井県あわら市・坂井市）が斯波導朝の被官朝倉氏に押領されることに抗議し、春日神木を入洛させた。しかし、導朝はこの訴えを放置した。そのため神木は足かけ三年にわたり在洛し、その間にまたも朝儀は停滞することになる。その代わり、この期間、良基の周囲では古典研究の機運が高まったらしい。

良基は古典学者か

　良基は古典学者と称されることがある。しかし、本人は「我家摂家には先づ政道、次に和漢の才学なり」（『嵯峨野物語』）と述べる通り、関白たる者が学問で身を立てることは考えの外にあった。当時の古典学は特定の廷臣の家や流派に伝わるものであり、関白が携わる必要もなかった。その点で孫の一条兼良《かねよし》とはいまだ時代の差を感じさせる。

連歌の寄合を古典から制定する

　良基の場合、古典研究も連歌とともにあり、その目的は寄合《よりあい》の語彙を定めることにあった。寄合とは句中にあって前句《まえく》と付句《つけく》とを結び付ける働きのことである。古歌の縁語より世俗の慣習まで広きにわたるが、良基は側近の連歌師たちと、和漢の古典から連歌に相応しい題材や語彙を抄出する試みを続けた。これはともすれば粗放に流れる連歌の付合に一定の規範を与え、もってその質的な向上を期するものであった。『九州問答』に「寄合、毛詩《もうし》一部・三体家法《さんていかほう》・文選《もんぜん》・中興《ちゅうこう》ノ詩（盛唐詩）ナンドマデモ書キ出シテ與へ侍リシ也。マシテ万葉・源氏、代々ノ袖中抄《しゅうちゅうしょう》ナドマデモ昼夜ニ沙汰アリテ、寄合ヲ

『光源氏一部連歌寄合』

『万葉詞』

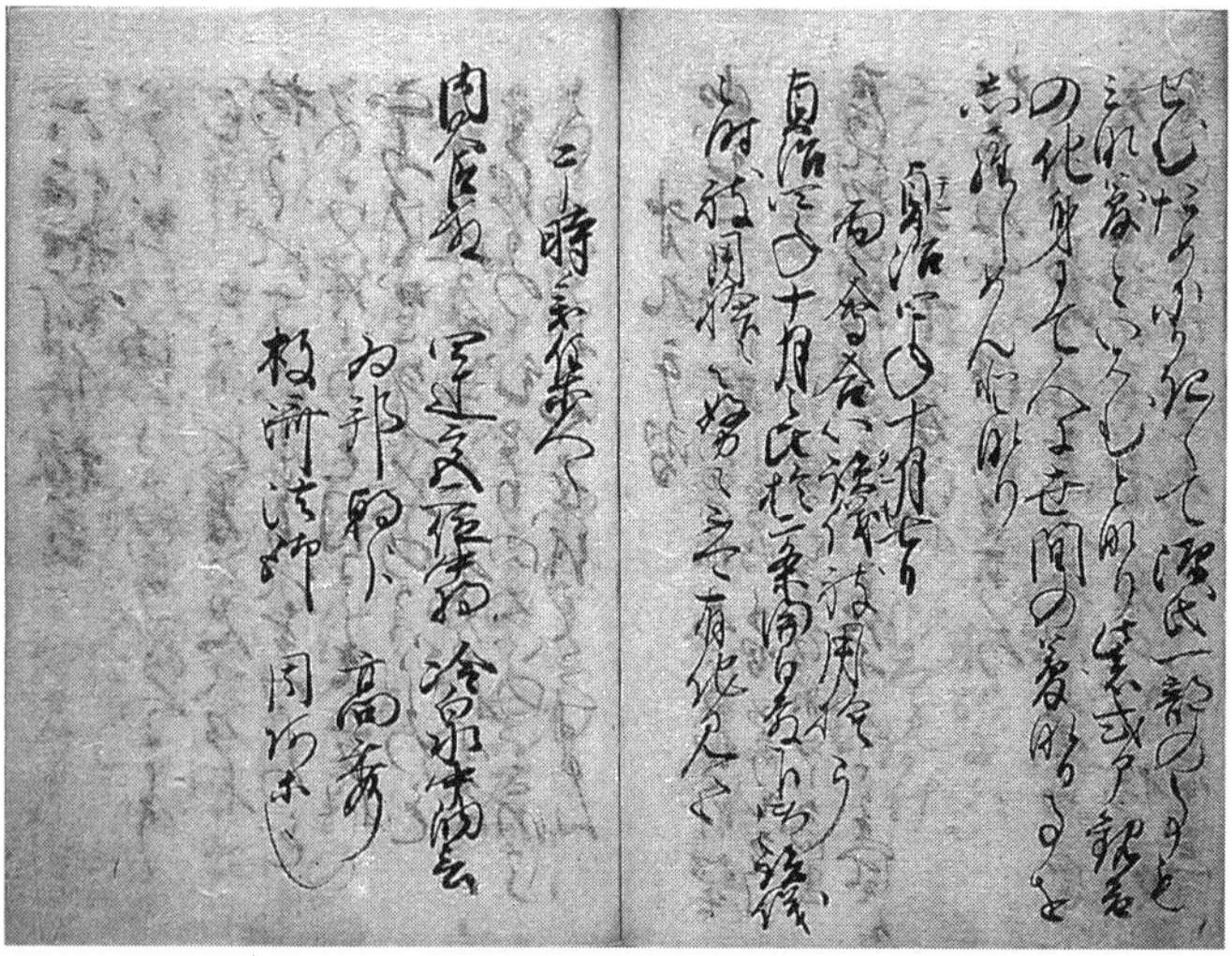

『光源氏一部連歌寄合』（国文学研究資料館蔵）

書キ抜キタリシ也」と回顧する。

　こうした寄合語の集成は、『源氏物語』『万葉集』のそれが現存する。

　前者は『光源氏《ひかるげんじ》一部《いちぶ》連歌《れんが》寄合《よりあい》』の名で知られる。国文学研究資料館蔵本の奥書によれば、貞治四年十月、良基・師良父子の下に、四辻善成《よつつじよしなり》、冷泉為秀・為邦《ためくに》父子、京極高秀《たかひで》（佐々木導誉の男）、救済《きゅうせい》《ぐさい》、周阿《しゅうあ》が参加して定めたことが判る。

　後者は『万葉詞《まんようことば》』と題する孤本が陽明文庫に蔵され、永和《えいわ》元年（一三七五）正月、良基が「花下好士《はなのもとこうし》」に書き与えたという奥書を持つ。

　このように良基の古典研究は手段であり、いまだ目的ではなかったが、それでも連歌師とは異なる様相がある。とくにこの二大古典では、みずから研究を一歩進めている。

源氏学の深化

『源氏物語』は歌人必須の古典として歌道師範家が尊重するところで、藤原定家《ていか》や河内守源光行《みつゆき》によって、本文の校勘《こうかん》と注釈が進められ、鎌倉中後期には飛鳥井《あすかい》雅有《まさあり》や素《そ》寂《じゃく》、丹波《たんば》忠守《ただもり》といった源氏学者と呼ばれる歌人も現れ、一種の学派さえ生じた。

仮名文の源泉

中世には仮名の散文を記すのに源氏の内容・表現を借りる手法が見られるが、良基はことにその手法に練達し、すでに『小島《おじま》のすさみ』では縦横に引用している。連歌では源氏の知識が必須であり、百韻のうち二〜三句はかならずこれに拠った付合を出すことになっていた。

河内流の源氏学
行阿『原中最秘抄』を献ず

貞治三年春、良基は光行以来四代の学統を伝える源知行《ともゆき》（行阿《ぎょうあ》）を招いて、『源氏物語』を講義させた。行阿は十二月一日、家の秘説を集めた『原中最秘抄《げんちゅうさいひしょう》』を良基に授けている。自派（河内流《かわちりゅう》）の権威高揚を願う行阿にとって、関白を門人とすることの利益は大きかった。ただ良基は、学派の対立には頓着せず、客観的に採るべきものを採るという態度を見せている。

四辻善成の源氏学
『河海抄』成立

なお、『河海抄《かかいしょう》』を著し、それ以前の源氏研究を大成した四辻善成は、良基の猶子であり、つねに祗候《しこう》していたようで、よき相談相手であった。なお、善成は若くして丹波忠守の薫陶を受けたという。善成が『河海抄』を足利義詮に進献したのも貞治年間であった（『珊瑚秘抄《さんごひしょう》』奥書）。

万葉学への貢献

いっぽう、歌人たちの『万葉集』への関心は低かった。鎌倉前期の天台僧仙覚《せんがく》が校勘・訓点《くんてん》・注釈にわたる業績を遺したが、同時代歌壇にはほとんど知られなかった。

連歌師と『万葉集』

しかし、連歌師は『万葉集』に多大の関心を寄せた。「善阿は、ことを広く心得んとて、万葉を好みて口伝あり。是によりて句躰《くてい》も神代の古風を遺す人なり」（『古今連談集』）という良基の称賛が伝えられ、善阿門弟の坂十仏《さかじゅうぶつ》は仙覚の注釈を書写し、足利尊氏に講義したという。連歌の発想・語彙が一気に拡大しようとするこの時期、『万葉集』は恰好の供給源とされた。それには雅俗を問わずこの集の隈々を明らめようとした仙覚の研究が有用であった。

藤沢僧由阿『万葉集』を講ず

良基は源氏の場合と同じく、その道の権威から直接薫陶を受けようとし、貞治四年秋、冷泉為秀を介し、仙覚の学統を享ける、藤沢清浄光寺《しょうじょうこうじ》の時僧由阿《ゆいあ》を招いた。

『詞林采葉抄』『拾遺采葉抄』を献ず

翌五年五月、由阿は七十六歳の老躯を京都に運んで、早速、良基に全二十巻を「読み進《まい》らせ」た。一首々々を訓読し、簡単に語義と歌意を解説するものであったらしい。この機会に『万葉集』の地名・成立・撰者・表記などについての研究をまとめた『詞林采《しりんさい》葉抄《ようしょう》』を示したところ、良基はただちに召し置いてみずからの写本に副えたという。

続いて七月、由阿は先の「読み進らせ」た内容を記した『拾遺采葉抄』を進献している。その後、応安《おうあん》七年（一三七四）秋に成立した『青葉丹花抄《せいようたんかしょう》』も、奥書にさる貴人の求めに応じたとあるので、良基の依頼である可能性がある。

再度万葉談義を行う『万葉集聞書抄』

由阿との出会いは、関東や天台宗門での享受にとどまっていた仙覚の万葉学が世に知られる契機ともなった。康暦《こうりゃく》二年（一三八〇）四月にも、良基は、金蓮寺住持の五世浄阿《じょうあ》以下の時衆、土岐頼康《ときよりやす》・京極高秀《きょうごくたかひで》・一色範光《いっしきのりみつ》ら武家の好士とともに『万葉集』全巻の談義を始めた。うち巻十六から二十まで、約三百五十首の抄注が『万葉集聞書抄《ききがきしょう》』として現存する。すでに由阿はこの世の人ではなかったらしいが、これによれば訓点・解釈とも、良基とその周辺が、仙覚の学統を継承していたことが明らかである。

『都のつと』に跋を寄す

以上の良基の姿勢は、家学・門派にかかわらず学者を登庸し、また、みずから携わったことが特徴的である。さらに良基ほど自分の名で著作を公表した公家はおらず、ときに他人の著作にも及んだ。たとえば筑紫出身の遁世僧宗久《そうきゅう》の紀行文『都《みやこ》のつと』に、対句仕立ての跋文を寄せており、文人的とさえいえる。これは良基の自意識とも関わる。

著作での自称

良基は著作の奥に署名することを慣例としており、自称を列挙してみる。

『連理秘抄』に「関路鬼木」（貞和五年、三十歳）

『後普光園院殿御百首』に「関路古槐」（観応三年、三十三歳）

『撃蒙句法』に「関白一翁」（延文三年、三十九歳）
『愚問賢注』に「五湖釣翁」（貞治二年、四十四歳）
『都のつと』跋文に「関路老槐」（貞治六年、四十八歳）

「関白一翁」

在職中はかならず「関」（関白）と「槐」（大臣）とを組み合わせ、改めて地位への意識が強烈であると分かるが、『撃蒙句法』の「関白一翁」はまだ三十九歳、「翁」というには早い。これは北宋の文人政治家、欧陽脩《おうようしゅう》（一〇〇七—七二）とみずからを重ねたのではないかと推測される。

欧陽脩「一翁」と自称

脩は、字を永叔《えいしゅく》、号を酔翁《すいおう》、または六一居士《ろくいちこじ》。居士号の由来を問われたとき、辞官後、蔵書一万巻・金石遺文《きんせきいぶん》（拓本）一千巻・琴一張・碁一局・酒一壺に囲まれているからと答えた。それでは五一ではないか、と指摘されると、「吾が一翁を以て、この五物の間に老いる。是豈《あ》に六一と為さざらんや」と応じた（『詩人玉屑』巻十七ほか）。この「一翁」の語を借りたのであろう。なお、良基が「一翁」と称した延文三年七月といえば、長期にわたった関白在職もそろそろ終わりが見えていた頃であった。

義堂周信良基を脩に比す

幅広い学術に関心を持ち、みずから文筆を振るって古文《こぶん》復興の旗手となったほか、当時の人材を発掘し文壇の領袖であった脩は、たしかに良基と重なる。しかも禅僧と文雅の交友を厚くしながら、仏教を嫌ったことまで同じであった。もとより寒門の生まれながら、試験により登庸された官僚の脩と、門閥貴族の最たる摂関家出身の良基とは、対蹠的存在である。ところが後年、良基の知遇を得た義堂周信《ぎどうしゅうしん》も良基を脩になぞらえた（『空華集《くうげ》』巻六「試《ミ》二洪武韻《こうぶいんヲ》一、上《ル》二二條《ノ》藤相國《ニ》一、以《テ》紀《ス》二倭漢聯句《ノ》新格美《ノヲ》一云」）。脩の人となりが当時よく知られており、良基も強い共感を覚えたのは事実のようである。

良基の学芸に対する姿勢には、たしかに庇護者を脱したものが見られ、そこに、このような形での指導者意識の成長があったとしてよいのであろう。やはり版本による知の拡大が、文学者としてのありかたにも影を落としているのである。

五　子息の成長と年中行事歌合

《貞治五年》斯波導朝失脚

貞治五年八月八日、『万葉集』談義の完結した直後、突然、斯波導朝と管領義将父子が失脚し、京都から追われた。これも佐々木導誉の策謀であった。このため、興福寺の訴訟も急転直下解決を見て、春日神木も帰座することになった。

神木の帰座『さかき葉の日記』執筆

十二日、神木が関白良基以下、藤氏公卿・殿上人に付き添われて、厳かに帰座するありさまを、良基は例により見物人の筆に託して仮名文で記している。これが『さかき葉の日記』である。義詮もひそかに見物していた。『吉田家日次記』によれば、武家（足利義詮）から尋ねられたため、後日に著したとある。訴訟解決のみならず、供奉の卿相の出立の経費まで、幕府に依存していたのが実情であった。良基の仮名日記はいわば将軍への謝意と報告でもある。天理大学附属天理図書館吉田文庫蔵本は成立直後の古写本である。

長男師良

ここで子息の動向に眼を転ずると、この二十三日、後光厳天皇は六条殿に方違《かたたがえ》行幸し、良基長男の師良が乗馬して供奉した。師良は二十二歳、すでに権大納言左大将であった。ただ、馬が「沛艾《はいがい》」で乗りこなせなかったことは不可抗力であるが、その行粧は疎略で、雑色《ぞうしき》も随行させなかった（『後愚昧記』）。しかも、この行幸供奉は大将の拝賀を兼ねていたという。長男にもかかわらず、良基の関心の薄さが感じられる。

二男師嗣

ついで二十九日、二男師嗣《もろつぎ》が十一歳で元服した。良基みずから加冠し、同車して参内、天皇に見参した。母は土岐頼康の女宣旨局。師嗣は早くも鍾愛されていたとしてよい。

三男経嗣一条家を継ぐ

三男経嗣《つねつぎ》は師嗣同母弟で、この年、九歳で一条家を継いだ。前年、前関白経通が不遇のうちに没したのに続き、末子房経《ふさつね》も子供のないまま早世してしまったからである。房経が危篤に陥るに及び、一条家では良基に相談し、経嗣を経通の遺児と称して家門に迎え入れた。十二月二十五日、安堵《あんど》の勅裁が下され、義詮の了解も得た。一条家は経通が後光厳よりかねて進退を疑われていたから、良基に頼ったのであろう。家門は良基の手

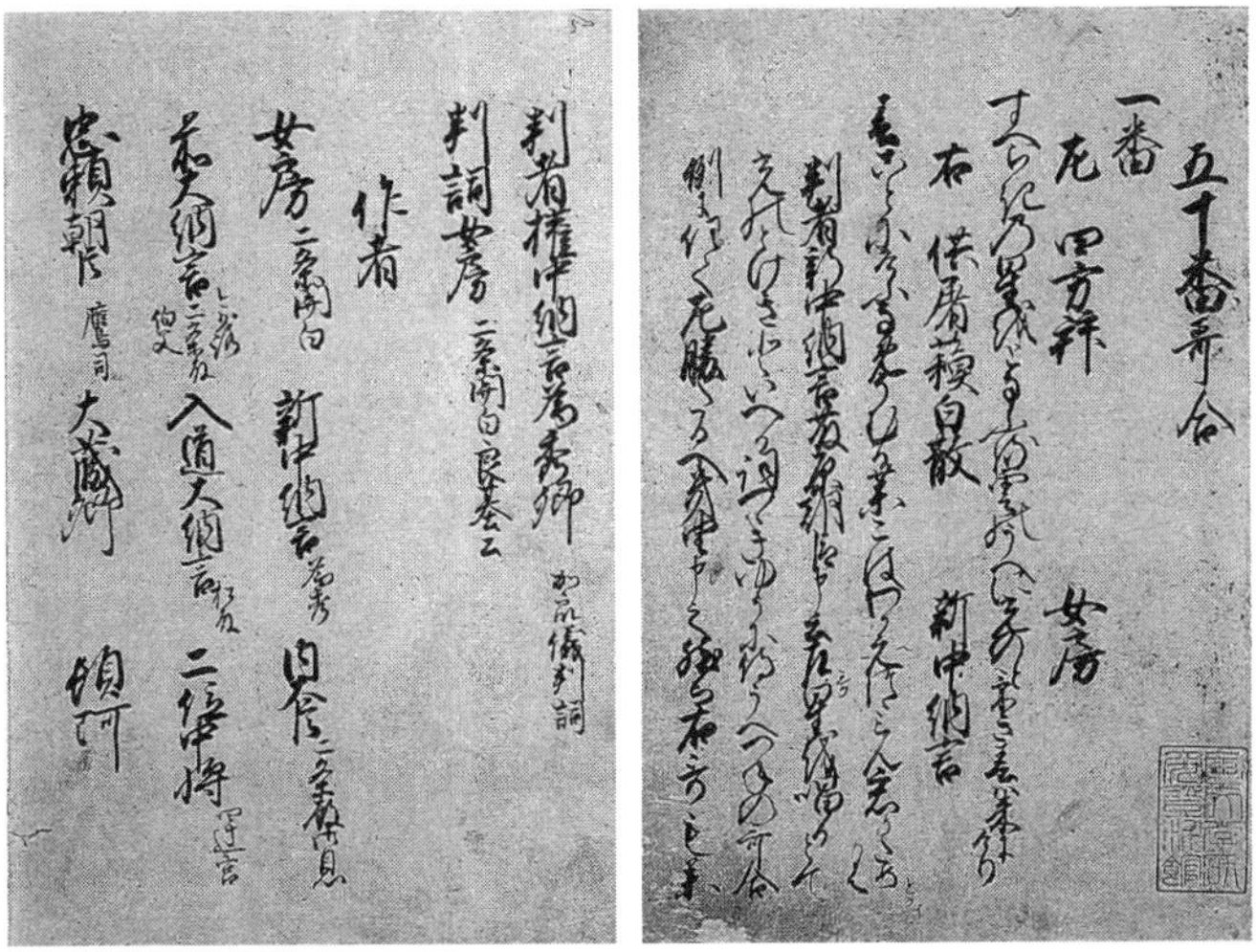

『年中行事歌合』（国文学研究資料館蔵）

に委ねられ、良基は一条家伝来の家記文書を披見できるようになった。

兄弟の疎隔

ただ、経嗣はあくまで一条家の人間として成長し、逢ったこともない経通の子として振る舞った。良基はそれでも最後まで経嗣を引き立てたが、師嗣と経嗣の仲は冷ややかで、良基没後、両家の確執が再現されるのである。

年中行事歌合を催す

十二月二十二日、良基が自邸で催した年中行事歌合《ねんじゅうぎょうじうたあわせ》は、朝儀・年中行事および内裏殿舎《でんしゃ》を歌題とした、珍しい歌合である。摂関家には晴儀の歌合を催す伝統があったが、これは「公事《くじ》百首」と呼ばれているように当初は続《つぎ》歌《うた》であり（『吉田家日次記』）、各人の詠が揃った後、左右に番《つが》えて歌合としたことが判明する。判者は冷泉為秀であった。判詞《はんじ》では和歌の批評のほか、朝儀・年中行事の名称・沿革・催行形態などに解説が加えられ、これは良基が記している。

出詠者二十三人は、良基・師良・師嗣の父子、叔父今小路良冬ら一門のほか、家礼・諸大夫および出入りの好士たちである。七十八歳の頓阿、武家歌人今川貞世《さだよ》（了俊《りょうしゅん》）、『都のつと』の作者宗久も加えられた。

『江家次第』に依拠

歌題の設定あるいは判詞の解説には、種々の先行する儀式書が参照されている。そのうちには後醍醐《ごだいご》天皇の『建武年中行事《けんむねんじゅうぎょうじ》』や局務中原《なかはら》家相伝の年中行事書もあるが、まずは大江匡房《まさふさ》の編んだ『江家次第《ごうけしだい》』を基盤にしている。前半十一巻を恒例の朝儀に、後半十巻を臨時の神事・仏事、臨時の朝儀、そして政務・院中雑務・臣下の儀礼に宛て解説し、内容が一般的であるとの批判があるにしても、平安朝儀式書の集大成である。

関白の儀式書談義の伝統に沿う

ところで永享《えいきょう》十一年（一四三九）二月二日、一条兼良が毎月三度の『江家次第』の談義を開始したとき、「故円明寺（一条実経）・後称念院（鷹司冬平）これを談ぜらる、貞治年中に後普光園（二条良基）これを談ぜらる、その後この儀無し、再興すと云々」（『建内記《けんないき》』）と回顧された。実経も冬平《ふゆひら》も有識で聞こえた関白である。また、宝治《ほうじ》元年（一二四七）の摂政近衛兼経《かねつね》の下での談義聞書《だんぎききがき》断簡が残存している。つまり鎌倉時代前期から、摂関が年中行事書を研究する伝統があったと分かる。また、良基の祖父兼基は乾元《けんげん》元年（一三〇二）六月十三日、廷臣を召して内裏で

『西宮記《さいきゆうき》』の談義を行った。こちらは西宮《にしのみや》左大臣源高明《たかあきら》の編、『江家次第』とならび、平安時代の代表的な儀式書である。実際、良基は「有識者は、西宮記と江家次第を隅々まで読めなければ話にならぬ」と語った（『実冬公記』嘉慶《かきょう》元年〈一三八七〉正月七日条）。

後世への影響

こうしてみると、良基が実際に『江家次第』を講釈した可能性もあるにせよ、年中行事歌合の開催自体が当時そう考えられていたと見て間違いあるまい。ゆえにこの歌合の良基による解説は、後世、非常な権威を持った。兼良の著作である『公事根源《くじこんげん》』『江次第鈔《ごうしだいしょう》』などが、年中行事歌合の解説を縦横に用いている事情も説明されるであろう。

六　武家への接近—「異国牒状記」—

《貞治六年》中殿歌会の開催

神木が帰座し諒闇が明けた貞治六年三月二十九日には、中殿歌会が挙行された。良基が歌題「花多《はなた》 春《しゅんの》 友《とも》」を献じ、和歌序を奉った。

『雲井の花』執筆

後光厳の御製は「さきにほふ雲井の花のもとえだに百世《ももよ》の春をなほや契らん」であり、良基は『雲井《くもい》の花』と題する仮名日記を執筆する。西尾市立図書館岩瀬《いわせ》文庫蔵本（「中殿御会記」）は広橋兼宣《かねのぶ》筆の古写本である（鹿野しのぶ「貞治六年中殿御会伝本考」）。

将軍の内裏歌会参仕の初例

この会には足利義詮が参仕した。将軍が内裏の歌会に出現するのは史上初めてのことであった。良基は最大限の配慮を示し、異例もあえてした。たとえば、すでに健康を害していた義詮が長座に堪えないと訴えたので、御遊《ぎよゆう》と歌会の順序を逆にした。義詮のための措置でないことを繕うため、『雲井の花』では、応徳《おうとく》元年（一〇八四）の中殿歌会の先例が示された。義詮は歌会にのみ列して退出した。義詮が懐紙を文台に置く所作を「大樹《たいじゅ》（義詮）、本座并《なら》びに御前にて懐紙を見て置かる。その作法優美のよし、人々一同に感歎の色あり」と讃美する。露骨な追従であるが、義詮の宮廷での振る舞いに自信を持たせようとしたのである。

将軍と会合趣向を凝らす

中殿歌会の習礼のためか、三月二十六日、義詮は世尊寺行忠の邸に行き、良基を招いた。他人の邸を借りたとはいえ、関白と将軍との直接の対面は、絶えてなかったことである。そして四月十三日、今度は良基が行忠邸に義詮を招いた。東坊城長綱・冷泉為秀らが陪席した。宴席には一間ほどの大きさの州崎《すさき》（一種の箱庭）を新造し、蓋には先日の中殿歌会の情景が絵に描かれ、そこに義詮の姿もあった。別に破子《わりご》十三合が用意され、その蓋には中殿歌会の詠を揮毫した。翌日、州崎と破子はそのまま義詮に贈られた。

義詮楽しまず

良基は精一杯の趣向を凝らしたのであろうが、義詮は不機嫌であったという。「存生《ぞんせい》の人、似絵《にせえ》に顕《あら》はすの条、甘心《かんしん》せざる者なり」（『師守記』）というのがその理由である。

良基の構想

良基は将軍を宮廷に引き入れることを構想し始めた。しかし、権大納言の官を帯びていても、将軍が参内することは容易ならざることであった。尊氏・義詮には和歌をはじめ文化的な素養があったが、実際に公家社会に往来することには、煩瑣な故実に圧倒されまったく消極的であった。良基の慫慂《しょうよう》にかかわらず、義詮はこれ以上深入りしようとしなかった。もとより「執奏」という形で朝廷にさまざまな干渉をするものの、あくまで鎌倉幕府将軍の後継者であり、東国を地盤とする武家政権の首長であるとの意識を根強く持っていたからである。

しかし公武政権が、それぞれ独立した権門として運営された時代は過去のものであった。幕府の援助なしには、朝儀や政務はまったく立ち行かなかった。良基の姿勢はしばしば武家への阿諛追従《あゆいついしょう》と貶《けな》されるのであるが、もう少し積極的な意義を認めてよい。

南朝との媾和交渉進む

実にこの春、幕府はまたも南朝との媾和を進めていた。佐々木導誉が楠木正儀《まさのり》を窓口に下交渉し、すでに前年冬には「南方御合躰の事、大略落居か」(『師守記』貞治五年十一月十日条)といわれ、あとは関東公方基氏の諒解を取り付けるばかりであると噂されていた。北朝の廷臣は不安の日々を送っていたであろう。さきの中殿歌会の催しは、案外に義詮の気持ちを北朝に引き留めるため企画されたかも知れない。

四月二十九日、南朝の勅使葉室光資が入洛、義詮と対面を遂げた。南朝が「降参」に拘ったため、義詮は激怒し、交渉は決裂してしまったが、注意すべきは、勅使光資が滞在したのが導誉の侍医但馬入道道仙《どうせん》の五条東洞院の屋敷であったことである。

道仙は『菟玖波集』の藤原道直か

道仙は医学史上に記憶される人物で、この年に療病院設立を決意し、洛中で棟別銭を徴収することを許され、翌年には造営料入元船を仕立てている。富裕で公武の要人に顔が利いたとすれば、導誉の右腕にふさわしい。ただ世系は明らかでない。『師守記』によれば、道仙は俗名道直、官途は但馬守とあるので、四位か五位に叙されていたと考えられる。ところで『菟玖波集』には四位の「藤原道直朝臣」が二句採られており、これが道仙であろう。道直を良基実弟とする説があることに触れたが、じっさい良基にも仕えていたようである。

媾和交渉に関与するか

現にこのときの南朝との和睦交渉に、良基は道仙を通じて関与していた形跡がある。というのは、交渉決裂の直後、勅使光資は良基のもとに参上すると言い出したが、義詮の剣幕に、良基が道仙を介して来るなと命じたからである。少なくとも、これまでのように幕府の独断ではなく、良基も当事者として媾和の交渉が進められていたと見てよい。この頃、良基が珍しく南朝関係者と交流していたことは、前年正平二十年（一三六五）、後村上天皇が催した「内裏三百六十首」に合点していることでも確かめられる。光資も作者であった。同年正月には久しく抗争した叔父師基も六十五歳で世を去っていた。世尊寺行忠や道仙（道直）を通じてであったが、義詮との緊密な関係が生かされたと評価できる。

高麗国使者への対応

この春二月、高麗国の使者十七名が京都に入り、倭寇禁圧を求めて牒状（国書）を呈した。幕府はまず朝廷の判断を仰いだ。そのため五月二十三日、良基ら議定衆に正親町三条実継ほかを加えた八名で内裏殿上定が行われ、牒状は無礼であるとして慣例に従って返牒を送らないことに決した。殿上定はとりわけ重事を議するものであった。

義詮の判断を支援する

しかし、朝廷の判断は形式上の手続きに過ぎず、現実には幕府が対応しなければならない。義詮は返牒を出す方針でいた。良基はそのことを承知しており、五月九日、中原師茂に「異国の牒状無礼などにて返牒の候はぬ時、将軍の返牒、また大宰府の返牒、又少弐わたくしの返状などつかはして候例」を勘申するよう命じた（『師守記』）。

『異国牒状記』は良基の作か

このときに著されたと考えられているのが『異国牒状記』である（和田英松「異国牒状事」、石井正敏「『異国牒状記』の基礎的研究」）。平易な仮名書きで、朝廷が返牒を送らないときの対応を解説した上で、「又礼に叶はざる時、あるいは官符をなして宰府に告げ知らせ、或□《は》武将の返牒を遣はす、或は大宰少弐が武将の命を受けて遣はす事、又其例多し」と、応神天皇二十八年より正応五年（一二九二）までの例を挙げる。作者が良基であることは、師茂に同じ内容を勘申させたことや文体の一致から首肯される。石井氏は作者を近衛道嗣とするが、朝廷での立場や幕府への貢献、こうした著作を多数有することなどから、良基説が合理的である。また、後光厳天皇に宛てたとする見解が通説であるが、ならば仮名書きにする必要はなく、義詮に示したと考えるべきであろう。

義詮返牒を与える

六月二十六日、使者の帰国時、義詮の意を体した春屋の書状が与えられた。私信とはいえ、良基と義詮に仕えた世尊寺行忠が清書したもので、世間は「武家より返牒を遣はす」と見なした（『後愚昧記』）。この対応の根拠に『異国牒状記』があった。その冒頭には「日本国の事はことに往跡にまかせて沙汰ある事なれば粗ら先規を記し申すばかりなり」とあり、この記の読者が前代からの伝統により国政の大事を担当することを前提としている。義詮に対してとすれば、外交問題によって良基の武家観が浮き彫りになり、いっそう興味深い。ともあれ良基と義詮との意思疎通が円滑となっていたことがプラスに働き、公武が協力し、現実と体面とを折衷して事に当たった好例としてよいであろう。

この年の春夏は多事多端であったが、北朝の大臣公卿四名があいつぎ没し、関東では四月二十六日に公方基氏が早世した。さらに天龍寺が焼亡し、「天変」が長期観測されるなど、不穏な世相であった。「徳政」が期待された。

義詮公家領の恢復を命ず

六月二十七日、幕府は山城国の寺社本所領返付の法令を発した。武士に対して、戦乱のあいだ、臨時の恩賞として預けられたり、あるいは料所として半済を認められていた寺社本所領の返付を強く迫るものであった。一国に限定されていたが、影響は一般の廷臣にも及んだ。『師守記』によると、良基は「洛中并びに山城国諸司諸寮領違乱を直すべきの由武家より申さしむ」と伝え、外記中原家の知行する大炊寮領の恢復に便宜を図った。「山城国の事、仰せらるべきの趣、内々勘解由小路侍従宰相行忠卿をもって申さしむ」ともあり、義詮が行忠を介して、良基に山城国内の公家領恢復を指揮させたと分かる。「徳政」の思想に基づき、公家・本所の側に立った施政は、還補されて以来、ひたすら武家との協調に努めてきた良基の執政の賜物と見ることもできよう。

しかし、現実はやはり甘くなかった。「徳政」が推進されるならば、良基の関白在職はすでに五年、もはや後進に譲ってしかるべき時期と見なされたであろう。義詮には少々良基に乗じられ過ぎたとの思いが強くなっていたかも知れない。

七　父として、大閤として

《貞治六年》義詮に招かる

七月十二日、良基は義詮の「上《かみ》の山荘」（後の室町第の位置にあった）に招待された。洛外とはいえ、関白が武家の邸に来臨することは初めてで、随行の家礼・諸大夫ともども歓待を受けたが、この日、幕府は左大臣鷹司冬通《ふゆみち》を関白とすることを執奏している。義詮は宴席で辞職を迫ったのであろう。

良基は内裏最勝講を沙汰した上でと約した。最勝講は良基の尽力で康安元年・貞治二年に再興したものの、その後ふたたび中絶していたから、義詮も承知したものであろう。

辞職を渋る

最勝講はたびたび延期された。ようやく八月十八日に初日を迎えたが、第二日に延暦寺僧と興福寺僧とが些細なことで席上で闘諍、この日は中止を余儀なくされた。警固を要請して翌日に再開し、二十二日に結願《けちがん》した。辞職は二十七日にずれ込んだ。良基としては花道を穢された恰好であるが、関白職に執着するあまり、故意にひきのばしたと疑われた。冬通の家礼広橋仲光《なかみつ》が「詔の事、最勝講以前に武家　奏聞するの処、二条殿よりとかく延ばし申され、今に延引すと云々」（『師守記』）と公然と口にする有様であった。

現職に執着

それにしても良基の職への執着は異様である。そこで関白職に附属する所領、法成《ほうじょう》寺《じ》・平等院など氏寺院領荘園の収入に期待したとの考えがある。たしかに他家に比較して二条家の経済的基盤は依然脆弱であったし、かつ良基は関白に就くと、「興行」と称して、こうした荘園の支配強化に取り組んだ。後に師良が関白のとき、良基が平等院領「カワラノ庄」（河上荘〈近江国高島郡〉の誤りか）を没収しようとしたこともあった。「かの公《こう》貪欲《どんよく》の沙汰、今に始まらざるといへども、累代の仏供灯油料《ぶつぐとうゆりょう》已《すで》に没倒《もっとう》、奇異の事なり」と呆れられた（『後愚昧記』応安五年九月二十八日条）。とはいえ、これらの所領の得分はいくばくもなかったはずで、関白として振る舞い、体面を保つ負担のほうがはるかに重かった。現職に執着したのは、廟堂の舞台に立ち続けることを望んでいたと見るほかない。

ところで、将軍義詮は十二月七日に三十八歳で急逝した。嫡子義満《よしみつ》は幼く、細川頼之《よりゆき》が後事を託され、執事（以後、管領と称する）となった。

義詮急死す
義満を管領
頼之輔佐す

応安元年四月十五日、義満は十一歳で元服、十二月三十日に将軍宣下を受けた。まだみずからの意志は持たない。頼之の執政は、義詮と同様に、公家との交際にはさほど関心を持たなかった。しかも、この七月には延暦寺と南禅寺《なんぜんじ》とが激しく抗争したが、頼之は対応を誤り、翌年に及ぶ山僧の大規模な嗷訴を惹き起こした。山僧は比叡山の地主神である日吉山王権現《ひえさんのうごんげん》の神輿七基を奉じて洛中に乱入し、内裏に放火するなど狼藉の限りを尽くした。諸大名も頼之の政治的手腕に疑問を抱き、頼之政権は早くも大きな痛手を蒙る。そのうえ、良基の岳父土岐頼康は当時の幕閣にあっては反頼之派の巨魁であり、良基も頼之から警戒の目を向けられたようである。しぜん公武関係も停滞した。

《応安元年》
日吉神輿の
入洛

関白辞職後も、良基が内覧宣下を受け、大殿《おおとの》と号して、朝儀に参仕することは以前と同じであった。この年歳暮と推定される勅書（東山御文庫蔵「後光厳天皇宸筆書状」）では、良基が病気を理由に新春の出仕を辞退したため、天皇は「元三《がんさん》出仕等の事、調方《ちょうほう》無く候らん、驚き入り候、已《すで》に廿年に及び候、前官・当職共に、御休息無く候き」と述べている。元日節会以下、現職・前職を問わず出仕し続けもう二十年（実際は十六年）になるではないか、今年も何とかならないか、というわけである。

出仕一年も
欠かさず

《応安二年》師良関白となる

翌応安二年、良基は五十歳となった。鷹司冬通の在職はわずか二年で終わり、十一月四日、長男の内大臣師良が関白となった。良基は三度の還補ではなく、当時の呼称では「真実の大殿（大閤）」となることを選択したのである。師良は後光厳の外舅《がいきゅう》前内大臣正親町三条実継《さねつぐ》女行子《こうし》と婚し、行子は北政所として翌年正月に従三位に叙された。二男師嗣には、右大将を兼官させるよう望んだ。後光厳は今出川公直《きんなお》を辞退させ、十二月十九日、師嗣を任じた。

《応安三年》光厳院七回忌に宸筆法華八講を企画す

同三年七月三日、天皇は内裏で故光厳院七回忌の宸筆《しんぴつ》法華《ほっけ》八講《はっこう》を修した。法華八講は故人の成仏と参列者の結縁を祈願し、『法華経』を朝夕二座づつ四日間で講説する法会である。とくに「五巻の日」と呼ばれた第三日は、女人成仏談《にょにんじょうぶつだん》が説かれたため結縁の聴衆を集め、参列者が用意した捧物を奉じて法華讃歎歌を唱えながら行道する「薪《たきぎ》の行道《ぎょうどう》」などの見せ場もあり、煌《きら》びやかな雰囲気さえあった。

良基の尽力

宸筆の経典を内裏で供養することは最も厳儀であるが、開催にはさまざまな困難が伴った。ここでも良基が中心として沙汰し、道場・次第作成者・捧物《ささげもの》・本尊・僧の非時《ひじ》（間食）などに問答が重ねられている。良基は清涼殿に道場を設え、室礼を検知し、また次第を作成した上で、初日から結願まで直廬に祗候した。頼之の参仕はないが、支援はあったらしく、捧物も行道も略されず無為に終わった。このため、「今度の御八講、

（上脱カ）主代の時分、邂逅《かいこう》の例を追はれ遂げ行はるるの条、なほ皇化《こうか》の他に異なると謂ふべきか、先規に於いては、或るは周忌の中に依り音楽を略され、或るは行道を略さる、彼是《かれこれ》悉く遂げ行はるるの条、希代の事か」（『兼治記《かねはるき》』）と称賛されたのである。後光厳は父院を供養するこの法会の成功により、みずからが持明院統・北朝の正統という意識を強めたであろう。なお、関白師良も出仕したものの、良基に随従するのみであった。

天下を独歩

　こうした良基の権勢は、経嗣からも「後光厳院殿の御代《みよ》、天下を独歩し、公家の政務殆ど在掌《ざいしょう》す、世帰復（服）の威あり」（『荒暦《こうりゃく》』応永元年〈一三九四〉十一月六日条）といわれたが、その感を強くする。

九条経教・鷹司冬通

　当時、良基と同格の前関白は三人いた。しかし、九条経教・鷹司冬通は存在感に乏しく、かつ冬通は良基還補のため就職が遅れに遅れた上、辞職後は完全に退隠してしまった。鷹司家は以後家運振るわず、冬通の後、孫房平《ふさひら》の享徳三年（一四五四）まで、実に八十五年間も関白を出すことができなかった。

近衛道嗣内覧となる

　近衛道嗣は識見があった人物で、後光厳の信任も厚くなり、応安四年閏三月二十九日には、経教や冬通にはなかった内覧宣下をも受けている。しかし、道嗣もついに良基の敵ではなかったのである。

第六　春日神木

一　後光厳院政

《応安三年》後光厳譲位を望む

応安《おうあん》三年（一三七〇）八月、後光厳《ごこうごん》天皇は第一皇子緒仁《おひと》に譲位する意向を持ち、管領細川頼之《よりゆき》に諮った。頼之は叡慮のままにと返答し、天皇を喜ばせた。

崇光の競望斥けられる

いっぽう、崇光《すこう》上皇はこれを知ると、自分こそ持明院統《じみょういんとう》の正嫡であるとして、皇子栄仁《ながひと》親王の立太子を主張した。崇光は幕府の介入に期待を懸けたが、頼之は「聖断たるべし」という姿勢を変えなかった。一見中立を守ったようであるが、これは後光厳の考えに委ねることであるから、緒仁への譲位が決定した。幕府としても後光厳をいまさら見放すわけにはいかなかった。

後光厳を支持

良基《よしもと》が相談を受けたのは九月十八日のことであった。『後光厳院御記』によれば、「大閤休廬《きゅうろ》に候ふ、仍《よっ》て何と無く雑談、重事等を語る、為悦歓喜《いえつかんき》す、又申す旨等あり」とあり、良基も決定を支持した。公家社会でも崇光の支持者はわずかであった。二十四日、

院中の儀礼を考案

崇光は後光厳に弁明しようと良基および勧修寺《かじゅうじ》《かんじゅじ》経顕《つねあき》に勅使となるよう命じたが、両人とも固辞した。

勅問を事前に設定し奉答する

　良基の関心は譲位後に移っていた。緒仁は十三歳であるから、即位しても後光厳の院政となる。譲位した天皇がそのまま院政を敷くことは北朝では初めてであった。一連の手続きは重臣に勅問を下した上で決定する慣例であったが、どうせたいした意見は出ないと踏んだのであろう、十一月十五日、良基は後光厳と面談したときに、「大事など定めて広く勅問に及ぶか、しかれどもかねて愚慮の意見分粗ら有増《あらまし》の分これを注す」と、譲位につき八ヶ条の問題を設定し、自身の考えを示している。

　いかにもせっかちで、後光厳も「条々未だ断ぜずして荒涼《こうりょう》の篇目《へんもく》など載す」とあきれたが、興味深いのは「剣璽《けんじ》無き禅譲、既に新儀たるか」という第七条である。神器のない践祚には過去に寿永（後鳥羽）・正慶（光厳）・観応（後光厳）の例があるが、今回は平穏な譲位であり、旧主から新主への剣璽渡御の儀があるべきで、「この間用ゐらるる」御剣を宝剣の代用とし、たとえ「一宝」でも渡御の儀をすべきではないか、とした。「およそは向後《きょうこう》剣璽渡御の礼儀を失ふの条、朝家の為に無念、いかやうにも沙汰あるべけんや」とは、神器の有無真贋などより、儀礼の継承こそ肝要との考えである。

後嵯峨院の佳例

　また、第八条では「新主の儀に於いては度々の佳例繁多、左右能はず、院中の儀に於いては一向寛元《かんげん》（後嵯峨院）の例を用ゐらるべきか」とする。新帝のことはどうにでもなるというのは正直に過ぎるが、仙洞《せんとう》は後嵯峨上皇を規範とすべし、と述べるのは、歴史観としても注意される。

《応安四年》後円融天皇践祚

翌応安四年三月二十一日、後光厳と緒仁は柳原忠光《ただみつ》の柳原第に移った。翌々日、緒仁は元服し、ついで土御門《つちみかど》内裏に行啓《ぎょうけい》、践祚を遂げた。後円融《ごえんゆう》天皇である。良基は元服次第を作成し、行啓の車に陪乗した。後光厳はそのまま柳原第を仙洞に定めた。執事別《しつじべっ》当《とう》は経顕、執権《しっけん》は忠光であった。一連の儀式の総費用は四十万疋にも上ったが、幕府が洛中の土倉《どそう》・酒屋より段銭《たんせん》を徴収し、三日間で二十三万疋余を工面している（『師守記』『譲位惣用帳《そうようちょう》』）。

代始の儀礼

譲位後の諸行事も珍しく順調に執り行われた。閏三月六日、後光厳に太上天皇の尊号を奉り、院庁始《いんのちょうはじめ》があった。同二十一日に西園寺家の北山殿に御幸始《ごこうはじめ》を行い、関白師良以下の廷臣が供奉した。「威儀厳重、殆ど先規を超過せしむるか、見物の桟敷《さじき》・立車《たてぐるま》等、墻壁《しょうへき》の如し、雑人群集し、紅塵面《こうじんおもて》に満つ」（『後深心院関白記』）といわれた盛儀であった。同二十八日には院評定始と文殿始《ふどのはじめ》、六月十七日は褻御幸始《けのごこうはじめ》でふたたび北山に赴いた。さらに九月十三日には仙洞に文人・歌人・伶人《れいじん》を召し三席御会始を行った。このような御会では、つねに良基が御製読師《ぎょせいとくし》を務めてきたが、「老躰《ろうてい》勤仕するべからず」として、詩は道嗣、歌は師良にその役を譲った。なお、道嗣はこのとき初めて師良に会ったという。

後光厳の御幸を迎える

この間七月二十五日、後光厳は避暑のため押小路《おしこうじ》烏丸殿《からすまどの》に御幸し、良基・師良・師嗣の父子三人が門外に蹲居して迎えた。道嗣は「寝殿已下《いか》荒蕪《こうぶ》の間、直に水閣《すいかく》に幸すと云々」と悪口を書いているが、北山殿を除いて臣下の邸への御幸はこの頃絶えてなく、君臣水魚の関係を印象付けた。正親町《おおぎまち》三条実継・同実音・忠光・万里小路嗣房と、後光厳に最も近しい廷臣が会した。

院評定徳政を議す

九月二十六日の院評定は代始《だいはじめ》の徳政評定で、良基・経顕・道嗣・仲房・忠光の五人の評定衆が参仕、改めて訴訟の振興を謳い、八ヶ条の新制《しんせい》（応安法《おうあんほう》）を制定した。延慶法・暦応法以下、持明院統の雑訴《ざつそ》興行法《こうぎょうほう》を継承した、意欲的な内容であった。

二　徳政の主張と後醍醐の記憶―「二条良基内奏状」―

「二条良基内奏状」

このとき、良基が奉った意見状が「二条良基内奏状《ないそうじょう》」であろう（以下「奏状」と略す）。「沙汰あるべき条々当時の要を取る」と題し、「勅問に就いて内々言上件の如し」と結ぶ。分量はおよそ千七百字ほど、神事・仏事・徳化《とくか》の三部に分けて、施策を述べる。末に

「八月十一日　従一位良基上」とあるのみで、年時は不明である。康安《こうあん》元年（一三六一）説があったが（伊藤敬『新北朝と人と文学』）、応安年間（一三六八―七五）とする説の蓋然性が高い（佐々木文昭「南北朝期の公武新制」）。ところで、徳政評定に先立つ八月五日、後光厳は重臣たちに「その外沙汰あるべき題目などこれあらば委しく所存を申すべし」と諮っているので（『後深心院関白記』）、八月十一日付けの「奏状」はこれに応じたとしてよいであろう。

後醍醐の供養を勧める

まず神事・仏事の興行、具体的に祭礼や法会の遂行、寺社の修造、伊勢神宮以下諸社の訴訟の速やかな審理などを挙げる。これらは典型的な徳政の主張で、とくに目新しい点はない。ただし、法勝寺《ほうしようじ》伽藍を再建すべしとした条で、「はたまた後醍醐院　御菩提の事、殊に　叡底《えいてい》に挿《さしはさ》まれ、祈謝あるべし、この条深く存ずる旨ある事なり」と進言しているのは、この八月がちょうど後醍醐《ごだいご》の三十三回忌に当たったためであろうが、きわめて興味深い。後醍醐への敬慕を公然と口にできる重臣は北朝では当時、良基のほかには見あたらなかった。

撫民の提言

注目すべきはその続きで、北朝が「徳化」を施すことが「攘災《じようさい》の上計」となる、とし、具体的な撫民の施策を挙げる。

九条兼実の意見封事

徳化の事

一、代々の意見、度々の封事《ふうじ》、先賢の趣向、鏡を掛くるが如し、雄才の議奏、鋒《ほこ》を争ふに似たり、早くかの旧符を尋ね、忽ち今の至要を取り、施行せらるの条、もつとも政道の術・治邦の用たるべし、就中文治度《ぶんじど》（三年意見封事）、上は三公より下は諸道の隠賢《いんけん》の輩に及ぶまで、なほもつて意見を捧ぐ、尤も規模と謂ふべし、但し綷《こと》なほ幽玄《ゆうげん》たり、当時の准的《じゅんてき》に資し難きか、

廷臣への給恩

近日の儀、諸国の濫吹《らんすい》休まざれば、上に縦ひ尭舜《ぎょうしゅん》ありとも、淳素《じゅんそ》の風に帰し難し、下に亦元愷《げんがい》ありとも、争か《いかで》無為の化を施さんや、且つ朝廷に趨《わし》る輩、皆数代の所帯を失ひ、一流の勤節を全うせず、これに因りて、議奏・敷奏《ふそう》の族、合期《かっき》せず、奏事式日の公務、多く以て闕怠《けったい》す、政理凌遅《りょうち》の基、民庶愁訴の源なり、この条本復せずば、朝務施行《しぎょう》曾てその実あるべからざるや、但し形の如くと雖も、近日の要を抜き、徳化を施さるれば、攘災の上計たるべし、

後鳥羽院の勅定

度々の天災、連々の地動《ちどう》、先規に超過す、何事をもつて仁化《じんか》を施さるべきやの事、竊《ひそ》かに顧問に預かり、忽ち思量に迷ふ、そもそも後鳥羽院の勅定《ちょくじょう》に云ふ、人　朝廷に在つて、賢をもつて躰《からだ》となし、文学をもつて冠《かんむり》となし、有職をもつて表衣《うへのきぬ》となし、芸能をもつて袴《はかま》となすと云々、この段は朝臣の大綱《たいこう》、明士の嘉《か》猷《ゆう》なり、君子《くんし》を近づけ、小人《しょうじん》を遠ざけ、賢を求め、芸を賞するの条、深く　叡念に挿まるの外、他の計略あるべからざるか、

後醍醐の課役停止

次に国は、民をもつて本となす、まづ衆庶《しゆうしよ》の愁を休《や》めらるれば、定めて天心に通ずべきか、もしくは元亨《げんこう》の例をもつて、諸道諸業の課役《かえき》、停止せらるべけんや、但し近日朝要を支ふれば、左右能はず、一旦の存じ寄りに随ひて、略迷《(ママ)》ひて出す者なり、

魏文帝の誡

女中僧徒の雑務《ぞうむ》口入の事、永くもつて停止せらるべし、この条度々意見に明白なり、魏文帝《ぎぶんてい》の誡、仰ぎて信ずべし、およそ天下の蠹害《とがい》、朝廷の梟悪《きゆうあく》、ただ此の事にある由、代々の封事《ふうじ》に載す、尤も御用心あるべきや、

はたまた諸道の輩、徒《いたず》らに蛍雪《けいせつ》の学を抛《なげう》ち、忽ち箕裘《ききゆう》の業を失ふ、かくの如き族、ただ世禄を食《は》み、朝要に叶はず、縦ひ才を異代に俟《ま》たずとも、盍《なん》ぞ士を当時に取らざらんや、もっとも学の浅深に就いて、恩の厚薄あるべきか、但し昼夜の格勤《かくごん》、内外の忠節、もつとも推薦の便を得て、用捨宜しく時議にあるべき事、

(下略)

右からは、㈠過去の意見・封事に学ぶこと、㈡廷臣に給恩し公務を全うさせること、㈢賢才を求め芸能を賞すること、㈣諸道諸業の課役を停止すること、㈤女房・僧侶の雑訴への口入を禁止すること、㈥諸道の輩は学の浅深により処遇に差違あるべきこと、と六ヶ条が読み取れる。保守的であるが、ユニークな内容も見える。

政策も後醍醐を意識

たとえば、㈠は先祖の兼実が文治三年（一一八七）に実施した意見封事を理想としている。㈢では文学・有識・芸能を等しく修得しようとする良基の姿勢が、後鳥羽《ごとば》院に学んだことを明かす。さらに㈣は洛中の商工業者への課税免除を勧める。「元亨の例」とは、後醍醐天皇が元亨二年（一三二二）頃に発した、いわゆる「元亨神人《じにん》公事《くじ》停止令《ちょうじれい》」を指す。後醍醐は寺社に隷属していた商人・職人を支配下に置き、かつその課税を免除することで、公家政権の撫民政策をアピールしたのであった。もっとも商工業者への課税はもはや北朝にとり一日も欠くことのできない財源で、現に後円融天皇の践祚即位の費用もここから賄われた。良基も「一旦存じ寄りに随ひ、略（ママ）迷ひ出す者なり」と認めているものの、後醍醐を意識してその政策を継承しようとしたことは重要であろう。

このように「奏状」は、良基の政治思想を知る手がかりとなるばかりか、叙位任官の公正、雑訴の興行、過差の禁止などを謳った、朝廷の徳政への取り組みの掉尾に位置する史料である。この後、朝廷は公家政

春日神木
（『春日権現霊験記』より，宮内庁三の丸尚蔵館蔵）

権としての実を喪失してしまうからである。

新帝の即位礼は十二月十九日に行われることになった。ところが挙行を目前とした十二月二日、興福寺の寺僧が突如、春日神木《かすがのしんぼく》を奉じて入洛、六条殿に安置した。

三　嗷訴の猛威

《応安四年》両門跡処罰を要求

応安四年の神木入洛は、寺僧のうち、学衆である学侶《がくりょ》・六方衆《ろっぽうしゅう》が、一乗院《いちじょういん》門主実《じっ》玄《げん》・大乗院《だいじょういん》門主教信《きょうしん》の処罰を朝廷・幕府に要求したものである。学侶は上臈の老者、六方衆は中下臈の若衆の総称である。学侶のさらに上層には僧官位を帯して一寺の支配に当たる僧綱《そうごう》がおり、それぞれ院家に属して一乗院・大乗院の両門跡に仕えていた。

大乗院内訌に一乗院実玄介入する

前年の応安三年六月、大乗院では門主教尊《きょうそん》が「狂気」により廃され、甥の教信が入室した。大乗院は九条家の管掌するところで、教尊は前関白九条経教の弟、教信は経教の子である。やがて教尊は本復し、再補を願った。経教も同意したが、教信は従わなかった。経教は教信を義絶し、教尊の後見を一乗院実玄に託した。大乗院の内訌は、延文の南都合戦敗北後、反撃の機会を狙っていた実玄にとって好機であった。実玄・教信はそれぞれ城郭を構えて、戦闘の準備を急いだ。

学侶六方衆実玄教信の処罰を要求

ところが、もはや時代は変わっていた。両院家の度重なる抗争が南都の疲弊を招いたとして、六方衆が先鋒となり、実玄・教信の追放を決定した。すると両門主はたちまち和解し、下剋上《げこくじょう》の極みとして学衆を糾弾した。学衆に対し、僧兵の集団である衆中《しゅうちゅう》には、切り崩し工作により両門主を支持する一派も現れた。そこで学侶・六方衆は嗷訴《ごうそ》に出たのである。

廷臣の放氏あいつぐ

即位直前の神木入洛には朝廷を動揺させる意図が明瞭である。当初、公家政権の対応は迅速であり、十二月五日、後光厳は実玄・教信の院家管領を停止する院宣を発した。いっぽう、嗷訴をひとまず棚上げにして、年内に即位を挙行したいとひそかに重臣に諮問した。良基・道嗣は可とした。後光厳は神木を洛外の吉田社ないし大原野社《おおはらのしゃ》に遷そうとしたが、六方衆は早速察知し、十一日、不逞を働いたとして忠光と広橋仲光を放氏《ほうし》した。放氏とは藤氏より追放する処罰で、興福寺では平安末期から意に沿わぬ廷臣をこれによって断罪してきた。その威力は強烈で、出仕はおろか公的な活動も不可能となる。続氏《しょくし》すなわち赦免のためには、恐懼するほかなかった。十七日、春日社神人《じにん》が忠光・仲光の宿所に神木を放り込み、両人を居住できないようにした。続いて中御門宣方《のぶかた》・万里小路嗣房も憂き目に遭った。

大乗院門跡系図

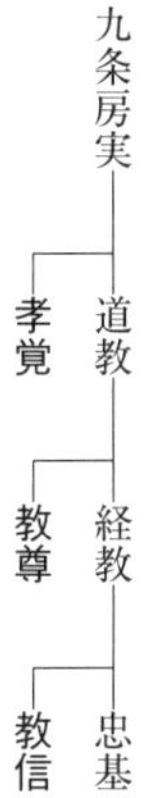

即位延引を決定

この四人はいずれも蔵人・弁官を経た有能な伝奏《てんそう》で、後光厳院政は手足を失った格好となる。たとえ神木を他所に遷して即位を強行したとしても、放氏を恐れる藤氏公卿は出仕できないから、その体をなさないであろう。後光厳は年内の挙行を断念し、神木帰座を求めて交渉に乗り出す。なお十二日、六方衆は実玄・教信を襲撃して南都から追い払い、一乗院には近衛道嗣の子良昭《りょうしょう》が据えられ、大乗院には教尊を還住させた。良昭は九歳なので、教尊が南都を代表する立場となった。

光済と宋縁の配流を新たに要求

十五日、学侶・六方衆は新たな事書《ことがき》を捧げて、三宝院光済《さんぽういんこうさい》僧正・覚王院宋縁《かくおういんそうえん》僧正を遠《おん》流《る》に処するよう要求した。両僧正が実玄の賄賂を受け取り、処罰を免れるよう公武の要路に働きかけている、というのがその理由であった。

両僧正は賢俊の弟子で武家と親昵

光済は醍醐寺の僧、柳原資明《すけあきら》の子、後光厳の執権忠光の兄である。師の賢俊《けんしゅん》と同様、天皇・将軍の護持僧《ごじそう》を務めつつ、公武を仲介し権勢を誇った。後光厳の譲位交渉にも水面下で暗躍した。宋縁は園城寺僧で熊野山伏《くまのやまぶし》であったが、賢俊より三宝院流真言を附法された。光済の弟分であり、その推挙で醍醐寺の管領下にある東山新熊野社《いまくまのしゃ》の別当となり、やはり公武間に活動した。細川頼之とはことに昵懇であり、宋縁の坊は幕府要人の会合の場に供された。ところで、宋縁は東寺教令院の院主も兼ね、二条家にも仕える立場にあった。良基もこの頃、新熊野での宋縁の連歌に招かれている（『九州問答』）。

《応安五年》光済と宋縁の配流を幕府拒む
神木在洛長期化する

頓阿没
冷泉為秀没

『連歌新式』を定める
連歌の確立

翌応安五年正月二十二日、内裏で流人宣下があり、実玄は伊豆へ、教信は土佐への配流が決定した。しかし、衆徒の標的は、もはやいちはやく逃亡して身を隠した実玄・教信ではなく、光済・宋縁に移っていた。幕府はもとより肯《がえ》んぜず、七月三日、最終的に頼之は同意できない旨を執奏した。交渉は暗礁に乗り上げる。長期の神木在洛は、朝儀に深刻な影響を与えていた。

なお、三月十三日に頓阿《とんあ》、六月十一日に冷泉為秀《れいぜいためひで》が没した。ともに後継者は育っておらず、歌壇はしばらく沈滞する。

四　『連歌新式』の完成と『筑波問答』

すでに五十歳を越えた良基は、政治面で大きな蹉跌を経験したが、文学面では重要な仕事をいくつも遺している。

その第一は、応安五年十二月、『連歌新式《れんがしんしき》』、別名『応安新式《おうあんしんしき》』を世に出したことであろう。孫の一条兼良《かねよし》が増補改編して連歌師肖柏《しょうはく》が文亀《ぶんき》元年（一五〇一）書写した本文（「連歌新式追加《ついか》并《ならびに》新式今案《こんあん》等」）が流布したが、古写本によって原態をうかがうことができる。識《しき》語《ご》は、

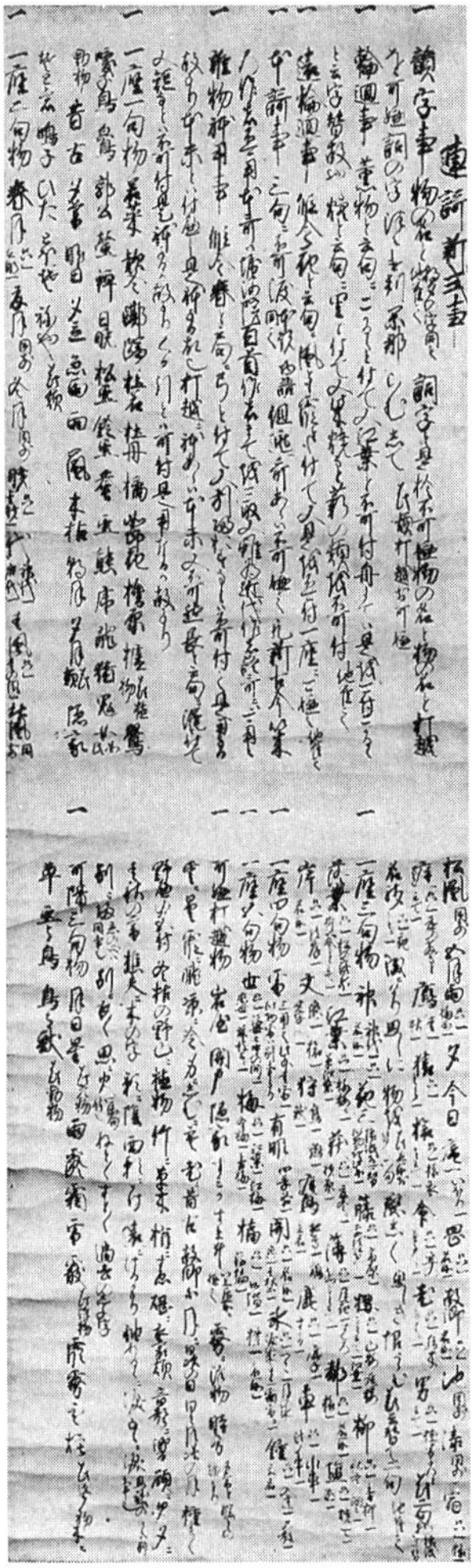
『連歌新式』（長谷寺蔵）

右、大概、建治の式に准じてこれを作る、但し当世の好士用ゐ来たる所、多く取捨に及ばず、只当座の諍論《そうろん》を止めんがために、粗《あらあ》ら定むる所件の如し、

応安五年十二月日　　御判

となっている。謙遜はしているが、『僻連抄《へきれんしょう》』附載の式目から数えても三十年を経ての集大成であった。「ここにようやく式目の一応の完成を見たことは、連歌という文芸の成立でもあったわけである」（『連歌』島津忠夫著作集第二巻）という通りであろう。

『筑波問答』の執筆　連歌論の最高傑作

『筑波問答《つくばもんどう》』もこの時期に執筆されたらしい。力強い筆致と充実した内容は、疑いなく良基連歌論書の傑作であるのみならず、中世の文学論のうちでも記憶されるべき名品である。ただ、正確な執筆年代も直接の読者も不明である。

序は鏡物を模倣する

冒頭には鏡物《かがみもの》ふうの、長い序がある。ある年の晩春、作者（良基を暗示する）の閑居する、見事な園池のある洛中の旧邸（押小路烏丸殿とすぐに分かる）に、百歳をゆうに越えた老翁が訪れる。優雅な振る舞いに心惹かれた作者は、老翁を建物近くに呼び寄せて、昔語りをねだる。老翁は「常陸の筑波のあたりの者なり」と名乗って、しばしば上洛してこの邸第が後鳥羽院のかつての離宮であり、風流の営みを目のあたりにしたことを語り、かつ自身も連歌を愛好しており、藤原定家《ていか》・為家《ためいえ》父子、また善阿《ぜんあ》ら花下《はなのもと》の名人にも直接師事したことがあると明かす。ならばぜひ連歌について質問したい、と作者は畳みかけ承知させる。

老翁のモデルは救済

筑波は連歌の起源とされる日本武尊《やまとたけるのみこと》と秉燭《へいしょく》翁との片歌《かたうた》問答で謳われた聖地、この老翁は連歌の神と見てよく、具体的には当時九十歳を越えていた救済《きゆうせい》《ぐさい》を寓する。

内容

こうして始まる問答は全部で十七ヶ条、「連歌は我が国だけで翫ぶものか」「連歌は国政の助けとなるか」「連歌は菩提の因縁となるか」といった、いささか観念的な議論から、式目・賦物・点・稽古・執筆といった会席の実際までに及んでいる。問答体であるから、当時の連歌界の抱える問題意識をある程度反映させているのであろう。

式目完成の記念か

なお式目について、「連歌の式目はいづれの頃よりおこる事ぞや」という問に対して、一通りの説明の後に、「翁が存ずる所の式目を出だし侍るなり」と、老翁が自分の式目を披露して見せる場面があり、続いて標題のみ「連歌式目」と掲げるので、ここに式目本文を載せるつもりであったらしい。ならば『筑波問答』の成立は『連歌新式』とときを同じくしていて、これを記念するものであったと見てよいであろう。

『孟子』の影響

『筑波問答』は行文も平易で、少しも晦渋なところはないが、いっぽう連歌の体系化にも気を配った。とりわけ漢籍をよく消化しての主張がなされ、『詩人玉屑《しじんぎよくせつ》』のほか、経書《けいしょ》の引用が目立ち、とくに朱熹の集注を通じた『孟子《もうし》』の影響が著しい。ただ、こう

地下連歌との乖離

なってくると、いささか高踏的であり、これまでともに歩んできた地下《じげ》の連歌師には理解の届かぬところとなり、良基と地下の動きとはしだいに乖離してくるのであった。

五　終わりなき交渉

交渉の再開

中世の即位礼は、践祚の時期に応じ、三月ないし十二月に行われることが多い。ただそれも践祚の翌年までで、翌々年にずれ込んだ例は皆無であるから、期限は応安五年十二月となる。神木帰座の日数をにらみ、興福寺との交渉が再開されたとき、後光厳の意を受けて事にあたったのは良基であった。

僧綱を召す

学侶と六方衆の温度差

十二月二日、興福寺の四名の僧綱が良基のもとに参り、秘密裡に交渉を重ねた。さすがに十二月の帰座は難しかったが、かねて学侶と六方衆の間には温度差もあったようで、「所詮帰座の事、若輩所存を申すと雖も、宿老殊に相宥《あいなだ》めて勅定を仰ぎ奉るべし」(『後深心院関白記』)という譲歩が見られた。

『寺訴引付日記』

大乗院旧蔵『寺訴引付日記《じそひきつけにっき》』(国立公文書館蔵)は、このとき良基と興福寺との間で交わされた書状・事書など三十余通が収められる。

要求遵行を確約

これによると、年内にすべての要求に「遵行《じゅんぎょう》(執行措置)」があれば、「正月中旬の比《ころ》、帰座の沙汰を致すべし」と約束させるところまで漕ぎ着けた。良基はかねて親しい京極高秀を通じ、頼之に善処を働きかけ、二十七日、「已《すで》に裁許の条々」を送っている。その内容は、㈠幕府の兵が実玄を捕縛すること、㈡九条家が教信を召喚すること、㈢興福寺設置の関所の還付、㈣興福寺領・春日社領への日吉社神輿造替《ぞうたい》の段銭の免除、㈤光済・宋縁を勅勘とし職を奪うこと、㈥諸国の寺社領押妨の停止、以上六ヶ条であった。㈤光㈡を除けば、幕府の同意協力がなければ実現不可能である。また、㈤がトーンを落としているのも注意される。

これによって一件落着と見る人は多く、廷臣たちはおのおの即位出仕の準備を始めている(『後愚昧記』)。二十六日には内裏で即位定《そくいさだめ》があり、翌正月二十六日までの一連の行事日程まで決定した。

《応安六年》六方衆前言を翻して新たな要求を出す

ところが六方衆は強硬であり、明けて応安六年正月、「大議多く以て落居せざるの間、帰座の日時更に定め申し難し」と、肝腎の要求に善処が見られないと前言を翻した上、新たな事書を突きつけた。教尊にこれを差し戻す力はなかった。七日に良基のもとに届いた事書はさらに、㈦寺外に流出した清水寺敷地の替地《かえち》を賜ること、㈧春日社神人を殺害した摂津守護代赤松性準《しょうじゅん》・同範顕《のりあき》を配流すること、㈨興福寺設置の関所に対する天龍寺船の通過料免除を撤廃すること、といった無関係の要求が加わった理不尽なものであった。㈦にある清水寺は興福寺の末寺である。

要求の遵行こそ優先

十四日、良基はなおも幕府に働きかけて得た実績を示し、当初の日程には固執しない、神木帰座しだいである。帰座の日時を正月下旬と確言すれば、幕府の執行も一両日に実現すると迫った。すると六方衆は、「今月中に悉く御遵行の実あらば、来月中旬帰座の吉日を点じ下さるべし」と言上したが、引き延ばしの術に過ぎない。しかも、「もし帰座以前に大礼《たいれい》御沙汰を経られれば、固く当家御供奉を抑留し奉るべき者なり」と、たとえ神木帰座より前に即位の準備を進めても、決して藤氏廷臣は参仕させないと恫喝したのである（『寺訴引付日記』）。

即位の延期決定

この時点でも、廷臣はなお即位が強行されるものと考えていたが、十八日、「およそ

交渉より離脱する

御即位の沙汰、神木帰座以後に行はるべきの由、武家所存を改め、奏聞の間、延引するところなり」(『後愚昧記』)と、幕府が及び腰となり、即位の延期を執奏した。

それでも二十三日、良基は要求実現の見通しを示したが、「有名無実の御沙汰、遏迹《けいじゃく》暗《そら》にある者かな(何もできないのは見なくたって分かる)」と冷笑される始末であった。ついに良基は二十九日に「ただ偏へに以て帰座早々、入眼《じゅがん》の基《もと》に候、延引候はば、又武家の沙汰延引すべき分、内々承り及ぶ事候の間、術《ずち》無きなり(すみやかな帰座こそ要求実現の前提だ、延引すれば幕府の執行が遅れるだけだ)」と捨て台詞を吐き、今後は興福寺雑掌と幕府奉行人とが直接問答せよ、と述べて交渉から離脱したのである(『寺訴引付日記』)。

難航の事由

学侶と六方衆とは一枚岩ではなく、良基はもっぱら前者を代表する僧綱と接触していたため、交渉が進展を見ても、六方衆が異議を申し立てて決裂する、その繰り返しであった。良基は生来せっかちな人なので、長期の交渉は非常に苦痛であったはずである。

後光厳は良基任せ 頼之は及び腰

後光厳はもとより良基任せで、この間、二位局宣子の北山の山荘への遊覧を繰り返した。関白師良は未熟で力にならず、道嗣も所詮傍観者で、ほかの摂家にも人材はいなかった。良基には朝廷だけでは懸案を解決できないことが分かっていたが、細川頼之は神木の帰座はあくまで公家の問題と考え、後難を恐れて思い切った姿勢も取れず、混迷は深まるばかりであった。

宣旨局死去

六月十二日、師嗣・経嗣の母宣旨局が没した。生前出家しており、師嗣が捧げた三回忌の諷誦文には「二六時中、専修専念《せんじゆせんねん》の功を積み、四十余生、一炊一夢《いつすいいちむ》の槃《たのしみ》を考《な》す」とある（『迎陽文集』巻八）。父土岐頼康はこの年五十六歳なので、四十一、二歳であろう。ほとんど姿を見せない良基の妻妾のうちで、伉儷《こうれい》と称するに最も相応しい人である。

佐々木導誉没

二条為忠没

またこの年も、八月二十五日に佐々木導誉《どうよ》、十二月十八日に二条為忠と、良基と昵懇の人々があいついで鬼籍に入った。

六　仮名日記の筆法―『思ひのままの日記』―

『思ひのままの日記』の執筆

やはり春日神木帰座をめぐる交渉が膠着していた応安五、六年頃に執筆したと見られるのが『思ひのままの日記』である。良基の文業ではあまり注目されないが、重要な作品であり、また、文学史的な意義も小さしとしない。

架空の朝廷の出来事を綴る

この作品は、「今年はけふの節会より年の中の公事《くじ》ども、ふるき跡を尋ね、めづらしき事をおこさせ給ふ。すゑの世の為にもとて、かたの如くかきつけ侍るなり」と、朝廷の一年間の有様を仮名日記として描いたもので、儀式書的性格もあわせもつ。とはいえ、それは「祈年《きねん》の祭、祈年穀《きねんごく》の奉幣など式《しき》のままに行はる。皆大臣上卿にてぞありし」

「諸社の祭ども、近頃参らぬ諸司《しょし》いしいしまでもととのへさせ給ふ。次第たがはず皆本社に参りて行ふ。いとめでたし」「臨時の仁王会《にんのうえ》、季《き》の御読経《みどきょう》などいふ事ども、月たがへず皆行はせ給ふ」といった、具体性に乏しい描写に終始し、さらに閑院内裏《かんいんだいり》が幕府の援助で再建され遷幸の儀が行われたりと、とうてい実現不可能であった記事もあり、良基の願望や、公家・武家にとってあらまほしい状態をひたすら述べているのである。

「二条良基内奏状」との関係

その内容は「二条良基内奏状」と深く関係する。前述の通り、応安四年八月、院政を開始した後光厳上皇の勅命を受け、廃絶した朝儀政務を挙げて興行を具体的に訴えた意見状である。これがしばしば『思ひのままの日記』と表裏をなすのである。

現実の反転図か

つまり『思ひのままの日記』とは、荒廃した現実の反転図として、良基の理想を映し出すものである。後光厳の治世の実態は先に見たごとくで、良基の努力も目立った成果を挙げたとはいいがたい。しかし、北朝を支える重臣として、朝儀の復興という看板を降ろすことはできない。その代償の執筆とすれば、もはや妄想に近いが、それだけではない。

実在人物を登場させる

いっぽうで『思ひのままの日記』には、時間的に近接した、作者の体験が生々しく投影されている箇所もある。たとえば、良基自身と師良とが、「前関白大殿《さきのかんぱくおおとの》にて嘉保《かほう》よりこのかた、かしこき代々の跡をたづねて、小朝拝に立つ」とか「前関白・関白両人練る」と、まさに執筆時の称で登場して来る。そのほかにも「鎌倉の武衛《ぶえ》」「西園寺の大《だい》将《しよう》」「橋固《はしがた》めの官人《かんにん》佐々木なにがし」といった具体的な呼称があり、いずれも実在の北朝・幕府関係者を髣髴とさせる。

往来物と共通する性格

これは当時、盛んに著されていた往来物《おうらいもの》にも通ずるところがある。往来物とは往復書簡の形を借りた初等教科書の謂であるが、この時期、年中行事や生活・習慣・風俗などの語彙を説明するのに、同時代の実在の人物や出来事を借りることがある。南北朝中期成立の『新札往来《しんさつおうらい》』はその典型であるし、応永《おうえい》三十年（一四二三）頃に一条兼良の編んだ『尺素往来《せきそおうらい》』も当代の話題を鏤め、しかも『思ひのままの日記』を利用している。

『建武年中行事』の影響

さらに『思ひのままの日記』には、後醍醐天皇の『建武年中行事』の影響が随所に指摘される。その序に「百敷《ももしき》のうち、はたとせの春秋を送り迎へて」とあることから、建武年間（一三三四―三六）、後醍醐が在位の間に興行した朝儀について綴ったとされる。しかし、朝儀の描写には何か具体的な内容があるわけではなく、やはり仮構であり、後醍醐の執筆であるならば、むしろ十年にわたった皇太子時代に、即位後のありさまを思って書かれたらしい（佐藤厚子『中世の国家儀式』岩田書院、二〇〇三年）。後醍醐もこのような形でしか理想を実現できなかったとすれば、良基といくらも変わるものではない。

未来の祝言は院政への期待

しかし、厳しい現実にもかかわらず、当人たちは案外に醒めていて、ある種の祝言として軽い気持ちで筆を執ったとする方が正しかろう。『思ひのままの日記』の終わり近くに「この面影は年ごとの事になりて、卅よ年御位をたもたせ給ふ、ありがたきためしなるべし。後《のち》の嵯峨《さが》の院にも立ちかへらせ給ひたる、猶行末の御さかへおもひやるべし」とあるのは、譲位してそのまま院政を始めた後光厳の将来を予祝する意図が明瞭である。恒例の年中行事に交じり、中殿御会・御書所始《おふみどころはじめ》、斎宮卜定《ぼくじょう》・群行《ぐんこう》、女御入内《にょうごじゅだい》・立后など、天皇の代始に挙行されるべき儀式が散見する理由も察せられる。

仮名日記は物語か

『思ひのままの日記』は、理想や祝言を宗《むね》とする物語であった。いちおう実際の朝儀や宮廷行事を描いた良基の仮名日記も、むしろこうした物語に近いものとしてとらえるべきなのである。

仮名日記は、一般には作法書・故実書として扱われ、歴史学でも文学でも関心を持たれていないが、当時は喜んで読まれ、後世に影響力を持ち続けた。良基こそ、その最も積極的な書き手の一人であった。

七　院政の挫折

《応安六年》興福寺との交渉再開

応安六年七月十五日、後光厳はみずから交渉に乗り出し、「寺訴用捨《じそようしゃ》」、つまり広がり過ぎた要求を整理すべく、道嗣を通じて興福寺僧綱を召した。しかし、六方衆は僧綱の上洛を妨害した。翌月二日、業を煮やした後光厳は何としても僧綱を召し出せ、と道嗣に厳命した。これは良基に対しても同様であったはずである。

放氏される前代未聞の珍事

　すると八月六日、「(六)方衆の若輩」が群議の上、良基の放氏を決定した。この報に接した道嗣は「丞相《じょうしょう》以上は未だ聞かざる事なり、況《いわ》んや摂関の臣の放氏、前代未聞の珍事なり」と驚愕した。すぐに道嗣にも今回の御介入はまことに遺憾である、と警告が届いた。勅書を一乗院に伝達しただけだ、と道嗣は陳弁に努めるばかりであった。さらに「去年御沙汰の次第、六方衆は存知せざるの由、事書に載《の》せ申し切《き》る」と、旧冬以来、良基が重ねた交渉の事実さえなかったことにされた。二十九日、両門跡を通じて良基の続氏が打診されたが、これも一蹴された(『後深心院関白記』)。

神恩疑わず

　帰座をめぐる交渉で良基が六方衆の憤怒を買い続け、僧綱が抑制できなくなったことは想像にかたくない。しかし、良基がただちに断罪されなかったのは、何といっても前関白であったからである。摂政・関白は、春日大明神の神恩最も篤い子孫であり、ときには大明神になぞらえられる存在であった。摂関の放氏とは、たんに身分の尊貴ではなく、興福寺がみずからの権威のよりどころを冒瀆する行為となる。

意に介さず

　良基の側も、選ばれた存在であることをつゆほども疑っていない。実際に「去年より放氏し奉る、しかれども先例無きに依り、御承引に及ばざるの由、その説あり」（『保光卿記』応安七年正月二十七日条）と、摂関の放氏などあり得ないとして、恐懼《きょうく》するどころか平然と行動していたらしい。

なお両僧正流罪を要求

十一月十三日、幕府がようやく動き、頼之が数少ない与党である赤松氏を説得し、追加要求のうち、(八)赤松性準・範顕の遠流が宣下された。頼之は大きな犠牲を払ったが、学侶・六方衆は実玄の所在が依然つかめないのは幕府の懈怠と非難し、また、光済・宋縁については、良基との交渉が決裂したいま、もとの通り流罪を要求する、実現しなければ神木は帰座させない、と言い送る。こうしてこの年も空しく暮れるのであった。

《応安七年》後光厳上皇発病

明けて七年正月、後光厳が発病した。旧冬から体調を崩していたが、十八日には疱瘡《ほうそう》と判明した。容態は日々悪化し、二十七日、良基は仙洞に急参し正親町三条実継・柳原忠光らの重臣と評定して、瀕死の上皇に代わり置文を作成、また天皇に治世を譲る旨を幕府に言い遣わした。放氏の身を訝《いぶか》しむ向きもあったが、意に介さなかった。

崩御 諒闇

二十九日寅刻《とらのこく》に崩御、三十七歳。諒闇《りょうあん》となった。待望の院政も軌道に乗らないまま迎えた、不本意な最期であった。

葬送

二月二日に泉涌寺《せんにゅうじ》に葬った。出棺以前に良基・道嗣・実継が追号を定めた。

哀傷の詩歌

二十三日、良基は哀傷の詩歌を近衛道嗣・斯波義将《しばよしゆき》らに示し、唱和させている（『後深

『諒闇和字記』を執筆か

心院関白記』『雲壑猿吟《うんかくえんぎん》』律詩「二条ノ藤相国、賦シ二後光厳帝ノ挽詩ヲ一、寄ス二斯波金吾《きんご》源公ニ一、命ジレ予ニ次韻セシム」）。

書目類では、良基に「諒闇和字記《りょうあんかなき》応安」なる著作があったとするが、伝本は確認されない。二十余年にわたり仕えた後光厳の終焉を見届けた良基が、一連の儀礼を仮名文で執筆したことはありうべきことである。ところで、いくつかの諒闇部類記《りょうあんぶるいき》（柳原本『凶事部類』ほか）に、後光厳の葬礼を記した、「後普光園院記歟」と注する記主不明の仮名記を収める。

応安七年正月廿九日寅剋、御年卅七ニテ終ニ崩御也、後光厳院トソ尊号ハ申シヌル、同卅日御出家、御戒師泉涌寺長老賢怡上人、御刺《（剃）》手安楽光院見月上人、二月二日、東山泉涌寺へ御葬礼、儀式、後伏見院御例、又アマタトリアツメラルル例也。御共人々歩儀、藁沓《わらうず》、御車御後歩ム人々布衣、前駈火ヲ取リ、先行ス。御車ニハ下簾ヲハサマズ、御簾ヲ軒ニカクル也。

と始まり、ついで供奉の公卿・殿上人《てんじょうびと》の交名《きょうみょう》、素服の人数を挙げる。荼毘の模様は比較的詳しく、翌日の仏事までを記す。事実のみ記す淡々とした文体であり、わずかに拾骨のところで「藤中納言《（柳原忠光）》頸ニカケテ、深草ノ法華堂ニヲサメテ、ナクナク京ヘゾ帰リ給ヒケル」と記すあたりに、作者の感慨がのぞいてはいる。良基の作としても違和感はない。ただ、いずれも抄出であり完本は伝わらないようである。

後円融天皇との疎隔

後光厳院の突然の死は政治的空白を惹き起こした。後円融天皇は後見が必要な年齢であったし、崇光上皇の院政はあり得ない。そこで二月二十一日、良基に「政道の事、一向申し計《はか》ら」うよう、細川頼之が申し入れた（『保光卿記』）。良基とは反りの合わない頼之も、公家政権を委ねられるのは良基しかいないと判断したのである。

主導権争い

ところが、後円融は中陰が明けた四月七日、さっそく蔵人頭による奏事始《そうじはじめ》を行っている。良基は放氏の身ながら祗候した。同日、後円融は議定衆・伝奏を指名した。親政の首途には鬼間議定始を開催し、このときに議定衆・伝奏を指名する慣例であるが、春日神木在洛の間は、開催の見通しが立たない。それなのに議定衆・伝奏を定めたのは「新儀」であるが、早く親政の実を整えようとする意欲の現れである（『後深心院関白記』）。良基は放氏を理由に指名されなかった。これは仕方がない面もあるが、良基の影響力を嫌ったととれる。すぐに「大閤の政務、武家許諾の事、大略不定と云々」という噂が流れた（『洞院公定日記』同年四月十日条）。さらに後円融は雑訴を親裁し始めた。良基は自分が「一事《いちじ》以上進止《しんし》（すべて決定）すべき」であるとして運動したが、後円融は許さなかった（『後愚昧記』同年六月三日条）。

崩御は春日の神罰

さて、後光厳の死が与えた衝撃は宮廷にとどまらない。世間は「今度の崩御は、春日の神罰の由謳歌す」（『後愚昧記』）、頼之もこれ以上事態を放置してはおけなくなった。

両僧正配流

まず赤松性準・範顕は、すでに遠流を宣下されていたが、五月二十六日に謫所に赴いた。続いて六月十二日には教信を召喚し、改めて讃岐に流した。そして十一月五日、ついに光済を播磨へ、宋縁を備中へ配流することが決定した。幕府の全面的譲歩によって、神木帰座の最大の障碍が取り除かれた。なお、両僧正は翌春には帰京している。

続氏

八日には、良基も続氏されている。放氏が一年以上に及ぶことも前代未聞であった。これは興福寺にも効果なしと見られたのかもしれない。

大原(野)千句連歌新式を適用

実際、良基はこの十月、大がかりな千句連歌を挙行し、早速に新式を適用した。その句は現存しないが、実際に運用した上での問題点を列挙したリストが「大原《おおはら》（野《の》）千句《せんく》注文《ちゅうもん》」である。写本により「大原野」「大原」の両様があるが、多くは後者とする。

救済と興行するか

洛北大原には救済の草庵があり、この頃、良基が慰問して、会心の作とする発句《ほっく》、

いづれ見む嵐の紅葉松の雪

を詠んだという（『初心求詠集』）。初冬の句であるから、この千句の発句の一つとして矛盾がない（金子金治郎『連歌論の研究』）。つまり、この千句は良基が救済とともに興行したもので、改めて両人の連歌にかける情熱と長年の盟約を知るのであるが、それにつけても良基の実験的精神は衰えていないわけで、その後も「新式追加条々」「又追加」という形で規定を増補しており、改訂は晩年に及んだ。

注文『知連抄』に収録

なお、この「大原（野）千句注文」は『知連抄《ちれんしょう》』下巻に収録されて伝わる。応安七年の識語を持つ連歌論書『知連抄』二巻は、後人が良基に仮託した書とする説が有力であるが、この注文と下巻の前半部分は真作と考えられている。

神木帰座

十二月十七日、春日神木は南都へと帰座した。良基は六条殿に参上し、出立を見守った。降雪による泥寧に難渋しつつ、師良以下の藤氏公卿・殿上人が徒歩で供奉した。

即位礼

二十八日、後円融は践祚より足かけ四年目にして即位礼を挙げたのであった。

良基の印明伝授を拒否

しかし、この即位礼では後円融は良基からではなく、独自に青蓮院尊道《そんどう》親王より秘印と真言を授けられたという（『後小松院御記《ごこまついんごき》〈御即位神秘事〉』）。良基を師範として伝授されることを潔しとしなかったのであろう。

かといって後円融には股肱と頼むべき重臣もおらず、良基を排しては朝儀・政務は立ち行かない。その後もぎくしゃくした関係が続くのであった。

第七　准三后

一　後円融親政

《永和元年》議定始

後円融《ごえんゆう》天皇の親政は、永和《えいわ》元年（一三七五）二月二十一日に鬼間議定始《おにのまぎじょうはじめ》、三月十八日に御前議定始・記録所始が行われ、正式に始動した。

議定衆

議定衆は良基《よしもと》・師良《もろよし》・道嗣《みちつぐ》・忠基《ただもと》の摂家衆、西園寺実俊・正親町《おおぎまち》三条実継の両大臣、ついで万里小路《までのこうじ》仲房・嗣房父子、葉室長顕《ながあき》、柳原忠光、広橋兼綱《かねつな》の名家出身の大中納言、計十一名が検出される。いずれも後光厳《ごこうごん》院政からの重臣である。

伝　奏

伝奏《てんそう》は、永和二年八月制定の「伝奏番文《てんそうばんぶん》」（『実隆公記』文亀元年〈一五〇一〉九月二日条所引）によると、仲房・長顕・正親町三条実音《さねおと》・西園寺公永《きんなが》・兼綱・忠光・土御門《つちみかど》保光・嗣房・中御門《なかみかど》宣方の九名で、この順に毎月一度の式日を定めて奏事した。伝奏の半数が評定衆を兼ねるのは政務処理の効率化を期したのかもしれないが、前代以上に日野流と万里小路家の伸長が著しく、とりわけ仲房・嗣房父子の活躍が目立つ。

主たる議題は、伊勢豊受《とようけ》大神宮（外宮《げぐう》）の遷宮《せんぐう》、および日吉社神輿《ひえしゃしんよ》の造替への対応であった。

議題は神事に限られる

外宮の遷宮は、貞和《じょうわ》元年（一三四五）十二月二十七日に正遷宮が行われてより三十年以上を経過していた。遷宮の遅れは南朝の勢力圏にあったせいもあるが、神宝《じんぽう》を調進する費用に事欠いたことが大きい。神宝は遷宮のたびに新造すべきであった。例によって幕府の援助を求めたが、なかなか応じようとはしなかった。

日吉神輿の造替進まず

延暦寺が日吉神輿を応安《おうあん》元年（一三六八）から翌年にかけて、二度にわたり入洛させたことは先に述べた。動座した神輿は、院や摂関家など権門の分担によって、ただちに新造される慣例であった。しかし、公家社会にはこれに堪える経済力がなかった。後光厳は細川頼之《よりゆき》に対応を迫ったが、頼之は「公家《こうけ》の御計らひ」たるべきとの答えを繰り返した。しびれを切らした山徒神人《じにん》は応安七年六月、三たびもとの神輿を奉じて入洛する始末であった。

幕府の協力なし

永和元年七月二十六日、ようやく神輿造替事始《ことはじめ》が行われたが、幕府の協力は得られず形ばかりの儀で、神輿はそのまま洛中に留め置かれた。後円融親政の政務では、公家政権が取り組んできた、訴訟制度の整備あるいは商工業者への徴税といった実質的内容が急速に失われ、神事興行を議するばかり、それすら喫緊の課題には何一つ対応できず、まことに空虚なものであった。

朝儀の廃絶

朝儀の廃絶が進むのも当然で、北朝にはなお大小八十ほどの朝儀・年中行事があったが、この時期を境として、御斎会《ごさいえ》・女叙位《にょじょい》・踏歌節会《とうかのせちえ》・石清水臨時祭《いわしみずりんじさい》・灌仏《かんぶつ》・最勝講《さいしょうこう》・乞巧奠《きっこうでん》・例幣《れいへい》・神今食《じんこんじき》・京官除目《じもく》が中絶してしまっている。料足の欠乏、廷臣の懈怠のほか、神木《しんぼく》在洛の間、催しが不順であった影響もある。仮に行われても延引が常態で式日を守るほうが珍しかった。

『新後拾遺集』の下命
義満の執奏
撰者は為遠

それでも六月二十六日には、慣例により勅撰和歌集（『新後拾遺集《しんごしゅういしゅう》』）の撰進を二条為遠《ためとお》に下命し、ついで十月、三十余名の歌人に応製百首（『永和百首《えいわひゃくしゅ》』）の詠進を命じた。良基もその人数に入った。

撰歌進まず

為遠の歌道師範たる地位を脅かす者はいなかったが、きわめて怠惰な人物であり、頓阿もいない今、撰歌《せんか》の先行きは暗澹たるものであった。

朝廷の衰頽

南北朝期の朝廷政治の衰頽については、すでに語り尽くされている。ただ、それは戦乱による疲弊や幕府の干渉によるものばかりではなく、春日神木・日吉神輿に代表される寺社権門の嗷訴《ごうそ》が政道の極度の不振を来した結果と見るべきである。

二　世阿弥との出会い

《永和元年か》新熊野社で観阿弥演能

大和猿楽《やまとさるがく》の観阿弥《かんあみ》の一座が、東山新熊野社六月会《いまくまのしゃみなつきえ》で能を演じたのは、春日神木が帰座して半年後、永和元年六月のことと考えられている。新熊野社は後白河《ごしらかわ》院が御所法住寺殿に熊野十二社権現を勧請《かんじょう》したことに始まり、修験の峯入りに関わる重要な神事である六月会では、田楽《でんがく》とともに猿楽も登場して人気を博していた。

義満の見物

この年は、後に「観阿、いまくまのの能の時、さるがくと云ふ事をば、将ぐん家ろくおんゐん御覧はじめらるる也」（『世子六十以後申楽談儀』）と記されたように、足利義満《よしみつ》が初めて台覧した、記念すべき舞台であった。

光済宋縁は庇護者か

大和猿楽は長らく興福寺の傘下にあったが、三宝院光済《こうさい》が観阿弥を召し、醍醐寺清瀧《きよたき》宮《ぐう》の祭礼で七ヶ日猿楽を演じさせたことで、京都に進出したらしい。新熊野社は醍醐寺の管領下にあり、覚王院宋縁《そうえん》が別当を務めていた。この二人が大和猿楽の新たな庇護者となり、六月会での演能を沙汰したことで、義満の台覧が実現したことが推定される。

世阿弥初参藤若と命名

良基も宋縁から、観阿弥の子である十三歳の児、つまり後年の世阿弥《ぜあみ》の評判を耳にしたのであろう。この年、くだんの児が良基のもとに初参を遂げた。良基は「松が枝《え》の藤の若葉に千とせまでかかれとてこそ名づけそめしか（松の枝に懸かる藤の若葉のようなそなた、松とともに千年もかくあれと名付けたのだ）」という一首とともに、藤若《ふじわか》という名を与えた（『不《ふ》知記《ちき》』後掲記事）。これは押小路《おしこうじ》烏《からす》丸殿《まどの》の嘱目の光景にちなむのであろうから、初夏の頃であった。新熊野猿楽の直前である。同時代の公家から「乞食《こつじき》の所行《しょぎょう》なり」と蔑まれた芸能者を近付けるのは、若い頃からの趣味であったとおぼしい。

「良基消息詞」

ところで、良基が初めて見た藤若の芸能に魅了され、再訪を願う内容の仮名書状が転写されて伝わる。有名な「自二条殿被遣尊勝院御消息詞《にじょうどのよりそんしょういんにつかわさるるおんしょうそくことば》」（以下「良基消息詞」と略す）である。日付は「卯月十七日」、宛先は「尊勝院」とある。尊勝院とは東大寺の有力な院家であり、当時の院主は経弁《きょうべん》、大和猿楽一座との旧縁があることは自然である。このため「良基消息詞」は永和元年四月に比定される。書き出しを掲げる。

藤若再訪を懇望

> 藤若ひま候はば、いま一度同道せられ候べく候、一日はうるはしく心そらなる様になりて候し。わが芸能は中々申すにおよはず、鞠連歌などさえ堪能には、ただ物にあらず候。なによりも又かほだちぶり風情ほけほけとして、しかもけなりげに候、かかる名童候べしともおぼえず候。（藤若に時間がありましたら、もう一度同伴していただきたい。先日は気高さに心奪われるようになりました。自分の芸はむろん、鞠や連歌などさえ達者であるとは、ただ者ではありません。何より容貌の雰囲気がぼうっと朧たけ、それでいて闊達です。これほどの美童が

存在するとは思えません)。

容貌才能を絶賛する

以下しきりに『源氏物語』ほかの古典を引き合いに出して容貌・才能を讃える。その情熱的な筆致から、しばしば良基のラブレターなどともいわれる。

書状形式の作品

なるほど率直な告白には驚かされるし、艶書《えんしょ》(恋文)とすることも肯《うなず》けるが、和漢の故事の引用や文飾を凝らした文体は、実用の書状とは異質であり、書状の形式を借りた創作で、要するに藤若の来訪や良基による命名を枕にした作文とすればよい。良基はこうした「艶書」の執筆に関心が深く、さまざまなシチュエーションにおける文例を創作して筆法を手ほどきした『思露《おもいのつゆ》』という著作さえあり、そこでも「又は仮名《かんな》の文学、源氏・狭衣《さごろも》やうのことを、おほく見おぼゆる人のかくべき事なり」と教える。しかも当時は、このような「艶書」が多数創作され、読者を得ていたらしい。誰の作品かもすぐに分かったであろう。仮名日記では見物人の老翁や衣《きぬ》かづきに身をやつした良基は、ここでは児《ちご》に心奪われる老人を演じてみせたのである。

言辞は連歌論に通ずる

ならば宛先の「尊勝院」は符牒に過ぎず、そもそも実際に送られたと見る必要さえないわけである。しかも、「良基消息詞」を注意深く読めば、藤若への称讃と見えつつ、良基が培ってきた美学の表明となっていて、晩年の連歌論書とも径庭《けいてい》ない。たとえば、「歌も連歌もよきと申すは、かかり(言葉使い)おもしろく、幽玄なるを上品にはして候なり」と説くのもそうである。こうした仮名文は、実在の人物や現実の出来事に寄せたほうが説得力が増すし、何より面白く読める。歌論・連歌論など当時の芸術論がしばしば誰かに宛てた書簡の体裁を取ることも想起される。

義満の鑑賞眼を讃えたとの説

ところで、ここに「将軍さま賞翫せられ候も、ことはりとこそおぼえ候へ」という一節がある。義満が同じく藤若を寵愛し始めたことをいうが、「表面は藤若の幸運に言及する形で、彼を見出だした義満の目の高さを暗にほめそやす文句を連ねている」（表章『能楽史新考㈡』わんや書店、一九八六年）など、義満の歓心を買おうとしたとする見方が多い。

いまだ義満と交渉なし

たしかに、良基は義満の動向に注意を払っていたようで、この年四月二十五日に初めて参内するのに立ち会ったり、八月一日、八朔《はっさく》の贈物として十七条憲法の注釈書『聖徳太子憲法抄《けんぽうしょう》』を遣わしたりしている。しかし、義満の反応は伝えられていない。義満も後年のような個性を発揮していないし、そもそも細川頼之の庇護下では、直接の交渉もできなかった。ここでは同じく藤若を評価する顕貴の一人としてその名を出したといえるであろう。

『永和大嘗会記』を執筆

十一月、大嘗会が挙行された。良基はまた見物人の筆に仮託して仮名日記を著している。この『永和大嘗会記《えいわだいじょうえき》』は、十月二十八日の御禊《ごけい》行幸より、十一月二十六日の豊《とよの》明《あかり》節会までの一連の行事が、荘厳かつ違乱なく行われたことを記し、もって「聖運《せいうん》・

武運《ぶうん》も万歳を期せるべし」と祝言したものである。

神器について語る武家観の表明

　この日記の特色は、三種の神器の由縁と現状が長く語られることであろう。それに関連して良基の政治思想もうかがうことができる。たとえば、宝剣《ほうけん》は壇ノ浦の合戦で失われたものの、「頼朝大将、宝剣にかはりて武将の威をふるひ、四海をしづめたりき」と説明する。武家の存在を「武略をまぼる」宝剣に擬した思考は慈円《じえん》の影響とも思われ、『さかき葉の日記』で「おほやけの武の御まもり」と位置付けていたのと基本的に同じであるが、一歩を進めたものかもしれない。

善政こそ護世の証

　その上で、南朝に奪われた神器を「愚意にはことごとく当朝に現在《げんざい》せると思ひ給へるなり」と主張し、「治政の時は、外にありと云ふとも体《たい》を合《あわ》すべし。衰乱の世には、宮中にありといふとも、殆どその益あるべからざるにこそ」と言い切る。善政をもって護世の証とする観念的な思考であり、当時の相対的な政治情勢の安定を背景にした強弁でもあるが、神器の不在という事実に対する、北朝によるほとんど唯一の弁明であり、良基の執柄としての立場を体した文章である。

神膳供進の儀

　十一月二十三日に天皇は大嘗宮悠紀殿《ゆきでん》に行幸し、種々の神饌《しんせん》をみずから供える神膳供進を行った。この儀に立ち会うのは陪膳の采女《うねめ》と神道家出身の宮主《みやじ》だけであった。『永和大嘗会記』は「神膳の次第は人の知らず見ぬ事なればしるし申すに及ばず。天神地祇《てんしんちぎ》を天子の手づからまつらせ給ひて、神供をそなへ給ふとぞうけたまはる。執柄の家などの外はしる人もなきにや」と語るのみだが、この神膳供進作法は摂関家が伝え、新帝にあらかじめ伝授、ときには代行するものであった。関白師良が授けることになるが、実は良基の指図であった。

大嘗会でも印明を伝授

このとき宮主を務めた卜部兼熙《うらべのかねひろ》の記録『大嘗会巳刻次第《だいじょうえみのこくしだい》永和元』によると、後円融は米飯・粟飯を供進した後、真言（明）を唱え、手に印を結んだ。良基の教えであった。その所作は即位灌頂《そくいかんじょう》と同じである。摂関家には神膳を供えた後で唱える「咒文《じゅもん》」が伝えられていて、即位法の「真言」と同一視され、秘印とともに、大嘗会で新帝が持したものらしい。良基はこれを「大嘗会秘密真言」と称し、あらかじめ兼熙にも教授していた。

神器を持たない北朝の天子にとり、印明《いんみょう》伝授は不可欠のよりどころとなり、後円融もけっきょく良基から印明を授けられたのである。それにしても、大嘗会最奥の神事で、天皇がかかる所作を行っていた事実は、さまざまな問題を投げかける。

九条忠基関白となる

十二月二十七日、師良は関白を辞し、九条経教の男忠基《ただもと》が詔命を受けた。

三　一朝の元老

《永和二年》准三后となる

永和二年正月一日、五十七歳になった良基は准三后《じゅさんごう》の宣下を受けた。臣下の例は暦《りゃく》仁《にん》元年（一二三八）の摂政九条道家への宣下以来絶えてなかったが、近く北畠親房《きたばたけちかふさ》が正平一《しょうへいいっ》統《とう》のときに准三后となっている。たしかに良基の立場は、南朝における親房のそれに匹敵する。当時の前関白は良基のほか、九条経教（四十六歳）・近衛道嗣（四十五歳）・鷹司冬通（四十七歳）・二条師良（三十二歳）の五名を数えるので、差別化の意図もあった。現に良基は、これ以後、自身への書札礼《しょさつれい》（書状の礼儀）を厚くせよと要求し、道嗣は「且《かつ》は元《げん》老《ろう》を優しその礼を存ず」と不承不承従った（『後深心院関白記』永和四年七月十八日条）。

後院別当を得分なきゆえ辞退する

正月六日の叙位と二月十日の県召《あがためし》除目では、右大臣師嗣が二十一歳で執筆を務めた。またこの頃、師嗣は後院別当《ごいんのべっとう》を「得分《とくぶん》無きと称して」辞退した（『後愚昧記』同年三月一日条）。もちろん良基の命である。代わって前内大臣正親町三条実継が就いた。後院別当とは親政のとき、院庁の役人を指揮して離宮・荘園などの皇室財産を管理する大臣を指す。良基が師嗣を据えたものの、期待したほどの役得がなかったというわけである。当然、後円融の不興を買ったであろう。

救済没す

三月八日、長年師事した救済《きゅうせい・ぐさい》が没したらしい。九十五歳の高齢であった。

周阿と対立

この頃、連歌界の中心は、良基・救済の引き立てた次世代の名人に移り、とくに秀句・縁語を多用した周阿《しゅうあ》の巧緻な句風が流行し、大いに当座で受けたので、ありのままで大らかな救済風は時代遅れになりつつあった。良基はこれを喜ばず、周阿との間でしばしば緊張の走る場面のあったことが、いくつかの伝承からも推察される。

危機の予感

『筑波問答《つくばもんどう》』でも、おおむね現在の連歌の達成に満足しているが、跋文、すなわち語りを終えた老翁が暇乞《いとまご》いをする挨拶のうちでは、「このころの人はよろづわわしき様にのみ連歌の道もなりゆくなり」といわせた後で、定家《ていか・さだいえ》・家隆《かりゅう・いえたか》は歌風こそ懸隔し内心張り合っていたが、互いに実力を認めていたとの挿話を示し、「かやうに様かはりたれども、たがひに上手の境《きょう》をば知りてこそやさしくも侍りし事なれ」と結ぶ。周阿風の、人目を惹く句風が勢力を拡大し、危機の予感が胸中に萌していたとも解せる。

連歌愛好熱地方へ拡大

それは、良基の直接指導の及ばぬ地方での連歌愛好熱とも連動していた。『筑波問答』の語り手の翁は、良基の名声に惹かれて上洛したことになっているが、実際、地方には非常に多くの好士が育っていた。文和《ぶんな》二年（一三五三）秋、美濃国に下向したときには、現地での連歌懐紙合点の依頼が引きも切らず、「田舎人《いなかびと》は連歌などいふことを好むものにて、点（合点）などかたがたより多く申し侍りしかど、みなむつかしくて返しぬ」（『小島《おじま》のすさみ』）といっている。

常陸の連歌師慈阿上洛

また、了誉《りょうよ》聖冏《しょうげい》の『古今序注《こきんじょちゅう》』の一本に見える、常陸国瓜連《うりづら》（茨城県那珂市）の慈阿《じあ》弥《み》なる法師がはるばる良基を訪ねてきて、「何か東《あずま》の旅の思ひ出」という問いかけに、「都にてまづかたるべき富士の雪」と答え、連歌への同座を許されたという出来事もこの頃であろうか。なお、『醒睡笑《せいすいしょう》』巻八では頓阿《とんあ》の逸話として伝わる。

今川了俊九州探題として下向

さらに九州での連歌愛好熱はひときわ高かった。これは当時、今川了俊《りょうしゅん》が九州探題《たんだい》として下向、南朝勢力と対峙していたことでその一端が伝わるものである。了俊は駿河守護・侍所頭人《さむらいどころとうにん》を経た幕府の要人で、俗名は貞世、冷泉為秀の門弟で、連歌は順《じゅん》覚《かく》・周阿に学んだ。年中行事歌合にも出詠し、良基も期待を懸けた武家の文化人である。周阿もわざわざ了俊のもとを訪ね、歓迎を受けて現地で大いに活動したらしい。

『九州問答』了俊の問に答える

永和二年八月、了俊の求めに応じ、良基が贈った連歌論書が『九州問答《きゅうしゅうもんどう》』である。十八条の問答と、良基の近年の発句《ほっく》四十四句を附載する。実力ある了俊を読者としているためか、内容はかなり高度であり、腹蔵ない心情も見せる。

連歌界の沈滞

ただ、この間の連歌の方向性は良基の意に反するもので、周阿も救済の跡を追うように亡くなったが、周阿風に対する良基の拒否感は強まった。

秘伝書の簇生

それは当代連歌壇への指導力の減退を意味したが、連歌師の間では良基の権威は絶対であり、いっぽう以降の地下《じげ》連歌師にはこれといった指導者が出ず、半世紀ほどの沈滞期を迎える。そこで良基の論書や言説を綴り合わせて、その名を騙った秘伝書がこの頃より現れた。その意味でも応安・永和年間は劃期であった。

四　『増鏡』の問題

『増鏡』の成立

良基作者説

さて、永和二年は『増鏡《ますかがみ》』が成立したとされる年である。『増鏡』は後鳥羽《ごとば》院の生誕より始め、後醍醐《ごだいご》天皇の討幕に終わる、鎌倉時代百五十年を公家の視点で描いた歴史物語で、「四鏡《しきょう》」の掉尾の作品である。作者は良基、成立時期は応安・永和年間（一三六八―七九）であるとの説があり（石田吉貞「増鏡作者論」、木藤才蔵「増鏡の作者」）、多くの賛同を得て、現在定説となっている。

複数の根拠

良基説の根拠には、良基が仮名文の執筆に当代最も長けたこと、その作品ではしばしば高齢の老人が語り手となること、発想・語彙とも『源氏物語』への傾倒がはなはだしいことなどが挙げられている。とはいえ、これらは作者にふさわしいという徴証であり、断定はできない。良基の仮名文はいずれも短いもので、『増鏡』のごとき長編の書き手たり得るかの疑問がある。同じ仮名文といっても、文体の印象もかなり違う。ただ、これも否定説の決め手にはならず、作者問題の議論は膠着状態である。

成立時期

成立時期は、元弘《げんこう》三年（一三三三）を最終記事とし、後醍醐の治世の出来事が最も詳細で、かつ作者・読者が実際に経験したことを前提に語るので、観応《かんのう》年間（一三五〇―五二）以前とする見解がある。著者はかつて、暦応《りやくおう》・康永《こうえい》年間（一三三八―四五）まで遡ると考え、良基では若年に過ぎるとしたが（小川「北朝廷臣としての『増鏡』の作者」）、現在は考えが変わっている。『増鏡』は現在時制を取る物語で、たとえ記事に「今の」「近き」とあっても、あるいは迫真の描写であっても執筆の時点に近接するとはいえない。年代記としては正確ではあるが、描写は理想化の度が甚だしく、悪くいえば画一的で、創作の要素も色濃い。したがって、成立時期は最終記事よりかなり降ると考えるべきであろう。これは『大鏡』でも同じである。さらに『増鏡』諸本のうち、応永《おうえい》九年（一四〇二）に書写された奥書を持つ写本群には、第七巻北野《きたの》の雪、後宇多《ごうだ》院誕生の場面で、母后が「たとひ御末《おすえ》まではなくとも、皇子一人」と願ったとして、その子孫つまり大覚寺統（南朝）の衰頽を暗示する一節があり、これは少なくとも応安以後の状況の反映であろう。

応永本奥書

そして、この本の末尾には「永和二年卯月十五日」とある。転写を示すとする意見が大勢であるが、擱筆の年記である可能性も捨てきれない。現に流布し始めるのはこの後である。すると成立をおよそ応安・永和年間と見るのはやはり蓋然性が高い。

良基作者説の吟味

結論の出ないことであるが、これまで述べてきた良基の伝記の知見から、作者問題に改めて言及したい。

後醍醐天皇への敬慕深まる

良基が生涯、後鳥羽院と後醍醐天皇を敬慕していたことはもちろん、そこでは両者の「宮廷の主」としての優美な振る舞いを美化する傾向があった。「二条良基内奏状《ないそうじょう》」では後鳥羽院の多芸多才に深く共感したり、後醍醐の追善を強く訴えたりしており、それが応安四年であったことが重視される。また、『増鏡』にのみ見える、後醍醐が隠岐配流の途上で歌に詠んだ「三《み》ケ《か》月《づき》の松」という珍しい地名が、応安七年の大原（野）千句でも詠まれ、良基が注文で「名所なり、秋に非ず」と指摘した事実も注目される（『連歌』島津忠夫著作集第二巻）。こうなると良基が『増鏡』の内容を熟知し、共鳴していたことは否定しがたい。ならば誰かに書かせてみずからの名で世に出したか、またはみずからが筆を執ったとするのが最も自然であろう。

古典散文の傑作

『増鏡』は中世のみならず、古典の散文作品のうち屈指の傑作である。老境の良基が連歌その他の厖大な業績に加え、もし『増鏡』を生み出していたとすれば、文学史上でも稀有の作家となる。ただ、それは生涯では比較的閑暇を得ながら順境とはいえない時期であったことになる。

五　注がれる視線

《永和三年》関白の無力

永和三年元旦、関白九条忠基は中絶していた関白拝礼を再興した。しかし、「旧年より相触《あいふ》るるの処、各《おのおの》故障と称□、人々の所存当時かくの如し、もっともその謂《いわ》れ無き事□」（『後己心院殿御記《ごこしんいんどのぎょき》』）と、参じた公卿は柳原忠光一人というありさまで、無力であった。父経教は前年二月に内覧宣下を受けたが、良基に比すべくもなかった。

後円融と軋轢絶えず

正月五日の叙位で、「禁裏時宜《じぎ》不快の間」、良基はせっかく准三后となったのに、その特権である年爵《ねんしゃく》（毎年定められた数の叙爵者を推薦できる権利）を申請しなかった（『後愚昧記』）。これは、旧冬、後円融が医師坂士仏《さかしぶつ》を法印に叙する件につき良基に諮問したところ、奉答する前に勅書を頼之に示したからだという。士仏は将軍義満の侍医であり、まずは幕府との調整が必要であったはずだから逆鱗は見当違いに思えるが、良基の振る舞いに神経を尖らせていたと考えられる。ともかく後円融とは反りが合わなかった。

松殿忠嗣没

五月十二日、長く良基に家礼《けらい》《かれい》として仕えた松殿忠嗣が八十一歳で没した。

第一皇子誕生

六月二十七日、後円融天皇に第一皇子幹仁《もとひと》親王が誕生した。後の後小松《ごこまつ》天皇である。母は上臈局《じょうろうつぼね》、転法輪三条公忠の女厳子《げんし》である。七月二日、良基は東坊城長綱を公忠のもとに遣わして賀している。しかし、皇子はすぐに日野宣子の養育するところとなった。

歌壇の沈滞

後円融朝では、かろうじて作文・歌会は行われた。中殿御会《ちゅうでんごかい》がいまだ開けないので内々の略儀である。この年はそれすら不順で、八月十五夜の歌会は、参仕者が公卿三名のみで「以ての外に冷然《れいぜん》か」といわれ、九月十三夜の歌会は、歌道師範の二条為遠が「毎度遅参の間」、急遽中止された（『後愚昧記』）。良基はともに列していない。勅撰集の編纂は進捗せず、応製《おうせい》百首も催促の手間を惜しんだかほとんどが詠進せず、良基もいつ詠進したか不明である。為遠の怠慢は歌道師範家の人的貧困をありありと映し出すが、これには後円融朝の弛緩した雰囲気もいくらか関係しているに違いない。

《永和四年》

永和四年正月五日の叙位では権大納言一条経嗣が初めて執筆を務めた。良基は実父として扶持した（『吉田家日次記』）。

師良発狂す

四月、同居していた師良が発狂する椿事があった。崇光《すこう》上皇・道嗣・公忠がそれぞれ伝聞を記し、耳目を集めたことが察せられる。最も詳しいのは、二条家に仕えていた松殿忠嗣の男冬輔《ふゆすけ》、冷泉為秀の男為尹《ためまさ》らから情報を得ていた崇光の宸記（東山御文庫蔵『不知《ふち》記《き》』）である。

周囲への怒り

これらによると七日夕、師良は「キヌカヅキノ躰」で道路に走り出し、家礼の月輪《つきのわ》家尹《いえまさ》らに取り押さえられた。良基の叔父常住院良瑜《りょうゆ》が遣わした祈禱僧に対しては暴言を浴びせて狼藉を働き、北政所の行子も実家の正親町三条家に逃げ帰った。

良基動揺せず

師良は恢復せず、しかし、良基は「更に傾動《けいどう》せざるの由これを表」して、連歌以下の日々の遊興を止めなかった。十一日、道嗣は「是又普通の儀に非ずや」と、子が子なら父も父だ、と評している。

発狂の理由

伊藤敬氏は師良の態度に追いつめられた者の怒りを見て、良基が師嗣を家督に据えようとしたことへの焦慮の現れとする（『新北朝の人と文学』）。良基は理由を悟っていたようであり、ほぼその通りであろう。父子の関係が悪かったとする史料もないが、師良自身の才能や個性が知られる事績はほとんど見出せず、影の薄い執柄であった。そして、良基の関心が師嗣の上に移れば、抗する術を持たなかったのであろう。

二条師良像（同志社大学歴史資料館蔵）

連歌会に藤若参る

同じ宸記四月二十五日条によると、良基のもとに例の観世猿楽の児藤若が参上し、連歌で優れた付句《つけく》を出し、満座の称賛を浴びたとあり、二句が引用されている。少年期より高い教養を身に付けていた証として、世阿弥について述べるときには必ず触れられるが、良基の連歌会の史料としても貴重なので紹介したい。

良基の前句

最初のものは良基の前句《まえく》に付けたと明記されている。

いさ(功)をすつるはすてぬのちの世　准后(良基)

罪をしる人はむくひのよもあらじ　児(藤若)

前句は「現世の功績名声を惜しまず捨てることは、来世を捨てないことになる」という意で、崇光上皇は、西行《さいぎょう》の「世をすつる人はまことにすつるかはすてぬ人こそすつるなりけれ」(『西行上人集』ほか)によることを指摘、和歌ではこうした発想は常であるが、連歌には珍しいとした。付句は「そのような罪業を知る人には応報はよもあるまい」であり、前句の内容を受けて素直に付けている。上皇はむしろ前句の斬新さに着目していたのである。

藤若の付句

続いての句も良基の句に付けたらしい。

きく人ぞ心空なるほととぎす

しげる若葉はただ松のかぜ　垂髪《すいはつ》(藤若)

前句は「郭公《ほととぎす》を一声聞くと(期待で)心もそぞろであるように、藤若の評判を聞く人は上の空である」という意で、連歌に加わった藤若への称賛を含む。

その趣向

藤若の名は初参時に良基が命名したもので、付句の「若葉」とは「藤の若葉」である。古典和歌で藤と松との結び付きは深く、また、藤が風に靡《なび》く姿は波に見立てられた。すると、藤の懸かった松が風に吹かれて音を立て、初めて波ではなく松があることを知る、という詠法が現れる。藤の美しさを賞するあまり、見えぬはずの波を幻視する、という趣向である。もとより松は悠久不変の象徴である（小川「世阿弥の少年期（上）」）。

晦渋な句風

付句はこうした和歌的趣向を踏まえる。その意は「今をさかりの藤の若葉は波のようにうねっていますが、音はしません。松を吹く風（の音）がその実体なのです」となる。ここで「風の声」「風の音」といった常套の表現を取らず、「ただ松の風」としたことが席上絶賛されたと伝える。良基を松に喩えて謙遜の挨拶を返すとともに、前句の「心空なる」に着目して、見えぬものを見て、聞かぬものを聞いたと付けたのは、多少晦渋であるにしても、たしかに鮮やかである。もはや地下連歌の卑俗さのようなものは微塵も感じられない。

世阿弥能楽論の源流

このような句がやりとりされる連歌会に交じるには、高度な感覚と良基の洗練された趣味への理解が必要であった。世阿弥の能楽論書に、良基連歌論の影響を随所に看て取ることができる理由も察せられる。

連歌会への注視

ところで、崇光は前年二月に仙洞《せんとう》御所菊第《きくてい》から焼け出され、伏見殿へ転居していた。この記事も、側近の公家庭田経有《にわたつねあり》が聞きつけ、帰参して伏見の大光明寺《だいこうみょうじ》で語った話題で、上皇や住持古剣妙快《こけんみょうかい》が強い関心を示したのである。

座興に過ぎない連歌、ましてその一句が、洛外の仙洞でこれほどの関心を持たれたことは異様である。良基の連歌会は当時の知識人の話題であり、かつ良基の側もみずからに注がれる視線を意識していたのであろう。同時代の評価を知る史料は乏しいが、たとえば大原（野）千句のごとき、そのことが推測され、一種の興行的な性格さえ帯びていたのであろう。

六　足利義満との対面

《永和四年》足利義満右大将となる

将軍足利義満は、この年三月二十四日に権大納言に任じ、ついで八月二十七日には右近衛大将を兼ねた。

武家の右大将

近衛大将は公家社会では競望の的であった。武家にとっても建久《けんきゅう》元年（一一九〇）、源頼朝が任じられ名誉の官であった。とはいえ、実際に任官すれば行幸に供奉し、白馬《あおうま》節会以下重要な朝儀にも参仕することが求められる。頼朝は在官四日で辞退したし、足利尊《たか》氏《うじ》と義詮《よしあきら》は権大納言になったが、ついに大将にはなろうとしなかった。義満の就任には、むしろ公家の側からの働きかけがあったことを察知させる。

拝賀の扶持は誰か

近衛道嗣は早くも九月二日、右大将拝賀はいつ頃になるか、義満室の弟である日野《ひの》資《すけ》教《のり》に尋ねている。「いかにも十一月たるべきか」との返事であった。当時の廷臣は昇進しても窮乏を理由に拝賀を遂げず終わることも珍しくないが、さすがに大臣・大将では許されない。頼朝さえ拝賀は挙行している。逆にいえば、頼朝の先例がある以上、義満もまた拝賀を行うことが確定していたのである。しかし、幕府には実績がないから、大将故実に通じた廷臣に指導を仰がなければならない。公家社会は色めき立った。当初は洞院公賢《とういんきんかた》の孫公定《きんさだ》が扶持すると決定したが、なぜか斥けられ、その役に収まったのは良基であった。おそらく、右大将任官からここまで良基の筋書きであろう。

足利義満像（東京大学史料編纂所蔵）

大将の故実

九月二十二日、良基は正親町三条実継と、

拝賀の不審点を挙げて問答した。ただ、正親町三条家は大将を務める家ではない。良基はもとより摂関家の作法に従わせるつもりで、姻戚である実継に「諸家の様」について確認したまでである。このとき、『山槐記《さんかいき》』『山丞記《さんじょうき》』以下の公家日記のほか、「建久東鏡《あずまのかがみ》」すなわち『吾妻鏡』をも参看しているのが珍しい（『後愚昧記附帯文書』）。

義満と対面
拝賀作法を
教授

かくして十月四日、三宝院光済の洛中の坊法身院《ほうしんいん》で、二十一歳の義満は五十九歳の良基と初めて対面し、拝賀の作法を習い始めた。ここには西園寺実俊と柳原忠光が同席したものの、十六日に義満は単身で良基のもとに参り、十一月九日には良基が義満を訪問し、以後両者は足繁く往来し始めるのである。

春日神木の
動座により
拝賀延引す

ところが十月九日、春日社の神木がまたも金堂前に動座した。大和・摂津の寺社領を乱妨する国人十市遠康《とおちとおやす》の処罰を求めてのことであった。十一月二十一日、拝賀は訴訟が解決するまでひとまず延引と決した。結果的に、良基が義満に近衛大将の作法を教授し、朝廷の雰囲気に慣れさせるのに十分な余裕が生じたことになる。

北朝の危機

この時期の良基は北朝の元老として揺るぎない地位を占め、文芸では活潑な活動を見せながら、どこか思いに任せぬ不如意の感を受ける。朝儀も政務も低調の極みに陥ったこと、後円融に警戒されたために表立った動きができなかったことが理由である。憑《たの》みとすべきは幕府であるが、細川頼之は幕閣内の抗争に疲れ果て、朝廷を顧みる余裕はなかった。そこで成長した義満に期待をかけたと見て間違いあるまい。

　良基は義詮にも大将の兼帯を勧めていたらしいが叶わず、『思ひのままの日記』では「将軍、大将かけて本陣に供奉す」と、石清水・賀茂両社行幸に、将軍が近衛大将を兼ねて供奉する晴儀を夢想していたほどであった。これがいよいよ現実となるのである。

第八　大樹を扶持する人

一　右大将拝賀の指導

《康暦元年》

義満白馬節会を見物

明ければ康暦《こうりやく》元年（一三七九）、良基《よしもと》六十歳の年である。

良基は足利義満《よしみつ》を正月早々に参内させ、御前の酒宴に陪席、さらに白馬節会《あおうまのせちえ》を見学させることを企てた。白馬節会では、馬寮《めりょう》の官人が白馬を引いて南庭を渡し、近衛大将が白馬奏（当日献上される馬の目録）を奏聞するからである。五日の叙位は、天皇の衰日《すいにち》でありかつ神木《しんぼく》を憚《はばか》り停止されるはずであったが、急遽挙行されることになった。白馬節会では叙位で昇叙された人々が庭上に一列に並ぶ、叙列という所作がある。どうせならば義満に叙列《じょれつ》を見せて興味を抱かせようという魂胆である。

義満の不安を除く参内の手引

『迎陽記』によれば、良基がたびたび義満に書面で白馬節会と右大将の役割について解説したことが分かる。五日、義満はなお不安がり「一献《いっこん》あらば御前《ごぜん》の儀《ぎ》、何様《いかよう》に進退すべけんや、計らひ下さるべき」といってきた。良基は折紙を遣わし、「明日の内々の事は何とも何とも一向御はからひ候べきよし、昨日内裏より申され候、めでたく御心やすくおぼしめし候べく候」と、御前の酒宴については一任されている、とした上で、会場、座席、同席の人、天盃の作法と懇切に解説し、義満の不安を取り除くよう努めた。

廷臣の扶持

白馬節会（『公事録』より，宮内庁書陵部蔵）

武家にとって禁中とはこれほど隔絶した空間であったが、かくも細やかな教示は、当時の公家社会における礼法の習得方法とも関係する。

廷臣が朝儀で何かの役を務めるとすれば、儀式書や先祖の日記を学習するだけでは足りず、先達の教命が必要である。家格を越えて昇進すればなおさらである。高位の者が下位の者を指導する「扶持《ふち》」の関係では、朝儀での進退（公事故実）から、住居・衣服といったこまごました日常の些事にわたり、師説に従うことが求められた。重要な儀式では、弟子の所作に特化した「次第」を作成して携行させるのも常であった。

公事の弟子

北朝では洞院公賢《とういんきんかた》や転法輪三条公忠《てぼりさんじょうきんただ》が有識の大臣として知られ、多くの弟子がいた。足利尊氏《たかうじ》・直義《ただよし》もしばしば公賢に相談していた。義満の扶持に当初、洞院公定の名が挙がったのも理由のないことではない。いっぽう、良基も教えることを好んだ人であった。他人の弟子に強引に自説を授けたことさえあった。故実の世界でも摂関家の説は別格であり、厚意だといわれれば従わざるを得ない。

関白を師範とする意味

このときも公定を押し退ける恰好となったが、大将はもとより、家に公卿としての知識をまるで持たない義満には、良基を師範とする意義は大きかった。義満が失錯を犯したとしても、そこは前関白の権威が物をいった。なお、摂関家の説は、重要な朝儀に偏し、しかもかなり大らかであった。こういうところも義満には好ましかったであろう。

義満の参内参会の人々

正月七日は、前夜の叙位が未刻《みのこく》（午後二時頃）にまで及び、晩から雨が降り出した。良基が参内したのは亥刻《いのこく》（午後十時頃）であった。義満はもう参内していた。さっそく後円《ごえん》融《ゆう》天皇の御前で九献《くこん》の酒宴となった。会したのは義満室業子《ぎょうし》の兄弟裏松資康《うらまつすけやす》・日野資《すけ》教《のり》および光済ら日野一門と、良基・師嗣《もろつぐ》父子であった。まず天皇と良基との献酬があり、ついで天盃を義満が受け、良基の盃は義満・師嗣へと巡流した。すべて良基の教えた通りであった。武家執奏の西園寺実俊も祗候《しこう》していたが形ばかりで、七献目になってようやく招き入れられたという。

節会の見物

酒宴の後も雨が止まなかったが、「雨儀《うぎ》の節会は見所《みどころ》あるべからず、暫く晴を相待たるべし」ということで、義満はいったん二位局宣子の局に入って休息した。荒天時の節会は略儀となるので、開始を遅らせてでも晴儀としたのである。未明になって、ようやく節会が始められた。参仕公卿は十三名、これでも近年では稀な規模であった。そのうち藤氏公卿は内弁を務めた左大臣師嗣以下十一人に上った。

良基への非難

これは興福寺を刺激せずにはいられなかったし、公家社会にも波紋が広がった。転法輪三条公忠は義満の酒宴での振る舞いに、近衛道嗣は神木動座中の公卿出仕に、おのおの厳しい批判の筆を向けた。この事態を案出したのはともに良基であった。このため近代にも「見苦しき阿諛諂佞《あゆてんねい》をなせる」（田中義成『足利時代史』明治書院、一九二三年）などと悪評頻りである。良基に義満の意を迎えんとする面があったことは否定できない。ただし、それだけを強調するのは、明らかに公平ではない。朝儀の執行はどうしようもないところまできており、幕府の援助なくては一事も挙行し得ない。珍しく義満はみずから進んで公家社会に身を置こうとしている。これを奇貨と考えたのは当然である。

大樹を扶持する人

四月二十八日、義満はふたたび参内し、良基・忠基・実俊・嗣房らの重臣と会して酒宴があった。『後愚昧記』は、良基に「大樹（将軍）を扶持する人なり」と注した。また伝聞で「泉殿、御会所《かいしょ》として、今朝よりこれを餝《かざ》ること僧堂の如し、綾羅錦繍《りょうらきんしゅう》を以て天井を張り、金銀珠玉を裁《た》ち殿内を餝る」と記したが、これは誇張があり、良基の仮名日記の残簡とおぼしき『右大将義満参内饗讌《きょうえん》仮名記』によれば、画軸・香炉・卓や三《みつ》具足《ぐそく》をはじめ豪華な唐物を並べ、当世風の会所にしつらえたものであった。良基のアイデアであろう。夜更けて連歌となり、義満から乞われて、良基は、

月になけ同じ雲井の時鳥《ほととぎす》

との発句《ほっく》を詠んだ。義満への挨拶である。この句は世阿弥作の謡曲「采女《うねめ》」にも引用されている。

五月十七日、義満はまた押小路《おしこうじ》烏《からす》丸殿《までの》に参り、連歌・鶯合《うぐいすあわせ》以下の遊興に耽った。

『連歌十様』

この月、良基は連歌論書『連歌十様《れんがじゅうよう》』を執筆、義満に贈っている。

康暦の政変
斯波義将管領となる

その頃、幕閣では細川頼之《よりゆき》と諸大名の反目が激化していた。閏四月十四日、頼之がついに失脚し（康暦の政変《せいへん》）、代わって斯波義将《しばよしゆき》が管領となったことは、義満の公家化を願う良基にとっては好都合であった。義将は、父導朝の死後すぐに侘びを入れて幕閣に復帰しており、若年ながら好文の武将としても知られていた。また、義将に与した土岐頼康・京極高秀は良基と昵懇の大名であった。

柳原忠光没
光済没

この年には柳原忠光・光済の兄弟があいついで没し、宋縁も頼之とともに没落した。日野家はほかに顧問に足る人材を欠いた。西園寺実俊はもとより無才の人で、かつ武家

室町第落成

拝賀の日随行の人員

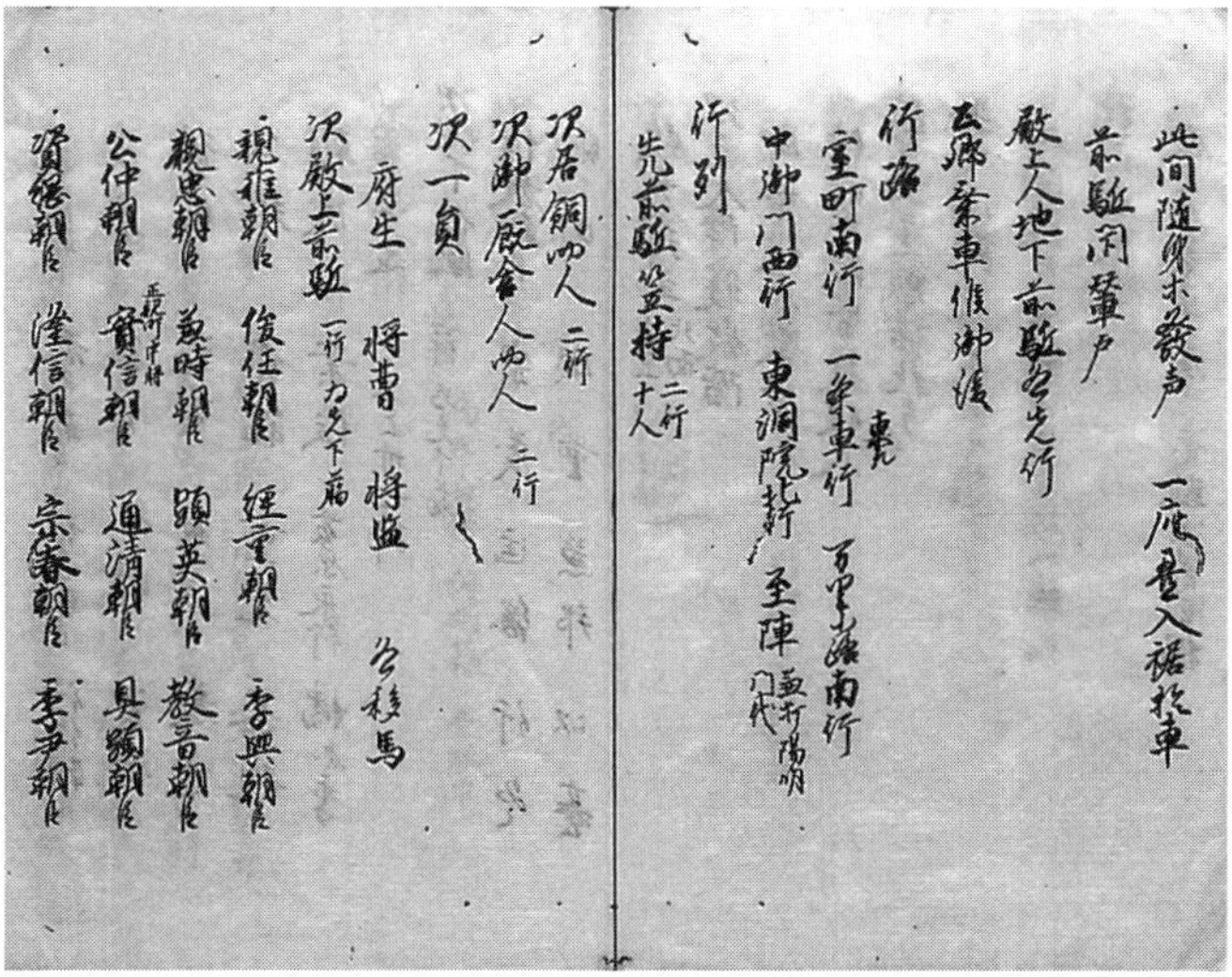

「右大将拝賀次第」（『大将御拝賀部類』より，国立公文書館蔵）

執奏としての働きも果たせなくなった。義満は良基一人を重んじて、憑《たの》んだのであった。

義満は父祖以来の本邸であった三《さん》条坊門第《じょうぼうもんてい》（下亭《しものてい》）を捨て、かつての父義詮《よしあきら》の山荘、北小路室町の崇光《すこう》上皇の仙洞《せんとう》跡地に豪壮な新第を建造していた。拝賀は新第の立柱を待って行われることになった。これが室《むろ》町第《まちてい》で、当時は花亭《かてい》・上亭《かみのてい》とも称された。六月六日に良基は室町第を訪問し、拝賀の習礼《しゅらい》も執り行った。

七月二十五日、義満は右大将の慶を奏するため拝賀を遂げた。この時の拝賀次第が義満・義持《よしもち》・義政《よしまさ》三代の例を集めた『大将御拝賀部類《だいしょうごはいがぶるい》』

（国立公文書館蔵）に引用されて一部が残存する。『小槻兼治記《おづきかねはるき》』によれば良基の作である。

公卿の扈従

随行の人員は源頼朝の例に倣ってはいるものの、それに数倍する規模であった。とりわけ公卿二十二人が扈従し、殿上人《てんじょうびと》三十七騎が前駈を務めたことは、頼朝の拝賀には見られなかったことである。

奏慶の作法

義満は内裏の陽明門代で下車、公卿たちが列立する前を進み、左衛門陣を経て、殿上近くの弓場代《ゆばだい》という小庭に北面して立ち、拝舞《はいむ》奏慶した。拝賀次第によれば、義満が起き上がるとき、番長・番頭・舎人ら随身が一斉に前声《さきのこえ》を発した。義満を喜ばせるために、良基が拝舞の場面に採用した新演出であった。伝え聞いた道嗣は「これ先規無き事なり」と批判したが、良基は承知の上で計らっている。ついで殿上に昇り、召により清涼殿に参り、天皇と対面、滞りなく退出した。

良基の指導拝賀を成功に導く

『兼治記』によれば、良基は払暁に室町殿に赴き、出立を見届けた後、内裏に廻り、検知するという念の入れようであった。成功は疑いなく、一部始終を見ていた兼治は「およそ事々巍々儼然《ぎぎげんぜん》」との感想を漏らした。道嗣の批判をもってことを評価するのは慎重であるべきであろう。

天皇の警戒

良基は、文字通り絵空事でしかなかった武家の右大将が登場し、これまでにない華やかさで拝賀を遂げたことに深い感慨を覚えたに違いない。興味を持ってくれるならば喜んで新儀も案出した。いっぽう、後円融天皇は、この日の晴儀と、六十人もの公卿・殿上人を率いて眼前に現れた将軍に、穏やかならぬ思いを抱いたであろう。

師嗣関白となる
良基還補は叶わず

八月二十五日、九条忠基が関白を辞し、師嗣が跡を襲った。このとき、義満は扶持の労に謝してであろう、良基の還補を執奏したが、後円融は承諾しなかった。准三后《じゅさんごう》宣下以後、摂関となった先例のないことが理由であったが、良基と義満の接近を警戒していたに違いない。

万里小路仲房嗣房父子義満に従う

良基が義満を持ち上げれば、廷臣にも進んで随従する者が現れる。日野家の人々に続いて、長年、評定・議定の中枢にあった万里小路《までのこうじ》仲房・嗣房父子が良基と行動をともにした。日野一門に加えて、良基・万里小路父子が一体となって義満と癒着したことが、公武関係に大きな波紋を惹起するのである。

二　公・武・禅の集い

神木の入洛

康暦の政変などによって、寺社領恢復の訴えがいっこうに聞かれないことに業を煮やした興福寺六方衆《ろっぽうしゅう》は、八月十四日、春日神木《かすがのしんぼく》を奉じて入洛した。応安《おうあん》の苦い経験もあり、良基は平穏に帰座を実現すべく水面下で交渉を続けた。今回は、大和国民の十市《とおち》遠康《とおやす》の討伐が条件であり、すでに義満や斯波義将に一定の影響力を持つ良基にとって、派兵の確約をとりつけることは比較的容易であった。

興福寺は落着を望まず

十一月二十二日には六ヶ国の守護に命じて軍勢を発遣することを約させ、その陣容が公表された。『迎陽記』に「南都、一両日中下向すべきの由申す、沙汰の次第厳密なり、珍重々々、しかしながら准后より仰せ驚かさるる故なり」とある。ところが、実際には発遣にいたらなかった。これは十二月二日に「寺門の申詞《もうしことば》、御物語あり、大軍の事忩《いそ》ぎ申さざるの分なり」とあり、興福寺の側が、これまでの成功体験に味を占め、かえって早期の落着を望まなかったと分かる。そこで良基はしばらくこの問題をさしおくことにした。

伊勢外宮遷宮を遂げる

その間、これも朝廷を悩ませていた伊勢外宮《げぐう》と日吉社の問題が解決を見る。八月二十八日、やはり遷宮《せんぐう》の遅延にしびれを切らして、外宮神官が上洛し、粟田口《あわたぐち》に神宝《じんぽう》を振り捨てた。しかし、幕府がただちに新しい神宝の調進を確約したことで、神官は嗷訴《ごうそ》を止めて下国した。十二月十九日には内裏で神宝発遣の儀が執行され、翌年九月八日には三十六年ぶりに遷宮を遂げたのである。

日吉神輿造替を遂げる

日吉神輿《ひえのしんよ》の造替もまた康暦の政変直後から一転して進捗する。まず、六月九日に祇園社に安置されていたもとの神輿が帰座した。その後の事業も滞りなく、翌年六月二十九日には新しい神輿七基を坂本に奉納する、いわゆる奉送《ほうそう》の儀を執行している。神輿一基につき二千貫（二十万疋）の巨額を要したが、すべて幕府が拠出した。これに先立ち、良基は義満・義将とともに新造の神輿を拝している。

幕府の姿勢転換

幕府は寺社に対する姿勢を転換したと考えざるを得ない。これは明らかに義満の朝廷への進出と歩調を一にしており、斯波義将が主導したと見られる。後円融朝の荒廃を挽回しようとした、良基のもくろみが当たったといえる。

《康暦二年》宸筆法華八講を断念

康暦二年正月二十九日は故後光厳《ごこうごん》院の七回忌に当り、後円融天皇は内裏で宸筆法華八講《しんぴつほっけはっこう》を企画した。応安《おうあん》三年（一三七〇）の先例を追おうとしたのである。しかし、興福寺が参仕を拒否したばかりか、神木を洛中に留め置き、藤氏公卿の出仕を妨害した。後円融も強硬で、一時は異姓の公卿だけで挙行しようとしたが、良基がなだめて、かわって法華懺法講《ほっけせんぼうこう》を企画し、そこに義満を公家衆と共に参加させたのである。

法華懺法講を開催

法華懺法とは『法華経』安楽行品《あんらくぎょうほん》に基づく偈《げ》を唱誦しながら、散花行道《さんげぎょうどう》し、六根の罪障を悔い、滅罪を願う法会で、雅楽の伴奏をさしはさむものを懺法講という。たとえ内裏での開催であっても、法華八講とは異なり、あくまで「臨時の勅願」であり、弁官方・蔵人方など太政官機構を通さずともよいので、興福寺との妥協を見出せたのである。良基には、はるか建武の昔、後醍醐《ごだいご》天皇が春秋二季の彼岸《ひがん》に内裏で行った記憶も鮮やかであった。五日間の懺法講では義満は良基の教えたとおりに所作し、かつ十万疋を献上したので、これまでのいかなる宸筆法華八講よりも盛大なものとなった。良基の現実的な手法が成功を収めた。内裏で先皇を供養する法会に初めて将軍が参じた意味も大きい。

『雲井の御法』を執筆

良基はその様子を見物の老尼に託した『雲井《くもい》の御法《みのり》』という仮名日記に描いている。伝本は比較的多いが、尊経閣文庫蔵洞院実熙《さねひろ》筆本（『応安康暦両度御懺法講記』所収）が書写の古い善本である。

将軍の参内しきり

春日神木の威光も、異姓の将軍にはさっぱり効かなかった。三月三日、御遊始《ぎょゆうはじめ》があり、義満も参加した。前年より豊原信秋《のぶあき》に就いて笙《しょう》を習い、上達目覚ましかったからである。「神木の在洛中、先規有るべからずと雖も、武家申し行ふに依り、是非に及ばざるか、右大将今夜初めて所作すと云々」（『後深心院関白記』）。同月二十日の作文始、三日後の歌会始も神慮を憚《はばか》ったとはいいがたい規模であった。実は詩・歌・御遊の年始御会始はこの両三年中絶していたが、義満の参入を得てことごとく旧に復するのである。

朝儀の復興

朝儀もこの年にいくつか復興されたのは皮肉であった。四月八日の灌仏《かんぶつ》、同二十八日に石清水臨時祭が藤氏以外の公卿を責任者として滞りなく挙行された。石清水臨時祭では、良基の命であろう、家礼《けらい》《かれい》の東坊城《ひがしぼうじょう》長綱が勅使として参向した。良基・義満が参内して庭座《にわざ》を見物し、長綱には三千疋が下行された。

種々の遊芸

これまでも良基のもとでは、さまざまな学芸の催しが行われていたことは想像されるのであるが、義満という強力な理解者を得たことで、それがいっそう熱気を帯びた。たとえば、『迎陽記』によるだけでも、続歌《つぎうた》・連歌、そして『孟子《もうし》』など儒書を談義した文談のほか、管絃・双六・茶・鳥（鶯）合・聞香《もんこう》・立花《りっか》、さらに小絵《こえ》の鑑賞と、実にさまざまである。硬軟雅俗とりまぜて良基が繰り広げて見せる催しは、若くて遊び好きな義満を魅了した。そこには斯波義将以下、武家要人の姿も見られた。

押小路烏丸殿の環境

その場はもっぱら押小路烏丸殿であった。泉殿のほか水閣の点在する庭園は、人々をもてなすには好適の環境であった。水閣のいくつかは二階を有し、眺望を楽しむことができた。その室内は唐風の飾り付けがなされていたことは述べた（二一五頁）。

義堂と対面

この年四月、義満の命で、臨済宗夢窓派の長老、義堂周信《ぎどうしゅうしん》が鎌倉から上洛し、建仁寺ついで等持寺に住した。良基はその文名をかねて熟知し、頻りに面会を望んだ。以後の両人の交際は義堂の日記『空華日用工夫略集《くうげにちようくふうりゃくしゅう》』に詳しい。

二条殿十境

八月八日に義堂は押小路烏丸殿に初めて参上した。水亭《すいてい》（泉殿か）で良基と対面し挨拶の後、御榻閣《ぎょとうかく》（水閣）に案内され、和漢聯句《わかんれんく》百韻を楽しんだ。良基はこのほかの殿舎や庭園施設を、禅院の十境《じっきょう》に倣って、梅香軒《ばいこうけん》（寝殿）・洗暑亭《せんしょてい》（泉殿）・蔵春閣《ぞうしゅんかく》・水明楼《すいめいろう》・龍躍池《りゅうたくち》・政平水《せいへいすい》・古霊泉《これいせん》・緑楊橋《りょくようきょう》・観魚台《かんぎょだい》と命名していた。十境とは境内の風致に対して象徴的な名を冠し、詩文の題材とするものである。「二条殿十境」は公卿の邸第としてはごく初期の例に属する。

禅僧の命名

もっともこの十境は一度に定まったものではなく、「蔵春閣」は名の通り晩春の藤花を愛でながら連歌を楽しむ会所で、早く貞和《じょうわ》三年（一三四七）には存したことが『菟玖波《つくば》集《しゅう》』に見える。「龍躍池」は応安元年夏、池水から白竜が昇天したという奇瑞にちなみ、「政平水」とともに中巌円月《ちゅうがんえんげつ》の命名にかかる。「御榻閣」は同四年の後光厳院御幸により、「水明楼」も後光厳が名付けたという。さらに永徳《えいとく》元年（一三八一）にも、新楼を建造したので、「旧名十境」を見直すことにし、義堂に命名を依頼している。実際にはさほど豪壮な邸第ではなかったらしいが、長い年月をかけて整備された結果、主人の趣味が隅々まで行きわたった、洗練された小宇宙を形成していた。禅僧はこれをよく理解して詩文の題材とすることで、良基を喜ばせた。良基の晩年の遊びには禅僧の関与が大きい。とくに五歳年少の義堂とは意気投合した。このことは良基の長い文学活動に最後の彩りを添えることとなった。

帰座を強行

良基の周辺がこれほどの賑わいを見せて来ると、興福寺としては、もはや神木を在洛させる意味が薄れてきたといわざるを得ない。そして最後通告があった。義満が右大将として明春の節会に出仕することを決意したからである。これには藤氏の公卿も出仕させないわけにはいかない。幕府はかつて六方衆から排斥された実玄を一乗院《いちじょういん》に復帰させた。その命により衆徒の一派、戌亥脇党《いぬいわきとう》の軍卒が上洛、十二月十五日、公卿・殿上人も供奉しないまま神木は帰座した。これは排除に近い。反撥した六方衆は奈良南方の菩《ぼ》提山《だいさん》に籠って抗戦したが、幕府の締め付けは厳しく、六方衆はもはや恐れるに足る存在ではなくなった。院政期以来、たびたび朝廷を苦しめた、神木入洛もこれが最後となったのである。

南都八景詩歌を企画

この頃、「南都八景詩歌《なんとはっけいしいか》」という催しがあった。南都の名勝史跡八ヶ所を題材とした詩（七言絶句）および和歌を、良基・道嗣以下十六人の卿相が詠作したもので、良基は「南円堂藤《なんえんどうのふじ》」題で、

藤波は神のこと葉の花なれば八千代をかけて猶ぞさかへん

という和歌を出した。「八景」は、「十境」と同様、宋元の禅林で流行した、屋外の景勝を詩題とする試みである。南都八景は本邦では最初期のものである。良基の企画らしい。京都の廷臣が南都の名勝を詠み、神仏の威光を讃える余裕は、やはり嗷訴が落着して後に生じたであろう。

大慈八景詩歌に協力

さらにこの康暦二年、九州の今川了俊《りょうしゅん》も日向国志布志《しぶし》の大慈寺《だいじじ》の景観を題材とした「大慈八景詩歌」を企画した。原本の断簡とおぼしき畠山切《はたけやまぎれ》のほか、『雲巣集《うんそうしゅう》』によっ

て参加人員が知られるが、京都五山の禅僧約百名と公武の歌人約二十名が出詠する大がかりな催しであった。さらに義堂が序、良基が跋を寄せたことも判明している。

了俊の狙い

僻遠の戦地にあっても数寄《すき》を忘れない心情は特筆すべきであるが、文芸を通じて中央との交流を誇示することは、帰趨定まらぬ現地の守護・国人《こくじん》の懐柔にも、ある程度有効であった。志布志は了俊に抵抗を続ける島津氏勢力との間の緩衝地帯に位置していた。また、この時代は禅林文化の浸透に伴い、古来の文学伝統のいわば再定位が進められるが、八景詩歌はその典型であった。それが都と地方で催され、ともに良基が関わっていたのである。

『了俊下草』

なお、了俊は良基に句集を送り合点を請うついで、句作上の疑問を呈した。良基がこの年四月二十八日に送った答えを一書としたのが、連歌論書『了俊下草《りようしゆんしたくさ》』である。

三 「室町殿」の朝廷進出

《永徳元年》

白馬節会に義満出仕

明けて永徳元年は、久しぶりに朝儀を正常に挙行できる環境が整った。白馬節会《あおうまのせちえ》に義満も出仕した。わずか二年前、物珍しそうに見物していた義満は今や右大将として禁庭に立ち、衆目を浴びるなか、白馬奏《あおうまのそう》を奏聞した。ついで外弁《げべん》の上首として公卿たちを率いて堂上し、謝座《しゃざ》・謝酒《しゃしゅ》の拝を行った。この間、良基が随従して「種々教訓」していたという。はたして義満の作法は「すこぶるもって優美、天性の禀《う》くる所か」と称賛される（『後深心院関白記』）。

室町第行幸

この頃、室町第はようやく大廈《たいか》の功を終え、それを記念して、三月十一日、後円融天皇が行幸した。平時の武家への行幸はこれを初例とする。関白師嗣・右大将義満以下の百官が供奉した。その次第は、十一日室町第到着の後、晴御膳《はれのごぜん》・天盃《てんぱい》の儀、十二日舞御覧、十四日は蹴鞠《けまり》・歌会、十五日は朝に蹴鞠、晩に詩・歌・管絃の三船の遊び、そして、十六日還御《しゅうぎょく》となっている。

『さかゆく花』

かかる盛儀であったから、記録も複数あるが、見物人の筆に託した仮名日記『さかゆく花』が最も詳しく、この行幸を差配した良基の作と考えられている。

大臣昇進の準備

行幸直後から義満を内大臣に昇進させる準備が進められていた。

大臣就任の儀礼、とくに初任の手続きは厳重で、兼宣旨（召仰）・任大臣儀（節会）・大饗と進められるが、鎌倉中期以後は省略されるようになった。良基はここですべてしきたり通りの手順を践ませることにした。すなわち摂関期の古礼の再現となる。

室町殿家司の公募

良基の指図によって、四月二十九日、義満の家司《けいし》が公募されると、希望者が殺到した。その詳細は、清原良賢《きよはらよしかた》の『初任大饗記《しょにんたいきょうき》』（国立公文書館蔵）によって判明する。この「室町殿家司」は大臣大饗を遂行するスタッフとして構成され、そのまま義満の朝廷における活動を支えることになった。

太政大臣に任ず

五月は凶月であるので、任大臣儀は六月以後に延期となったが、この間、義満は良基を太政大臣に任ずるよう執奏した。廟堂で並び立つことを義満が欲し、良基が乗じたのであろう。

任内大臣兼宣旨

六月二十六日、任内大臣兼宣旨が下され、義満は公卿・殿上人を率いて参内、その夜室町第で大饗雑事定があった。大臣大饗は建武《けんむ》三年（一三三六）に一条経通が行って以来、実に四十年以上も中絶し、良基自身も行っていない。そこでことのほか熱心に準備をしたらしい。

次第の作成

一条経嗣の日記『荒暦《こうりやく》』七月二十日条によれば、良基は二つの大饗次第を作成した。一つは尊者《そんじゃ》（主賓）の右大臣近衛兼嗣に送るもの、もう一つは義満のため委細を尽くした仮名次第であった。「仮名次第、頗る秘せらると雖も、あながち懇切にこれを申し請く」と、経嗣はせがんでともに借り出した。他家とはいえ、経嗣は依然愛子であった。

任大臣節会と大臣大饗

七月二十三日は任大臣節会、良基が太政大臣、義満が内大臣となった。晩に良基は関白師嗣以下の公卿八人・殿上人六人を共として参内した。ただ、その半数は二条家の家礼ではなく、義満が差し回したと見られる。夜に節会が始まり、まず良基が、ついで義満が弓場代で拝舞奏慶した。その後、義満は室町第に戻り、尊者兼嗣の来臨を待って、翌朝辰刻大饗を始めた。現任の納言・参議二十八人のうち二十五人が出仕し、経嗣も「およそ今日の儀、千載一遇と謂ふべし、珍重々々、況んや白昼の礼儀、事に於いて厳然、万人の美談なり」と評した。ただし経嗣の心中には穏やかならざるものがあった。

一条経嗣を扈従させる

この日、義満は参内に経嗣を扈従《こしょう》させるよう望んだ。摂関家の当主が武家に扈従することは考えられず、良基も再三断ったが、義満は「然らば況んや愚身の如きは、沙汰《さた》の外《ほか》の事なり」との「述懐」に及んだ。この場合「述懐」は恫喝に等しい。

直衣始辞退すれば安否に及ぶ

八月三日は直衣始、良基は転法輪三条実冬に義満の車の簾《すだれ》を上げる役を命じた。実冬はそれが義満の意向であることを確認した上で従事した。実冬の父公忠は「およそ臨期《りんご》迷惑、言語道断の沙汰なり。しかれども辞退せしめば、忽ち安否に及ぶべきか、無力の次第なり」と漏らした（『後愚昧記』）。義満の不興を買えば、所領など生計の資を奪われた上に、朝廷から解官され、前途を絶たれてしまう。

批判は誇りの代償

憤懣は鬱積し、良基が虎の威を借りる者として憎悪されたことは想像に難くない。いっぽう、朝儀が滞りなく遂行されることは慶賀すべきことであり、また出仕には義満が援助を惜しまないわけで、けっきょく要請には従わざるを得ず、批判は家格の誇りを傷つけられた代償でもあった。

経嗣扈従の一件など不快はあっても、朝儀政務の停滞を身をもって知る良基には、たいした葛藤もなかった。まして日野家・万里小路家など名家の公卿は、子弟を家司として、露骨に義満への奉仕に励んだ。これを劃期として、治天の君に代わり公家社会にも君臨する権門、すなわち「室町殿《むろまちどの》」の誕生とすることができる。

室町殿の誕生

この秋、良基には大臣大饗への出仕の料足として、加賀国井家荘《いのいえしょう》（現石川県金沢市および津幡《つばた》町）の領家職半分が一年を限って与えられた。井家荘は長講堂領の一つで、勧修寺《かじゅうじ》家が領家職を相伝し、年貢として米五百貫文を計上する大荘園であった。これは義満が勧修寺《かんじゅじ》家に迫って領家職を折半させ、良基への謝意を表したものであった。井家荘は二条家の古くからの所領である小坂荘《おさかしょう》に隣接していて、良基にはありがたい贈り物であった。引き続いて大臣の作法を指導することになったので、臨時給付は翌年まで延長された。こうした手厚い配慮も嫉視の的となったであろう。

井家荘領家職を贈られる

四　漢和聯句の試み

《永徳元年》和漢聯句の隆昌

義満の任大臣を成功裏に終えたところで、文学熱はいよいよ高揚した。晩年の良基は連歌よりも和漢聯句に耽溺し、この時期の発展整備は眼を瞠《みは》る。

十一月二日、良基のもとで、義堂周信、そして天龍寺の太清宗渭《たいしんそうい》と臨川寺の相山良《そうざんりよう》永《えい》、万里小路嗣房らを交えて、和漢聯句があった。『空華日用工夫略集』によれば、ここで注目すべき試みがいくつかあった。

和句も押韻

和漢聯句では、発句《ほっく》を和句とし、脇句《わきく》を漢句として韻字を定め（入韻句《じゅいんく》）、以下、偶数句に漢句が出ると押韻するならいであったが、ここでは反対に発句を漢句として（第唱《だいしょう》句《く》）、脇句を和句とした。そこで「およそ吾が国の俗の旧例として、和漢聯句は、漢に韻あり、和に韻なし、今則ち新たにこれを立て、和亦《ま》た押韻す」とあり、和句でも句末に韻字を用いた。これがいわゆる漢和聯句《かんわれんく》の嚆矢と考えられる。

漢和聯句の嚆矢

半櫩分愛日（半櫩《はんえん》 愛を分くる日）　義堂
木の葉も庭の積もる紅《くれない》　良基
水紋池濯錦（水紋《すいもん》 池錦を濯《あら》ふ）　太清

第唱句は、初冬の陽光が檐《のき》深く差し込む眼前の光景を詠む。入韻句はそこから庭に積もった落葉の紅を連想する。第三は池の水面の紅葉を錦に見立てる。

公武禅の融合を促す

和漢聯句のルールは原則として連歌の式目に準じたが、漢和聯句は禅林の側に譲歩したものであり、この形式は室町社会に深く根を下ろすのである。実に公・武・禅の三者は初めて融合したといえ、政治史上はもとより、文化史上にも特筆すべき事柄である。

漢和聯句の押韻と韻書

この漢和聯句の押韻字は「紅」字で、上平声《じょうひょうしょう》第一・東韻に属する。以下、韻書を用いて同韻の字を選択することになるが、良基は最新の韻書である「今の大明《だいみん》撰の洪武《こうぶ》正韻群玉《せいいんぐんぎょく》」を用いさせたという。これは『韻府群玉《いんぷぐんぎょく》』洪武八年（一三七五）改編版を指すと考えられている。刊行後わずか六年である。

『韻府群玉』の伝来

『韻府群玉』二十巻は、元の陰時夫《いんじふ》編、平水韻《へいすいいん》の百六韻目によって文字を配列し、熟語と古典の用例を示して類書の機能を持たせた韻書である。元の元統二年（一三三四）初刊、至元二十八年（一三六八）再刊以後、増補修訂を重ね、本邦をはじめ漢字文化圏において広範に流布した。室町の学問知を支えた韻書であるが、良基のもとでの採用が受容の劃期と見なされた（『臥雲日件録抜尤《がうんにっけんろくばつゆう》』文安《ぶんあん》五年〈一四四八〉五月五日条）。

二条為遠勅撰集を完成させず急死

いっぽう歌壇は振るわなかった。権大納言二条為遠《ためとお》は、ついに勅撰和歌集（『新後拾遺《しんごしゅうい》集』）を完成させないまま、この年八月二十七日に急死した。平生からの大酒が死因であったという。良基もこれにはあきれていたが、そのままではおけない。後継の撰者に庶流の為重《ためしげ》を推挙し、義満にも認めさせた。十月二十八日為重が参内し、改めて撰進を命じられた。応製《おうせい》百首は永和百首をそのまま用いることになった（『永徳百首《えいとくひゃくしゅ》』）。

撰者に代わり仮名序を執筆

この集には、範とした『後拾遺集』に倣って、仮名序《かなじょ》がある。序は撰者が執筆するのが慣習であるが、為重がとかく重みに欠けるとの理由で、良基が急いで仮名序を執筆した。義満の絶大な協力を謳い、撰集の不首尾を糊塗する美文である。良基は二十九首も採られ、集中第一位であるが、決して実力ではなく、「この度の集、無為に申沙汰して和序をたてまつれる」（『近来風躰』）功績への謝意に過ぎない。

急遽奏覧を遂げさせる

仮名序の日付は永徳二年三月二十八日である。実際は四季部しか完成していないのにこの集は奏覧された。これは後円融天皇の譲位に合わせたものであった。在位中に下命された勅撰集は、在位のうちに奏覧しなければならないからである。

譲位の内意

『後円融院宸記』によれば、永徳元年九月には譲位の意向があったが、なお崇光上皇を憚っていた。皇位継承には幕府の承認が必要であるから、なおさら義満の同意を得ておかなければならない。

後円融天皇義満に同意を求める

十一月三十日、参内した義満と対面し、崇光院と後光厳院との因縁をみずから説明し、「朕進退の事もよくよく存知すべし」と命じた。義満はすぐに明確な返答をしなかったらしいが、十二月二十四日、後円融は重ねて「器用の事（皇位継承者）、真実ただ武家の所存たるべし、計らひ申すべし」と迫った。第一皇子幹仁《もとひと》がいるのだから、ポーズであり、わざと弟宮の名を挙げたりしたらしい。義満は「兄弟などは私ざまにも始終《しじゅう》は只不快の習ひなり、いたづらに又若宮おはす、なにとてかくの如く仰せ出さるるや」と期待通り、幹仁の皇位継承を明言した。

怯える天皇
翻弄する義満

ところが念願は果たされたはずなのに、後円融は強迫観念に駆られたかのようにその後、何度も義満の真意を確認した。このような内々の交渉には日野宣子《せんし》が活躍した。翌二年閏正月十一日、義満は何が問題で同じことを仰せられるのかと苛立ち、「今は外様《とざま》より奉り、ひし〳〵と沙汰あるべきばかりなり（中略）相国《（良基）》などにてもしかるべきか」と伝えた。もう内々の仰せは不要である、良基を通じて公的なルートで教えてくれればよい、譲位は面倒を見る、というわけである。

後円融は癇癖の強い人であったから、義満が内裏で我が物顔に振る舞うことを面白くは思わず、すでに一度ならず両者は衝突している。ところが、皇位継承では、強気に出るかと思えば、崇光上皇を恐れて不安に陥ることもしばしばで、異様に義満に気を遣った。義満もそれを知って翻弄するような所があった。公武の亀裂はしだいに広がっていったのである。

第九　摂政太政大臣

一　七十年ぶりの摂政

《永徳二年》義満節会内弁を務める

永徳《えいとく》二年（一三八二）の元日節会《がんじつのせちえ》で義満《よしみつ》は内弁を勤仕することになり、旧冬十二月二十一日、室町第《むろまちてい》で習礼《しゅらい》が行われ、良基《よしもと》・師嗣《もろつぐ》父子が赴いて指導している。大過なくやり遂げた義満は自信を深め、生涯十九回も内弁を勤仕する。立派な有識の公卿といえる。ついで正月二十六日、義満は左大臣に転じた。名実ともに一上《いちのかみ》である。閏正月十九日に拝賀着陣を遂げた。そして、この日には蔵人所別当《くろうどどころべっとう》（殿上別当）となった。

『百寮訓要抄』を執筆義満に贈る

官職制度書『百寮訓要抄《ひゃくりょうくんようしょう》』は、この頃成立したと考えられている。奥書には、良基が義満の求めで執筆したとあり、令制下の官職を、二官八省三十寮の順に挙げ、仮名書きで定員・職掌・沿革・任人などを平易に解説している。こうした書が必要となるのは義満の左大臣・一上昇進のタイミングが最も相応しい。

『職原抄』の影響

構成や行文には、北畠親房《きたばたけちかふさ》の『職原抄《しょくげんしょう》』の影響が著しい。ただ良基は、親房と同じく制度が崩れて秩序が紊乱することを歎くものの、むしろこの時代の実態に即して記述している点が興味深い。そのため官職研究熱の高まった戦国期以後、『職原抄』の流行とあいまって、いわばその注釈書としてよく読まれたようで、伝本の数は多い。よく使われる群書類従本や三種の版本には改竄や脱落があり、陽明文庫蔵慶長《けいちょう》三年（一五九八）写本や尊経閣文庫蔵明応《めいおう》十年（一五〇一）写本が、良基の考えをより忠実に伝える。

『女房の官しなの事』

さらに良基は姉妹篇というべき『女房官《にょうぼうかん》しなの事』も著した。奥書に「永徳二年二月十日　摂政《さくしん》」とあるので、成立事情は『百寮訓要抄』と同様と思われる。禁裏《きんり》・仙洞《せんとう》・執柄家《しっぺいけ》にそれぞれ祗候《しこう》する女房の階層と称号、さらに女房名の由来について説く。中世の女房については類書が乏しいので、現在もしばしば参照されている。

譲位日決定

二月三日、良基・正親町《おおぎまち》三条実継・万里小路《までのこうじ》仲房が参内して譲位の日取りを決定し、仲房が義満のもとに報告、義満は譲位料足として三十万疋を献上することを約した。

即位伝奏

公武間の懸案には、外様（公的）な窓口が必要で、長らく西園寺家が武家執奏としてあたってきたが、この時期活動を停止した。義満は良基にその役を期待したが、やがて摂政となるためであろう、即位伝奏《てんそう》に仲房が指名された。伝奏は案件ごとに設置されるようになり、治天の君のほか、室町殿《むろまちどの》にも奏事して指示を受け、両者の連絡調整も果たすようになる。

義満をなだめる良基

幹仁の元服
義満沙汰す

ただ突発的な事態では、良基がなお動いたようである。義満はすぐに腹を立て、それに周囲は狼狽してしまう。このようなときは良基がなだめるしかなかった。『後円融院宸記』の三月三日条に次のようにある。

今日酉刻《とりのこく》、長綱卿（東坊城）をもつて、相国（良基）大樹（義満）の状一通を進らす。その趣、今度譲国節会已下《いか》の事、一上たるの上は、もっとも参陣すべきのところ、かたがた計会、難治の子細あるの間、下臈の輩に与奪すべしと云々、これ座事（次）により、なほ腹立《ふくりゅう》の由か。夜に入りて参る、即ち恒《つね》の所に召す。小時《しばらく》して相国参る、おのおの前に在り、小酒を勧む。その間雑談、相国云ふ、要脚に於いては、義満の参否に依らず、沙汰を致すべしと云々。又傍らに於いて窮困の由、相国に相《あ》ひ語らふ声あり、皆腹立難渋《なんじゅう》の躰《てい》か。

義満が座次の問題で腹を立て、譲位節会の内弁を辞退するとの旨を良基に伝えてきた。夜になり良基が義満を連れて参内したが、良基は「義満は自分が参らずとも譲位の費用は用意するそうです」と語り、義満も窮困に弱っている、などと応じた。このやりとりを後円融は黙して聞いていた。その孤影と義満の傍若無人が伝わる。

四月七日、幹仁《もとひと》親王は室町第で着袴《はかまぎ》の儀を行い、義満が腰紐を結んだ。親王の乳父《めのと》は日野資教で、外戚の転法輪三条公忠・実冬父子は関与できなかった。譲位節会ではけっきょく義満が内弁となったので、九日に習礼があった。もちろん良基が臨んだ。この日、後円融は内裏土御門殿《つちみかどどの》を出て、洞院公定《とういんきんさだ》の中園第《ちゅうおんてい》に移った。

後小松天皇践祚し良基摂政となる

十一日、中園第で譲位、幹仁親王が土御門殿で践祚した。後小松《ごこま》天皇である。天皇は六歳であり、良基が太政大臣のまま摂政に補された。実に四度目の還補となる。しかも摂政の出現は花園《はなぞの》天皇の代の鷹司《たかつかさ》冬平以来、七十年ぶりであった。

天皇元服加冠の役

ところで中古より、天皇元服の加冠《かかん》の役は、かならず摂政が太政大臣に任じられて奉仕することになっていた（表4）。遡れば忠実・忠通・兼実・良経四代の佳躅があり、近くは祖父兼基が後伏見《ごふしみ》天皇の加冠を務めているのである。良基がその跡を襲おうとしたことは明らかであろう。天皇元服は十一歳が慣例なので、晴儀は五年後となる。六十三歳の良基はそれまで健康でいることをひたすら願ったであろう。

院評定催されず

四月二十一日、義満は後円融上皇の執事別当《しつじのべっとう》に、裏松資康《うらまつすけやす》が執権となった。院政の中枢は義満に握られた格好である。しかも院評定《いんのひょうじょう》は開催されず、摂政良基が左大臣義満と協議して政務を裁断し、上皇には良基より事後報告がなされるだけであった。二十八日、室町第へ御幸始《ごこうはじめ》があり、良基・義満が供奉した。

師良没す
院号
子息

五月一日、師良が本復しないまま三十八歳で薨じた。二年前の三月二十一日に出家していた。法名は明空《みょうくう》、号は是心院《ぜしんいん》関白。四人の男子はみな出家し、祖父良基の子とさ

日野宣子没

れた。

六月十四日、日野宣子《せんし》が急死した。後光厳《ごこうごん》院の典侍で、長年北朝の後宮に君臨した女性である。武家にも信頼され、姪業子は義満正室となった。その宅、岡松殿《おかまつどの》は室町第の敷地内にあった。遺言で義満が葬礼を営んだ。

表4　在位中の元服と加冠・理髪の人

天皇（年齢）	元服年月日	加冠	官	理髪	官
後一条（11）	寛仁二年（一〇一八）正月三日	藤原道長	太政大臣	藤原頼通	摂政内大臣
堀河（11）	寛治三年（一〇八九）正月五日	藤原師実	摂政太政大臣	源俊房	左大臣
鳥羽（11）	天永四年（一一一三）正月一日	藤原忠実	摂政太政大臣	源俊房	左大臣
崇徳（11）	大治四年（一一二九）正月一日	藤原忠通	摂政太政大臣	藤原家忠	右大臣
近衛（12）	久安六年（一一五〇）正月四日	藤原忠通	摂政太政大臣	藤原頼長	左大臣
高倉（11）	嘉応三年（一一七一）正月三日	松殿基房	摂政太政大臣	藤原経宗	左大臣
後鳥羽（11）	文治六年（一一九〇）正月三日	九条兼実	摂政太政大臣	藤原実定	左大臣
土御門（11）	元久二年（一二〇五）正月三日	九条良経	摂政太政大臣	近衛家実	左大臣
後堀河（11）	承久四年（一二二二）正月三日	近衛家実	摂政太政大臣	近衛家通	左大臣
四条（11）	仁治二年（一二四一）正月五日	近衛兼経	摂政太政大臣	二条良実	左大臣
後深草（11）	建長五年（一二五三）正月三日	鷹司兼平	摂政太政大臣	二条道良	左大臣
後宇多（11）	建治三年（一二七七）正月三日	鷹司兼平	摂政太政大臣	二条師忠	左大臣
後伏見（13）	正安二年（一三〇〇）正月三日	二条兼基	摂政太政大臣	九条師教	左大臣
花園（15）	延慶四年（一三一一）正月三日	鷹司冬平	摂政太政大臣	近衛家平	左大臣
後小松（11）	至徳四年（一三八七）正月三日	二条良基	摂政太政大臣	足利義満	左大臣

義満を諫め怒りを買う

良基は書状で、大臣の身で葬儀に関わることは日本に例がない、と諫めた。義満は笑うばかりで、かつ「摂政はもとより道念《どうねん》無きを以てなり」と怪しんだ（『空華《くうげ》日用《にちよう》工夫略《くふうりゃく》集《しゅう》』）。母も同然だった宣子への思慕の念に口をはさんだことは迂闊であり、良基はすぐに侘びを入れた。良基の仏教嫌いは義満も承知するところであった。

公武の不和

この頃から公武不和が公然と囁かれるようになった。それは年末に予定された後小松の即位をめぐる問題でいっそう悪化した。後円融が良基・義満に反撥し、即位を沙汰することを拒否するそぶりを見せたからである。

後円融上皇即位に関与せず

九月十八日、良基は左大史《さだいし》小槻兼治《おづきかねはる》を招き、即位の先例・料足について諮った。義満も同座した。十月二十五日には良基が室町第に往き、即位の大要を治定した。二十七日夜に義満は参院し、即位を沙汰するように奏上した。ところが後円融は沈黙をもって不快を示し、義満は憤怒して退出した。両者の決裂は決定的となった。

即位の礼印明伝授に義満も陪す

十二月二十七日、天皇は太政官庁《だじょうかんちょう》に行幸、翌日即位の礼を遂げた。良基は式日に印《いん》明《みょう》を天皇に授け、その場に義満を立ち会わせた。即位当日に摂政が授けること、第三者が立ち会ったことは、新儀である。義満は良基に代わって高御座《たかみくら》に昇って天皇を扶持《ふち》し、「その儀併《しか》しながら摂政の如し」（『実時公記』）といわれた。

良基は甚深口伝の仁

この即位礼の意味するところは深長であるが、根源的には誰が天子の資格を与えるか、という問題に帰着する。儀式の挙行には何の問題もなかったにせよ、治天の君、後円融が即位への関与を拒否したことへの懸念も生じたであろう。印明を授けたことは、良基・義満が新帝の治世を指導していくことを内外に示すものであった。良基の教えは六歳の後小松にとり神秘的であったらしく、強烈な印象をとどめ、後年「甚深口伝《じんしんくでん》の仁」と回顧したのである（『後小松院御記〈御即位神秘事〉』）。

二　公武の対立

《永徳三年》後円融の対決姿勢

明けて永徳三年新年の仙洞は、後円融上皇が義満の進めた用途を突き返したため、御《お》薬《くすり》・拝礼以下の行事がすべて停止された。正月なのに門を閉じ格子を下す、異様な雰囲気に包まれていたという。後円融は「御生涯一途に思し食《め》し定めらるるの由（覚悟を決めた旨）」（『荒暦《こうりやく》』）を言い遣ったが、義満はもう相手にしなかった。

義満意に介さず

対照的に、後小松天皇内裏の朝儀にはいささかも停滞が見られなかった。義満は三節会すべての内弁を勤め、朝廷は完全にその主導下にあった。道嗣が「近日左相《さしょう》の礼、諸家崇敬君臣の如し」（『後深心院関白記』）と記したのは白馬《あおうま》節会のときのことである。義満の威を恐れて仙洞には誰も寄りつかなかった。正月二十九日、後光厳院の忌日に安楽光院で修された御経供養も、「□（良）憲僧正・院司一両の外、参仕の人無しと云々」というありさまであった。なお、これで『後深心院関白記』の現存記事は終わっている。

後円融上臈局を打擲　義満と密通を疑う

事件が起きたのはこの直後である。二月一日夜、後円融は上臈局厳子を召した。厳子がすぐに参上しなかったところ、後円融は激昂し、局に乱入して刀の峯で散々に打擲した。後円融はかねて厳子ほか後宮の女房と義満との密通を疑っており、義満との軋轢が続くなか、理性を失ったのである。翌日、厳子はひそかに父公忠のもとに退出したが、重傷を負っていた。義満はこれを知ると医師を派遣するなど手厚い配慮を示した。

作文を催す

五日には事件が世間の知るところとなったが、後円融の怒りは収まらず、九日には同じ理由で愛妾按察局を出家させた上追放した。ところがその間の八日、良基は悠然と作文を行っている。『荒暦』の記事を引く。

摂政亭内々に作文の事あり、題に曰く、梅開《キ》添《フ》二佳香《ヲ》一便字、万里中納言（嗣房）・日野中納言（資教）・右大弁宰相（勧修寺経重）・葉室前宰相（宗顕）・兵部卿（東坊城長綱）以下座にあり、是より先に連（聯）句百韻あり、今日の儀頗る厳重なり、万里中・日野中は直衣を着す、その外の卿相雲客皆狩衣なり、子刻許り披講し了んぬ、予以下帰家す、

対応協議か

良基は晩年いよいよ詩文に傾倒していた。この日の会も立派であったようで、内々といいながらも「今日の儀頗る厳重なり」とされ、聯句《れんく》百韻まで行った。とはいえ、こん

なときにという疑問は生ずる。義満の側近万里小路嗣房と日野資教が参仕しているので、椿事の後始末を協議した可能性は高い。ただし、師良が発狂したときでさえ連歌を楽しんでいた良基であるから、案外平然とうち興じていたのかもしれない。

後円融自害を図る

生母広橋仲子を除いて、誰も後円融には近づかず、事態を放置していたが、そのことが不安に転じたらしい。十五日、義満が裏松資康と広橋仲光を仙洞に遣わし、事情をうかがわせたところ、後円融は流罪を告げる使者と早合点し、持仏堂に駆けこんで切腹しようとした。翌日、仲子が北山の自邸に後円融を連れていった。

良基を処罰すべし

十八日、義満は密通の事実はないと誓って詫び状を進め、事態の収拾を図ったが、後円融は、良基と嗣房を処罰すれば仙洞に戻るとの条件を出した。これは虚誕であったらしいが、後円融の憎悪する廷臣の筆頭がこの二人であったのはたしかであろう。

治天の君の権威失墜

この一件で治天の君の権威は完全に失墜し、経嗣は「聖運の至極なり」と歎息した。良基の対応は徹底的に冷淡であり、後円融を見放していたことは明らかである。

院評定始

三月三日、後円融は新たな仙洞と定めた勧修寺《かじゅうじ》《かんじゅじ》経重の小川第《おがわてい》に移り、義満が車の尻に祇候した。二十八日には仙洞で院評定始が行われ、院政は正式に始動したが、形ばかりのことであった。五月二十八日には良基・義満が参院、酒宴があり、関係の修復が図られた。

理性を取り戻した後円融は、改めて義満に大きな借りを作ったことに気づいたであろうが、義満は二十六歳で左大臣従一位であるから、これ以上優遇しようとしてもふさわしい官はない（太政大臣は宿老の名誉の官である）。そこで六月二十六日、准三后《じゆさんごう》宣下があった。

義満准三后

これを受けて、良基は義満のために新たな書札礼《しよさつれい》を考案し、義満は親王・摂関家の上に位置すると定めた。以後、室町時代には摂関・将軍で准三后となる例が続出するが、官位制度を超越する存在となるためと考えられる。ただ、良基に対してだけは敬意を払わせるようにさせており、良基もしたたかである（『吉田家日次記』）。

義満の和漢聯句に道嗣も招かる

和漢聯句《わかんれんく》は公武の人の心をとらえていたが、義満が良基のもとで学習し、漢句《かんく》を出せるほど成長したこともあり、この年はとくに盛んであった（詳しくは小川『足利義満』参照）。良基・義満に近い公家のほか、夢窓派の主要な禅僧が顔を揃え、義満はしばしば管領の斯波義将《しばよしゆき》を伴った。会席は良基が中心であったが、近衛道嗣《みちつぎ》も常連となった。道嗣は政治的野心に乏しく、義満とも直接の交流はなかったが、二年前の室町第行幸に召され蹴鞠《けまり》《しゆうきく》の妙技を披露したことで、一気に距離が縮まった。義満を介し、長らく疎遠であった良基と道嗣とに、奇妙な交際が成立する。道嗣もまた良基に負けず劣らず義満の意を迎えることに努めたが、これはたいへんな気苦労を強いるものであった。

義満良基の物欲を揶揄

この頃、義満は良基にも遠慮がなくなっていた。『源氏大綱《げんじたいこう》』という、室町後期成立の源氏物語梗概書の一本に、次のような説話が載せられている。

一、鹿庵(苑)院殿御時、二条殿御らいりんを見給ひて、鹿庵院誹諧持《も》て参る、

おも《(義満)》ろくて物ほしげなる翁かな

とありければ、二条殿言葉の下より、

ながらへてあすまで物はほしからじこの夕暮にたば《(賜)》ばた《(賜)》べかし

となり。

自身を戯画化する

出所不明であるが、良基と義満の関係について、従来あまり触れられなかった側面を映し出していよう。義満の句は、多芸多才で、いつも自分を楽しませてくれるけれども、ことあるごとに無心に出る良基の卑しさを揶揄したのである。

すると良基は悪びれもせず、式子《しょくし》内親王の名歌「生きてよも明日まで人もつらからじこの夕暮をとはばとへかし（よも明日まで命はないでしょう。そうしたらさすがにあの人も薄情には振る舞えないでしょう。その気があるなら今晩訪ねて下さい）」（『新古今集』恋四・一三二九）による狂歌を返して、さらなる無心に出たのである。公家はもはやこのようなやり方でしか生きられなかった。ただ、どれほど屈辱的であっても、良基には何でもなかった。平気で自身を戯画化することは、良基の文業の性格にも通ずる。

連歌の動向
平井道助

この時期の連歌界は名人が去りひところの賑わいはなかったが、今川了俊《りょうしゅん》は、最晩

年の良基が認めていた次世代の連歌師として、波多野通郷《はたのみちさと》・朝山師綱《あさやまもろつな》（梵燈庵《ぼんとうあん》）・成阿《じょうあ》・平井道助《ひらいどうじょ》（相助《しょうじょ》・祥助）を挙げる（『落書露顕《らくしょろけん》』）。うち道助は周防・長門の守護大内氏の在《ざい》京《きょう》雑掌《ざつしょう》と考えられ、この頃良基に入門し、頭角を現した。「連歌の開闔《かいこう》（事務長）をば道助にあづくるなり」（『初心求詠集』）といわれた。

『十問最秘抄』を執筆

この年十月二十九日、良基は大内義弘《よしひろ》のために『十問最秘抄《じゅうもんさいひしょう》』を執筆して贈っているが、道助の媒介であろう。これは良基の現存する最後の連歌論書である。

大嘗会の挙行

この冬は後小松天皇の大嘗会で、良基は準備に心を砕いた。十一月十三日、太政官庁に行幸、十六日は卯日《うのひ》大嘗祭、義満が辰巳《たつみ》両日の節会内弁を勤仕した。義満の援助もあり一連の晴儀はまことに順調に行われた。

『新後拾遺集』の完成

十一月二十八日、二条為重が勅撰和歌集を返納（完成）した。後円融の譲位直前に形式的に奏覧を遂げ、改めて返納を目指していたものである。

続く確執

この『新後拾遺集《しんごしゅういしゅう》』は、低迷する後円融の治世の象徴であった。現に作者表記の統一が取れていないほか、欠陥が目立ち評判はよくない。返納直後の十二月二日、後円融は御製二十四首は過分として削除するよう求めた。これを自分への面当てと受け取った義満は立腹し、撰者為重は窮地に立たされてしまった（広橋家蔵『民経記』所収「和哥集沙汰之事」）。依然、公武間は緊張を孕み、義満が無視を決め込んだため平穏に見えるに過ぎない。この集にはさらに大改訂があったようで、翌年十二月にようやく再度の返納を遂げた。なお、後円融の御製の数は現存本でもそのままである。

転法輪三条公忠没

十二月二十四日、娘上臈局厳子の災難があったばかりの、前内大臣転法輪三条公忠が六十歳で没した。『後愚昧記』の記主である。庶流の正親町三条家の活躍の陰に隠れ、後半生は出仕もせず、ひっそりとした死であった。

三　最晩年と終焉

《至徳元年》

至徳《しとく》元年（一三八四）は、良基六十五歳であった。この年以後は公家日記の残存状況が悪く、断片的な記録に頼らざるを得なくなる。それでも意気軒昂であったことは察せられる。白馬節会では久しぶりに内弁を務めた（『師郷記《もろさとき》』宝徳《ほうとく》二年〈一四五〇〉正月十六日条）。摂政太政大臣としては初例であった。ただ、身体の衰えはさすがに隠せなくなってきたらしい。

崇光院母陽禄門院の遠忌を修す　義満参る

この年は崇光《すこう》上皇・故後光厳院の生母陽禄門院《ようろくもんいん》秀子の三十三年に相当するため、十月二十七日、崇光は伏見の大光明寺で法会を修した。春屋妙葩《しゅんおくみょうは》以下の多くの五山僧と、良基・義満が参仕した。先皇・国母の追善の法会が禅宗の軌儀で行われるのは略儀であり、その参会者は崇光の近臣で占められ、通常ならば義満の外出にかならず随従する廷臣の姿はまったく見えない。後円融も女院の命日の十一月二十八日に仙洞で法華《ほっけ》懺法講《せんぼうこう》を修したが、こちらに良基・義満は参じていない。前年来の対立の余燼が燻っていたとすれば、計算しての行動であった。

貞成親王の回想

実際、崇光の孫である貞成《さだふさ》親王は、義満の臨席したこの法会が長い沈淪の時代、随一の厳儀であったと回想する（『椿葉記《ちんようき》』）。伏見殿の人々は一陽来復の萌しとして淡い期待を抱いたのである。

『陽禄門院三十三回忌の記』

この一連の行事を、良基が伏見深草に住む、山賤《やまがつ》の翁に仮託して記した仮名日記が、『陽禄門院三十三回忌の記』と考えられている。四千字ほどの小品である。本文は東山御文庫蔵写本（「陽禄門院三十三回御法事記仮名」）が優れている。

伏見殿参向

この記は、十月二十六日の義満・良基の参向に始まり、伏見殿での酒宴、そして、霜夜を明かした暁の眺望の面白さを賞した後、二十七日、大光明寺での一切経転経会《いっさいきょうてんぎょうえ》のありさま、ことに華やかな舞楽を描く。義満が楽人とともに笙《しょう》の所作に加わった。二十八日は陞座拈香《しんぞねんこう》、このような追善を受けた陽禄門院の果報を述べて、義満の治世を称讃し、伏見殿の歴史に触れて結ぶ。

韜晦の筆致

崇光の現在の沈淪には言及を避け、自身との関係は「太上天皇いまだ坊《ぼう》にてわたらせ給ひし時、皇太子の傅《ふ》にて、摂籙《せつろく》の後までもたびたび御車にも参らせ給ひしことなれば、むかしの御なじみあさからず、いまもかやうに申御沙汰あるにこそ」と、康永《こうえい》元年（一三四二）に皇太子傅となった、四十余年も昔のことに言及する。その後もじつは交流が続いているのであるが、それを書かないのは、良基が後光厳院流のために尽くしてきたからであろう。

弁明の書か

もとより良基は老獪な保身の術を身に付けている。「将軍のある所に良基の記録文は生まれる」（伊藤敬『新北朝の人と文学』）と、例のごとく義満のため執筆したとする考えがあり、「すぐれた描写が所々に織りこまれており、良基の記した記文の中では、最も文芸性の高いもの」（木藤才蔵『二条良基の研究』）という評価もあるが、なお崇光を怖れる後円融に向けた一種の弁明の役目も果たしていたのであろう。そう読むことで執筆意図は初めて理解される。思えば康暦《こうりやく》二年（一三八〇）正月の内裏懺法講に義満を参仕させたときも、良基は『雲井《くもい》の御法《みのり》』を執筆し、神木《しんぼく》を擁する興福寺への弁明としたのであった。

けっきょく義満は後円融を見捨てはしなかったものの、皇位継承の問題をあえて決着させず、つねに公武の間に伏在させていた。義満が最終的に北朝の皇統を後光厳―後円融―後小松の系統に定めたのは、応永《おうえい》五年（一三九八）の崇光の崩御を俟ってのことであった。

《至徳二年》

二条為重没

至徳二年、良基は六十六歳であった。

二月十五日に『新後拾遺集』撰者の権中納言二条為重《ためしげ》が横死した。六十一歳であった。

敵人に撲殺されたという（『常楽記』）。良基は「近来の堪能《かんのう》なり。わかくより風骨天性《ふうこつてんせい》おもしろき歌よみにて侍りしなり」（『近来風躰』）と、高く買っていた。歌道師範家は急速に衰微し、地下《じげ》の歌人に歌壇の主導権が移行する。

『思露』を執筆

六月二十二日、『思露《おもいのつゆ》』を「上臈御局」（厳子か）に与えた。内題は「おとこ女のふみのかきやう」とあり、まず七段にわたって艶書《えんしょ》の書様を論じ、ついで十一の文例を挙げている。

艶書の筆法と文例

実用書であるが、男女のさまざまな恋愛のシチュエーションを設定し、それに応じた艶書文例を創作して排列するものであるから、フィクションの性格も色濃く、いわば書簡体小説の源流である。さらに女子の情操教育にも資するものであった。内容は改編の上、『堀河院艶書合《ほりかわいんえんしょあわせ》』と合綴されて『詞花懸露集《しかけんろしゅう》』と改称され、女訓書として後世広く読まれた。また、中世散文の数少ない表現論としても価値がある。

南都に下向

八月二十八日、義満と南都に出立した。あの宿願十ヶ条から四十二年、摂関として最初の下向を果たしたことになるが、実態は義満の相伴である。近衛道嗣は前日に下向して待ち受けていた。三人揃って春日社に奉幣、ついで興福寺より東大寺にいたり、それぞれ受戒、その後、院家尊勝院《そんしょういん》に入り、宝物を拝した。義満は道嗣と一乗院《いちじょういん》門跡に同宿し、良基は宿所西南院《せいなんいん》より毎日義満のもとへ出向いた。一行は九月一日に帰洛した。

良基は南都下向の記を著したが（『満済准后日記《まんさいじゅごうにっき》』永享《えいきょう》元年〈一四二九〉九月二十四日条）、現存しない。

石山百韻

十月十八日、近江の石山寺《いしやまでら》に参詣、石山座主杲守《こうしゅ》の倉坊《くらのぼう》で百韻を巻いた。これが「石山百韻」である。連衆はなじみの連歌師と家礼《けらい》《かれい》たちである。良基は十九句を出し、なお一座をリードした。良基の発句《ほっく》「月は山風ぞ時雨《しぐれ》ににほの海」は対句表現のリズムが快く、心敬《しんけい》が『所々返答《ところどころへんとう》』で絶賛した。述懐の句に付けた花の句にも、やはりそういう特徴がある。

猶さめがたき夢の世の中　（鷹司）忠頼朝臣

いづれさき花と老とのあだくらべ　良基公

「あだくらべ」という俗語を用いるのは効果的だが、自身の感慨も混ぜるのであろう。

《至徳三年》和漢聯句百韻

至徳三年、良基は六十七歳であった。

この年の秋、良基のほか、絶海中津《ぜっかいちゅうしん》・義堂周信《ぎどうしゅうしん》・義満ら二十五名が参加した和漢聯句は百韻本文が完存する。発句は良基で、絶海の住する等持寺での開催であろう。

『嵯峨野物語』

『嵯峨野物語《さがのものがたり》』はこの年十一月七日の序を有する。馬術・鷹術《ようじゅつ》の故実を書き留めた零細な故実書で、回想を含む序は伝記資料として有用である。五代の天子を輔佐し、また、三代の将軍に信任された政治的功績を自負するいっぽう、ようやく老境を自覚し、若年からさまざまな学芸に研鑽を積んできたが、ここ十年は水石《すいせき》（庭園）のほか翫《もてあそ》ぶものは

天皇の元服迫る

《嘉慶元年》加冠を務める

南庭を練歩

最後の晴の舞台

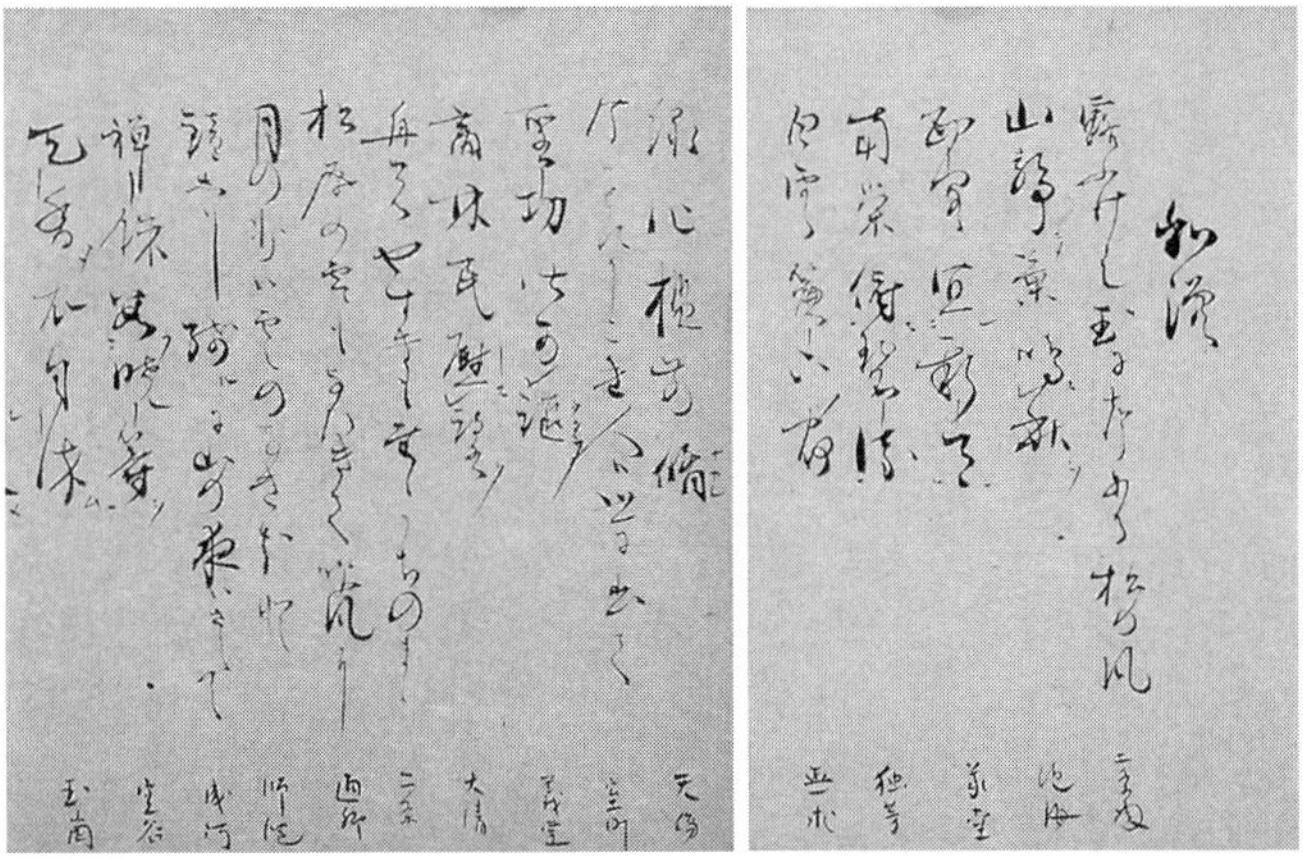

『和漢聯句』（京都女子大学図書館蔵）

ないと述懐する。

しかし、隠退の考えはなかった。後小松天皇の元服がようやく明春に迫っていたからである。天皇元服の式は一上が作進する慣例であったが、さすがの義満も事に堪えないため、良基が内々に作ってしまったという。

翌年正月三日、十一歳の天皇は冠礼《かんれい》を挙げた。紫宸殿《ししんでん》の北廂《きたひさし》に着し、先例通りに摂政太政大臣良基が加冠を、左大臣義満が理髪を務めた。

これより先、両人は御所の南庭に列んで立ち、庭中を練歩した。衆人環視の下、良基は「コマカ練」を披露した。義満はその後に立って続いた。ただし『実冬公記』には、

その躰不便《ふびん》、今年六十九《（ママ）》と云々、腰折るるが如し、老屈甚しきなり、その練る躰、

先づ右足を進め、左の爪の前に立つ、次左足を進め、右の爪の前に立つ、次第かくの如し、足を進むるの間、一息ばかりなり、但しその躰早練《はやねり》の分か。

とある。歩幅がきわめて小さく、「尻動カズ、剣ハタラカズ、行クトモナクテ閑カニ行ク」（『家伝深秘』）という練歩であった。ただ、すでに腰は折れんばかりに曲がっており、実冬は関心を持ちつつも老醜に辟易しているが、細練は松殿基房から二条家に伝わった秘説であり、実演した喜びが大きく、どう見られたかなど意に介していなかった。この日こそ生涯最後の晴の舞台であった。

摂政を辞す

かくして正月八日に太政大臣を辞し、二月七日、摂政を道嗣の嫡子兼嗣《かねつぎ》に譲った。

近衛道嗣没

三月十七日、その道嗣が五十六歳で薨じた。号は後深心院《ごしんじんいん》関白。『実冬公記』によれば、道嗣は義満に接近したことで財産を多く得た代わりに、慣れない社交に心労を重ねて、健康を損ねてしまったという。ただ、義満は心底から悲歎したらしい。

『隠岐高田明神百首』

良基はなお意気盛んで、ことに救済《きゅうせい》《ぐさい》・周阿《しゅうあ》亡き後、沈滞しがちな連歌壇に一人で気を吐いていた。六月二十三日、金蓮寺《こんれんじ》五世住持浄阿《じょうあ》の勧進した、後鳥羽《ごとば》院百五十回忌追善の百首和歌と千句連歌に出詠し、序を寄せた。序の一部と百首和歌が『隠岐高田《たかた》明神《みょうじん》百首』として現存する。なお、この百首は続歌形式である。

八月二十三日に嘉慶《かきょう》と改元された。改元日に参内したが、摂政を辞退した後、初めてであったという（『迎陽記』）。さすがに内裏からも足が遠のいていたのである。

『近来風躰』を執筆

十一月十二日、歌学の所見をまとめた『近来風躰』を幕府奉行人松田貞秀《さだひで》に贈った。生涯に接した歌人の寸評は貴重であるものの、その他はほとんど『愚問賢注』の再説である。冒頭で詠歌に熱意を持たなかったことを断っているが、謙遜としても風情の欠如は明らかであった。

和歌酷評さる
歌壇に人を欠く

この年二月、義満の和歌会で「寄《スル》レ道祝《ニ》」の題で詠んだ、

　君を守る道はかたがた多けれど人もつたへぬ家の風かな

は摂関家の輔弼《ほひつ》の伝統を誇るが、これが和歌かと世人の嘲笑を浴びた（『実冬公記』）。そんな良基が所見を開陳したのも、歌道師範家に人を欠いたことが原因であった。

土岐頼康没
月輪家尹没

十二月二十五日に岳父であった土岐頼康《ときよりやす》が七十歳で没した。さらにこの年、家礼の月《つき》輪家尹《のわいえまさ》も没した。享年は不明であるが、良基と同年輩である。

《嘉慶二年》

翌嘉慶二年（一三八八）は良基の生涯最後の年である。

『近来風躰』を修訂

正月二十四日、『近来風躰』を修訂し、内裏女房らしき弁内侍《べんのないし》に贈った。このとき「今来風躰抄《きんらいふうていしょう》」と改題した。彰考館蔵本（書名「道の数奇」）がこの系統の善本である。

一色範光没

翌二十五日、一色範光《いっしきのりみつ》が六十四歳で没した。「武家の元老、勇士の名誉か」（『兼宣公記』）

と悼《いた》まれた幕府の宿老で、文芸を愛して良基連歌会の常連であった。

追善連歌に序を寄す寂寞の心情

　金蓮寺の浄阿は、範光の連歌の友であり、弥陀名号《みだみようごう》連歌を勧進して追善した。良基が序を寄せた（『一色禅門悼文《いっしきぜんもんとうぶん》』）。修辞過多に陥らず、格調高い名文である。そこに「悲しきかな、年に随ひて旧友の少き事を。いよいよこの道の零落、誰か琴《きん》を断《た》つ愁なからむや」とある。「伯牙断琴《はくがだんきん》」（『蒙求《もうぎゅう》』等）の故事を引き、さすがの良基も自分の時代が終わりつつあることを感じていたのであろう。

近衛兼嗣没 摂政に還補 四ヶ度

　ところが三月二十六日、摂政兼嗣が二十八歳で早世した。すると四月八日、良基が摂

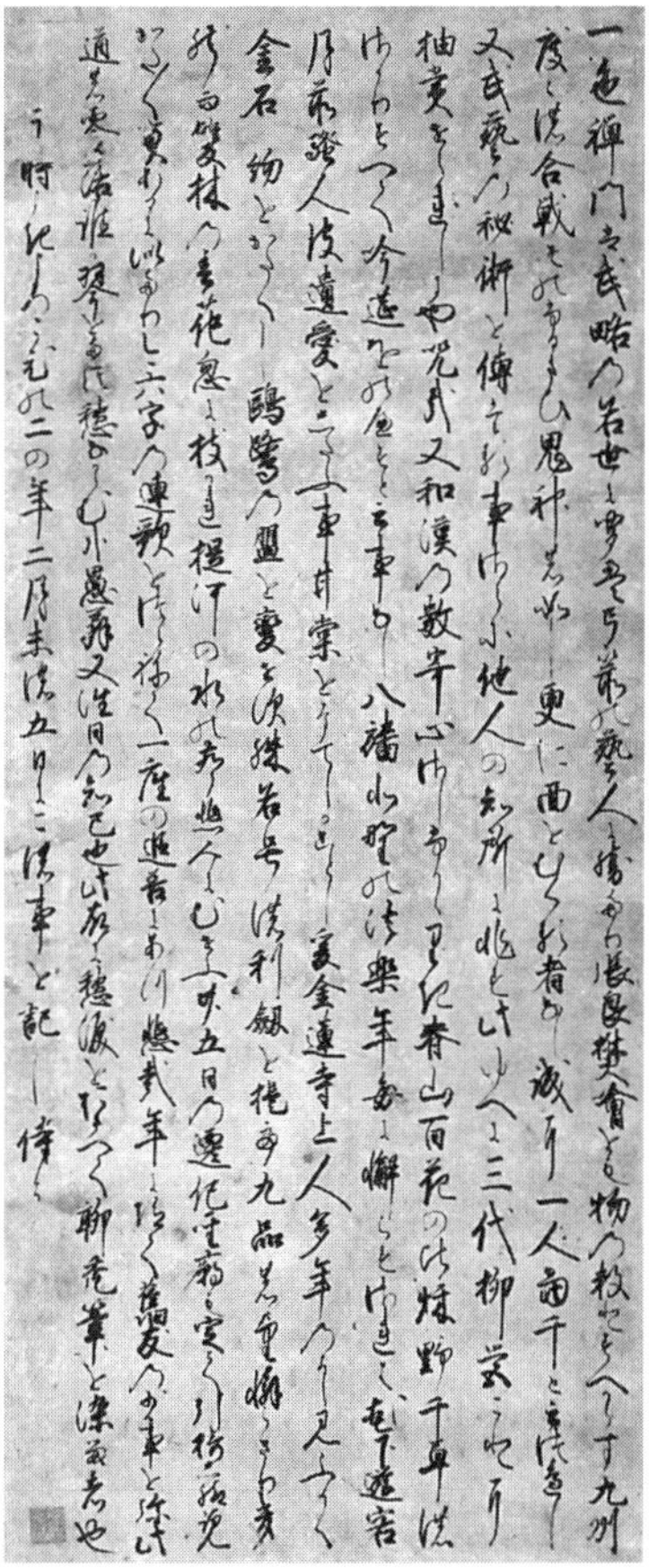

『一色禅門悼文』（慈雲寺蔵）

義堂周信没

『長谷寺縁起文』に加点し跋を記す

信乗の依頼

復辟を果たす

政に補された。四ヶ度の還補は未曾有である（良基の意識では五度目となる）。しかし、老衰は誰の眼にも明らかで、拝賀も遂げられなかった。

四月四日、晩年親しく交際した義堂周信も六十四歳で没している。

それでも五月二十五日、信乗《しんじょう》禅師なる者の依頼で、伝菅原道真作『長谷寺縁起文《はせでらえんぎぶん》』に加点し、漢文の跋を記した。東坊城秀長が直後の六月一日に書写した本が鎌倉長谷寺に伝来する（口絵）。信乗は大和の元興寺《がんごうじ》・法貴寺《ほっきじ》を拠点に活動した興福寺僧で、永和《えいわ》元年（一三七五）に四鏡の一つ『水鏡《みずかがみ》』（前田家本）を書写した人物であろう。元興寺の中門観音は長谷寺観音の余材で造立されたと伝えられ、法貴寺は大乗院《だいじょういん》の末寺であった。縁起文の奥には、大乗院孝尋《こうじん》以下の興福寺僧綱《そうごう》が連署し、続いて「加点　俗別当摂政太政大臣従一位藤原朝臣　良基《（朱）ヨシ》（花押影）」の署名がある。長年対立してきた氏寺とも最後に歩み寄ったことになる。信乗を通じた『水鏡』との縁も想定され興味深い。

六月に入り命旦夕に迫った。五日、義満は良基の息のあるうちと思ってであろう、復《ふく》辟《へき》を奉行するよう右少弁広橋兼宣《かねのぶ》に命じている。復辟とは天子の成人後、摂政が政務を返上し、改めて関白に補されることである。後小松天皇は前年、元服していたが、兼嗣は拝賀を遂げずに没し、良基も病のため果たせないままであった。十三日に予定されていたのを急遽一日繰り上げて、十二日、復辟の儀が行われた。ついで関白宣下があり、改めて師嗣が還補された。したがって復辟といっても、良基が関白であったのは一瞬のことに過ぎない。

死去
享年
院号
墓所

翌十三日卯刻《うのこく》に良基は没した。享年六十九。号は後普光園院摂政。音通を忌み、「後福光園院」と表記する史料が多い。また、ときに関白と作る。その方が正確ではあるが、上述の通りで、摂政とする方が一般的である。翌十四日、代々の墳墓のある嵯峨中院《ちゅういん》に土葬された。

四　天下の御師範

斯波義将の追悼

その死を伝えるのは系図・補任・年代記の類だけで、同時代人の感慨を知ることはできない。わずかに管領斯波義将が「年月なれにける事など申して」悼んだのに、飛鳥井《あすかい》雅縁《まさより》が返した長歌が、『新続古今集《しんしょくこきんしゅう》』雑下・二〇四六に収められる。

飛鳥井雅縁の長歌

春日山　木だかき松も　年ふりて　つゐに朽ちぬる　ならひとは　たれもさすがに
白露《しらつゆ》の　めぐみあまねき　ほどみえて　ひとかたならぬ　道のべの　しるべとみ
しも　昔より　かかるためしは　なよ竹の　四たびかさねて　たちかへる　北《きた》の藤《ふじ》
波《なみ》　かけまくも　かしこかりつる　名にしあれば　春は桜に　色をそへ　夏は泉を

手にむすび　悲しき秋の　夕露に　あはれをかけし　言の葉も　はやかれはつる
冬草の　跡なき霜の　消えかへり　涙しをるる　衣手を　かけてもほさぬ　佐保
川の　流れの末に　うきしづみ　これを思へば　月影の　雲にかくるる　心地して
藻塩《もしお》の煙《けぶり》　ゆくへなく　立ちへだてたる　和歌の浦の　おきをふかめて　思ひわ
び　いとどたよりも　波の上に　残る小舟の　綱手縄《つなてなわ》　絶えずばせめて　わが君の
御代につかふる　名ばかりを　あればある身と　たのみやはせん

喪失感

大意としては、良基には多くの人が恩恵を蒙り一世の師表であったこと、四度の還補は例のないこと、しかし、春夏秋の美景に生まれ出た詞《ことば》の花もいまは枯れてしまい、自分も佐保川の流れ、つまり藤氏の末流に生まれて浮沈する身であるが、月の光が雲に隠れ、塩焼く煙が行く手に立ちこめるように、「和歌の浦」つまり歌壇では偉大な指針を失って、波の上に遺された小舟のようであるが、わずかに我が君（後小松）の世に仕える名誉をよすがに生きていこう、となる。雅縁は当時まだ三十一歳の少壮の歌人であった。とくに良基の愛顧を受けてはいないので、儀礼的な長歌であるが、それでも良基の存在は大きく、喪失感を覚えた人が多かった、ということは読み取ってよいであろう。

二条家は関白職を独占

北朝五十六年間のうち、良基および息師良・師嗣の摂関在職の期間は計三十五年にも及ぶ。この傾向は良基の子孫にも同様である。二条家がかくも長期間摂関を独占し得た

三条西実枝の評価

理由は、しばしば武家との親昵《しんじつ》に求められる。しかし、それだけの理由ではない。これについて、戦国時代の公家、三条西実枝《さんじょうにしさねき》の『三内口決《さんないくけつ》』は、つぎのように解説する。

諸家の用ゐは五流差別無く候、但し二条の一流は、南朝（後醍醐）御出奔の後、光厳院、聖運を開かれ、当代の御一流、正統を用ゐらるるの事は、二条後普光院（ママ）摂政良基公一家の勲功なり、これにより今に至るまで、天下《てんか》の御師範《ごしはん》と称す、

天下の御師範

五摂家の登庸に差別はないとしつつ、北朝が正統となったことに良基の功績を認め、そのために二条家当主は代々「天下の御師範」と号したという説を伝えている。二条家にこのような自称を許したのは、まずは即位灌頂《そくいかんじょう》があり、さらに政務の輔佐によって、代々の天子を支えた実績あってのことである。

新井白石の非難
馮道との対比
南朝正統論の弊害

ところで、こうした「忠誠」は、南朝を正統とする大義名分論が浸透した江戸時代中期以後は受け入れられず、かえって良基は不忠の臣と見なされた。新井白石《あらいはくせき》は『読史余《とくしよ》論《ろん》』で廷臣の去就を論じて、「北朝に残りとどまりし人々は皆恥なきの人なり」とまでいい、その最たる者として良基を糾弾する。「その事よく五代の馮道《ふうどう》がふるまひに似たるなり。かかる人をも博学宏才におはして代々の帝師にておはせしなどと敬ひ思ふ事、よく義といふ事の明らかならぬ俗にはなりたるなり」と、中国の五代十国期に活躍した

政治家馮道（八八二—九五四）になぞらえる。四王朝の宰相となった馮道に、後に北宋の司馬光《しばこう》が『資治通鑑《しじつがん》』で破廉恥漢の大奸臣と筆誅を加えたのを、白石も踏襲援用したのである。馮道の不倒翁ぶりはむしろ洞院公賢《きんかた》をこそ髣髴とさせる。白石は公賢をこそ非難すべきであったが、そもそもこのような後世からの道学者流の非難は不毛の極みである。ただ、現在も北朝を必要以上に貶める傾向がないとはいえないのは、このような南朝正統論が依然として根強いからであろう。

　良基の軌跡を顧みれば、武家政権の首長に公家社会に君臨する「室町殿」への転身を促し、治天の君に引導を渡した、ということになる。関白職への執着はまことにすさまじく、武家と結んで自身の権勢を求めたと見るのは一面は当たっているが、決してそればかりではない。良基の若き日、すでに朝廷の自立性はほぼ失われ、政治的にも経済的にも幕府に依存するほかなかった。このような困難のなかでも「興行」の願いを捨てず、北朝の屋台骨を支えた精神力は並大抵のものではない。

　何より正平一統《しょうへいいっとう》により、北朝が幕府から見捨てられたとき、いったい何が起き、今後は何が起きてはならないのか、思い知らされたはずである。自身の放氏《ほうし》にまでいたった、興福寺との泥沼のごとき交渉でもまた、幕府の協力を得るほかに解決策はないことを身をもって知った。その上で義詮に接近し、義満と手を結んだのである。このことは軽視してはならないと思う。

もとより、良基の性格にはかずかずの難点があったようで、どうひいき目に見ても、ときにひどく狭量でせっかちであったのは否定できないが、同時代の摂関・大臣と異なるのは、難局にあって泥をかぶった胆力と、当時の人材を育て才能を引き立てた包容力であろう。地下歌人や連歌師からは、たんにパトロンとしてのみならず、偉大な指導者として敬慕された。新しい文化の潮流にも柔軟であり、人を見る目もあり、その多彩な趣味と、一つのことに徹底してこだわる偏執は、前代では考えられないほどの交友の広がりを持ち、階層や教養の断絶を乗り越えて、武家や禅林との距離を縮め、室町文化の祖型を作った。その功績は何よりも大きい。

第十　良基の遺したもの

一　子女のその後

常住院道意

　最後に、良基《よしもと》の子女、二条家の消長、著作の伝来などを略述する。子女のうち廷臣として活動した、師良《もろよし》・師嗣《もろつぎ》・経嗣《つねつぎ》については何度か触れてきた。詳しくは後述する。まず、それ以外の出家した子女の消息について簡単に触れる。

　道意《どうい》（初名道基）は園城寺僧で、良瑜《りようゆ》に就いて常住院に住した。その母は出自不明であるが、長命で応永《おうえい》二十年（一四一三）七月二日に没したことだけが分かっている。「満九十」（『満済准后日記《まんさいじゆごうにつき》』）とあるので、良基より四歳下となる。

　良基・良瑜の跡をよく継承し、園城寺長吏となり、護持僧《ごじそう》として足利義満《よしみつ》・義持《よしもち》から深く信任された。義満の配慮で歴代法親王が入室した聖護院《しようごいん》門跡をも管領するようになった。応永十八年七月十三日には准三后《じゆさんごう》となっている。永享《えいきよう》元年（一四二九）十月十五日に没した。満済は「天下の重人、一家の尊老なり、周章旁《かたが》た多端、春秋七十六、毎事窮《きわ》め尽くす仁なり」と追悼している（『満済准后日記』）。

随心院厳叡

厳叡《げんえい》は東寺僧で、長く一条家出身者が相承してきた小野随心院《ずいしんいん》に住した。貞治《じようじ》二年（一三六三）生で、権僧正となった。応永六年までの健在が確認される。

曼殊院道順

道順《どうじゆん》（初名道豪）は曼殊院《まんしゆいん》（竹内《たけうち》）門跡を管領、天台座主となり、応永十一年九月二十四日に四十歳で入滅した。

実乗院桓教

桓教《かんきよう》は青蓮院《しようれんいん》の脇門跡である実乗院《じつじよういん》（岡崎《おかざき》）に住し、道順の後に天台座主となり、応永二十七年十一月二十日には准三后、三十一年二月六日に五十七歳で没した。

曼殊院良順

良順《りようじゆん》は兄道順の後継者として曼殊院に住し、桓教の後任として天台座主となり、応永二十八年十二月十二日に四十四歳で没した。

四人は師良の実子か

この厳叡・道順・桓教・良順は、いずれも師良の実子で、父の発病後に祖父良基の子とされたと見られる。

如意寺満意

満意《まんい》は至徳《しとく》三年（一三八六）の誕生、園城寺長吏となり、如意寺に住し、道意より常住院・聖護院を継承した。応永二十九年十二月八日に准三后となった。良基の子で最後まで存命していた人で寛正《かんしよう》六年（一四六五）七月十五日に入滅した。老いても聡明で、南都大乗院《だいじよういん》門跡であった経覚《きようかく》は二条家で満意に対面し、「七十八歳の由申さる、諸根明了《しよこんめいりよう》なり、合根《ごうこん》無極の仁なり、寄〔奇〕特々々」と感歎した（『経覚私要抄《きようかくしようしよう》』寛正四年七月二日条）。

惟秀梵樟

惟秀梵樟《いしゅうぼんしょう》は臨済宗夢窓派の禅僧で、龍湫周澤《りゅうしゅうしゅうたく》の資である。『空華日用工夫略集《くうげにちようくふうりゃくしゅう》』康暦《こうりゃく》二年（一三八〇）八月八日条に「准后摂政令子梵樟侍者《れいしじしゃ》」とあるので、このときはまだ若かったのであろう。その後、応永九年には円覚寺に在り、永享頃、建仁寺第百十世住持となったが、目立った活動は見えない。

香光院尼

女子の香光院尼《きょうこういんに》は、押小路烏丸殿《おしこうじからすまどの》敷地の北辺にあった香光院の院主である。甥持基の代、永享十一年二月十八日に入滅した（『建内記』）。香光院はその後もしばらく二条家の女子によって継承されたもようである。

椿山大姉

同じく椿山《ちんざん》大姉は、山城梅津の長福寺の塔頭《たっちゅう》是心院に入り、良基の姉栄子の跡を相続した。生没年は未詳である。

猶子たち

このほか四辻善成《よつつじよしなり》、叔父今小路《いまこうじ》良冬の子基冬《もとふゆ》、月輪家尹《つきのわいえまさ》の子で光明照院の院主となった全基《ぜんき》法印ら、何名かの猶子がいる。基冬の子が三宝院門跡を継承した満済である。

護持僧が輩出する

出家した男子は、猶子も含めて、内裏・室町殿の祈禱に奉仕し、栄達した者が多い。室町殿護持僧は六人で二ヶ月ずつ月次《つきなみ》の祈禱を輪番で奉仕したが、応永二十四年から二十八年の構成員は、道意・桓教・満意・満済・増詮《ぞうせん》（実相院。足利満詮《みつあきら》子）・良順であり、実に五人までが二条家一門、四人が良基の子孫という状態であった。彼らは政治的手腕もあり、二条家の当主にとっては心強い支援者であった。ただ、随心院は厳叡一代限りであり、曼殊院も良順の後は一条家に、聖護院も満意の後は近衛家の支配に移行する。

二　室町・戦国期の二条家

師嗣

師嗣は良基の蔭に隠れて印象は薄い。しかし、父の鍾愛を一身に受け、足利義満との関係も良好であった。良基の生前、二度関白に就き、さらに応永五年三月九日に三度の就職を果たしている。

義満の怒りに触れ失脚

ところが六年四月、師嗣は突如、義満の怒りに触れた。辞職さえ許されず、出家に追い込まれる。法名は円誉《えんよ》。もともと支配力の弱く数も乏しい所領はことごとく失われ、師嗣は翌七年十一月二十三日、四十五歳で窮死した。号は後香園院《ごこうおんいん》。このあまりにも酷薄な処置は、義満に叛逆した周防・長門の守護、大内義弘《よしひろ》との関係を疑われたためと考えられる（小川『足利義満』）。師嗣の悲劇は、もはや二条家が室町殿《むろまちどの》の一顰一笑《いっぴんいっしょう》に運命を委ねるしかなかったことを示している。

一条経嗣才学優長

良基の後継者的な地位を占めたのは一条経嗣である。応永元年十一月六日に関白となり、そのときは兄師嗣が大閤《たいこう》として君臨した。師嗣失脚の後、義満によって改めて関白に据えられた。在職中には公事《くじ》を再興したと評価され、学問を好んで文才もあり、義

二条師嗣像（同志社大学歴史資料館蔵）

満・義持の主催する行事を沙汰して、『相国《しょうこく》寺塔供養記《じとうくようき》』以下いくつかの仮名日記をも著している。応永二十二年十一月二十八日准三后、同二十五年十一月十七日に没した。号は成恩寺《じょうおんじ》。「有識漢才など抜群、公家《こうけ》の鏡、天下の重臣たり、朝廷無人、もっとも惜しむべし惜しむべし、六十一歳と云々」（『看聞日記《かんもんにっき》』）、「御才学、故大閤《(良基)》の、地《ち》を易《か》へておはすなり、和漢ことにその道に達せさせ給ふ」（『康富記《やすとみき》』）と、時人も称賛を惜しまない。

日記『荒暦』

日記『荒暦《こうりゃく》』は原本が失われ、すべて後人の抄出に懸かるが、義満の治世を知る重要な史料である。筆致は衒学的で、ときにきつい皮肉に及ぶ。

兼良は良基の孫

多くの男子がいたが、家を継いだのは応永九年五月七日、東坊城《ひがしぼうじょう》秀長の女宣旨局との間に生まれた兼良《かねよし》である。

満基 将軍の偏諱

二条家を継いだのは満基《みつもと》である。永徳《えいとく》三年（一三八三）生。母は東坊城長綱女。初名は道《みち》忠《ただ》、応永五年三月二十二日、義満の偏諱《へんき》を採って、満基と改名した。二条家はその後もかならず将軍の諱《いみな》を賜ることになる。十八歳で父師嗣の死に遭ったが、義満の怒りも解け、順調に昇進した。応永十年八月十九日に内大臣となった。若くして古典の書写事績が知られ、十六年三月四日、関白となり、将来を期待されたが、翌十七年十二月二十七日、二十八歳で夭折した。号は福照院《ふくしょういん》。日記『福照院関白記』がわずかに残る。

持基

持基《もちもと》は師嗣二男で、母は満基と同じ。明徳《めいとく》二年（一三九一）生。初名基教《もとのり》。応永十六年十二月二十日、二十歳で元服、兄満基の嗣子となった。

一条家との確執

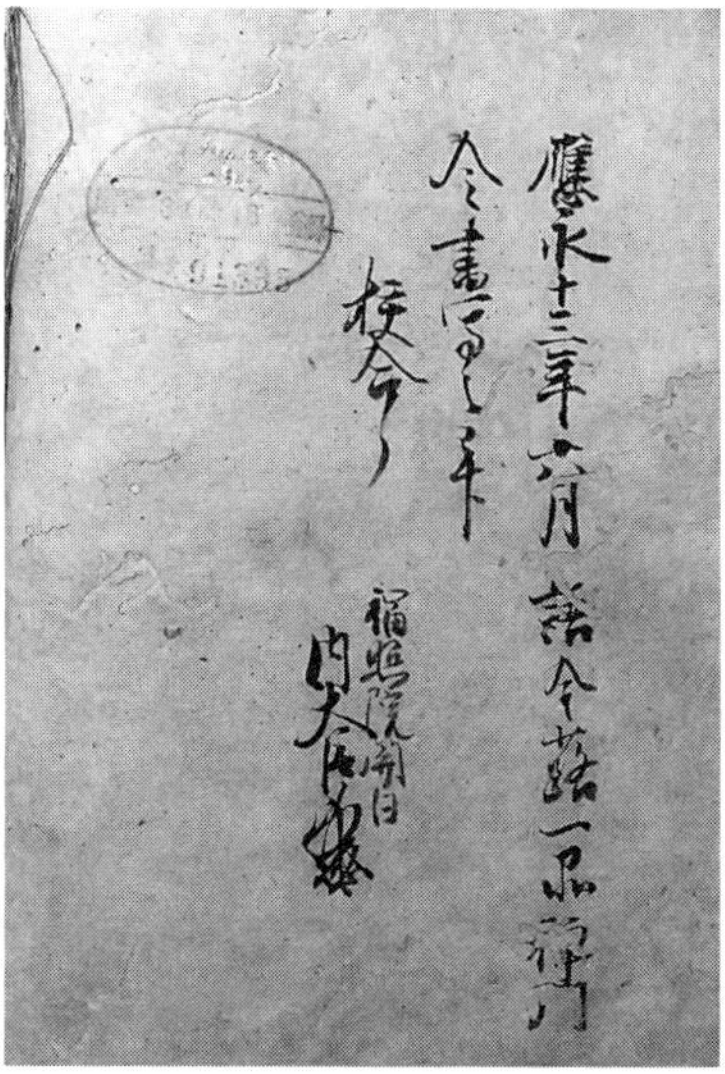
『拾遺和歌集』二条満基自筆奥書
（日本大学図書館文理学部分館蔵）

持基はかねて叔父一条経嗣と険悪であった。確執は経嗣が師嗣・満基の後に関白となったことで倍加した。それは良基の後継者の地位をめぐる争いであり、応永二十一年十二月、称光《しょうこう》天皇の即位礼では、関白であった経嗣が印明《いんみょう》伝授を遂げなかったため、持基は後小松《ごこまつ》上皇に長文の申状を奉って、二条家に伝わる即位法の価値を縷々《るる》述べている。経嗣の没後、持基は足利義持・義教の顧問を受け、三十一年四月二十日に関白、同三十五年七月十八日には摂政に転じた。義《よし》教《のり》はことあるごとに義満を理想としたので、自然良基の例が佳例として回顧され、持基が尊重されることになった。

酒乱の関白

ところで、持基は酒の上の不始末が目立ち、内裏でも義教と飲んで冠を落としたり、泥酔して前後不覚で運び出されるなどエピソードに事欠かない。最たるは「当座会《とうざえ》」と表現された、吐きながら飲み続ける特技で（桜井英治『室町人の精神』講談社、二〇〇一年）、義教の酒宴で披露しては満座を面白がらせた。暴君の前では関白も道化に徹しなければならなかった。

諸人の師範

いっぽう、朝儀には練達しており、義教はもちろん、実に多くの廷臣を指導した。三条西公保《きんやす》・万里小路時房《ときふさ》・正親町《おおぎまち》三条実雅《さねまさ》ら、当時の錚々たる重臣のほか、後に関白となる近衛房嗣《ふさつぐ》までも持基の教えを受けた。永享四年八月から二ヶ月ばかり一条兼良に譲っただけで、二十二年間も関白の地位を保ち、在職のまま文安《ぶんあん》二年（一四四五）十一月三日に没した。五十六歳。号は後福照院《ごふくじょういん》。なお、家集とされる『後福照院殿御詠草』は、実は実相院門跡義運《ぎうん》の詠草である。

持通　廷臣の敬愛を受く

持通《もちみち》は持基の嫡子である。応永二十四年五月六日生。母石橋殿《いしばしどの》は足利氏御一家である石橋信乗の女らしい（谷口雄太『中世足利氏の血統と権威』吉川弘文館、二〇一九年）。十八歳のとき、義教が御所から追放した側室西御方《にしのおんかた》と結婚させられたが（『看聞日記』永享六年十一月三十日条）、室町殿との関係では失態もなく、享徳《きょうとく》二年（一四五三）四月二十八日に関白となり、都合三補を遂げた。やはり朝儀に通じて多くの門弟を擁した。温厚篤実な人柄であったようで、三条西実隆も「公事の間の事、故禅閤（持通）毎事諷諫《ふうかん》し給ふの間、その芳恩謝し尽し難

二条持基像（同志社大学歴史資料館蔵）

二条持通像（同上）

し」（『実隆公記』明応六年〈一四九七〉十月十一日条）と記したように、廷臣から敬愛された。この時期は一条兼良の学才が脚光を浴びていたが、人望は持通の方に集まったらしい。

政嗣

持通の男政嗣《まさつぐ》は嘉吉《かきつ》三年（一四四三）生、母は神祇伯雅兼王《まさかねおう》の女益子《えきし》である。雅兼の白川《しらかわ》伯家《はくけ》は二条家の家礼《けらい》《かれい》であった。政嗣は文明《ぶんめい》二年（一四七〇）八月十日、関白となり、六年ほど在職した。政嗣には一男三女がおり、女の一人が将軍足利義尚《よしひさ》室となる含みで日野富《とみ》子《こ》の猶子となった。持通からこの話を聞いた尋尊《じんそん》は「二条家門《かもん》繁昌の基、神慮なり」（『大乗院寺社雑事記』文明六年五月四日条）と記した。これは実現しなかったものの、もう一人の女は一条冬良《ふゆよし》に婚して、一条家との融和も図られる。

父母に先立つ

ところが十二年九月二日、政嗣は三十八歳で頓死してしまう。号は如法寿院《にょほうじゅいん》。持通は六十四歳、益子も存命であった。

押小路烏丸殿の焼亡

ときあたかも応仁・文明の乱で、公家社会全体の沈滞をもたらしたが、二条家への打撃も深刻であった。朝儀が廃絶してしまえば、室町殿にも二条家は必要とされなくなるのである。その上、良基の愛した押小路烏丸殿が、九年十一月十一日、西軍の放火に罹ってしまった。持通父子の悲歎は甚大であった。一家は東隣の長伯寺《ちょうはくじ》に間借りを余儀なくされる。政嗣を喪ったのもこの寓居である。

「二条押小路家門亭泉記」は良基の真作か

「二条押小路家門亭泉記《にじょうおしこうじかもんていせんき》」（石川武美記念図書館成簣堂文庫蔵『二条家文書』）は、先にも引用

したが、その後半が良基が死の前日に認めた遺言に当たる。原本は失われており、政嗣が生前に写し、ついで持通が奥書を加えた一本の系統が伝わる。

龍躍池を中心に泉水の由来を説きつつ、良基は庭園への愛着を語り、維持を子孫に強く命じている。「泉庭木等零落の時、家門又零落すべし」という一文に眼目が尽くされていよう。ここに語られた内容はおおむね史実に合致するが、しかし臨終の遺言とすれば、もう少し違った内容もあってよく、庭園のことばかりを語るのは不審も生ずる。

ところで持通はこの記を、押小路烏丸殿が焼亡した文明九年に、足利義政《よしまさ》の見参に入れている。意図は明瞭であろう。たしかに義満以下の室町殿もこの庭園を愛した。しかし、「当時大樹《（義満）》、甚だ以て此の泉の事興行珍重の由、褒美あり」とする良基の言は、実は義政へのアピールなのである。同時代史料に就けば、二条家が押小路烏丸殿を所有するのは永仁年間（一二九三―九九）であり、現に持通もそのように語っていたのに（二一四頁参照）、「二条押小路家門亭泉記」が「建長」とするのは、この邸第との縁を家祖良実まで遡らせようとした作為に違いない。

もとより、これに類した良基の書き置きは存したはずで、まったくの偽作と断ずることはできないが、現在見る本文はやはり持通・政嗣の手を経たと考えざるを得ない。二条家の歴代は、良基の記憶に依然として助けられていたのである。

持通の在国

邸第の再建は難航を極める。庭園の勝趣は損なわれていなかったが、十二年十二月に、旧跡の烏丸小路面に「小家一宇」を建てて移住したのみであった（『宣胤卿記《のぶたねきょうき》』）。十七年正月二十九日、持通夫妻は南都に下向、二ヶ月以上も滞在した。その間、尋尊の歓待を受け、諸所を遊覧している。しかし、これは「大閤二条京都堪忍叶ひ難し」（『十輪院内府記《じゅうりんいんだいふき》』）という内情があった。二条家の所領は乏しく、わずかに知行の実のある北陸道の荘園を死守するべく、京都に戻った持通は老躯に鞭打って、若狭・越前と巡回しなければならなかった。

義尚右大将拝賀を扶持

ところでこの年、将軍義尚《よしひさ》は右近衛大将を兼ねた。そして翌十八年七月十六日、三宝院門跡で拝賀の習礼《しゅらい》を行い、持通がその場に臨んだ。ここに義満と良基との関係が再現された。この前後、押小路烏丸殿の殿舎も再建された。

良基百回忌

翌十九年六月十三日は、良基の百回忌に相当した。このときは義政が三千疋を贈ったので、持通は自邸で法華懺法講《ほっけせんぼうこう》を修することができた。

この年九月、義尚は近江国の寺社本所領を押領する守護六角《ろっかく》氏討伐のため出陣、同国の鈎《まがり》（現滋賀県栗東市）に在陣した。長享《ちょうきょう》二年（一四八八）正月、持通はわざわざ御機嫌伺いに参上している。しかし、義尚は翌延徳《えんとく》元年（一四八九）三月二十六日、雄図空しく陣没したのである。

持通の死去

最後の希望を失ったのであろう、持通は四月十日に出家した。法名は清空《しょうくう》。その後も勅問には答えていたが、明応《めいおう》二年（一四九三）正月十二日、七十七歳をもって逝去した。号は大染金剛院《たいせんこんごういん》。実隆は「後福光園（良基）以来、公武尊崇、栄耀無双《えいようむそう》なり、故禅閤（持通）に至るまで、止事無《やんごとな》きの躰なり」と回想した（『実隆公記』明応六年十月十一日条）。日記『大染金剛院関白記』は主に文明二〜五年の記事抄出を留めるが、もとは浩瀚であったらしく、佚文《いつぶん》が多く見える。

尚基 家門の没落

尚基《ひさもと》は政嗣の遺児で、祖父持通の死の年二十三歳であった。尚基には軽率な言動が目立ち、家礼の白川忠富《ただとみ》王や中御門宣胤からたびたび諫言を呈された。九条尚経《ひさつね》は「毎篇《まいへん》他人の意見を受けられず、雅意《がい》に任さるの故、家僕等一円見証《けんしょ》申し了んぬ、仍《よっ》て家門の躰たらく以ての外軽賤なり、家運久しかるべからず、嗚呼《おこ》と云々」（『後慈眼院殿御記《ごじげんいんどのぎょき》』明応三年九月二十四日条）と批判した。「見証（所）」とは蹴鞠《けまり》《しゅうきく》用語で、鞠場に立たず見物する意で、つまり家礼たちも傍観を決め込むようになってしまったのであろう。

夭折 遺族の危機

それでも明応六年六月十八日に関白となったが、参内時には一人も殿上人《てんじょうびと》が随わないありさまで、拝賀も遂げないまま、十月十日に二十七歳で夭折した。死因は「風気心《ふうきしん》気《き》相ひ副ふ」（『後法興院政家記』）、「御酒損」（『和長卿記』）、「秋衣の儲《もうけ》無く、寒威等数日膚《はだ》を侵すと云々」（『実隆公記』）などとあるが、いずれにしろ困窮が命を縮めたのである。

号は後如法寿院《ごにょほうじゅいん》。二条家最大の危機である。

尹房祖母兼子養育する

尹房《ただふさ》は尚基の長男で、母は家女房、父が没したとき二歳に過ぎない。養育したのは尚基の母兼子《けんし》であった。兼子は下野守細川教春《のりはる》の女で、水無瀬季兼《みなせすえかね》の養女として政嗣室となった。二条家はほかの摂家と異なり武家との婚姻を重ねたが、兼子の実家いわゆる野《や》州家《しゅうけ》は細川氏一門のうちの名流で、兼子の叔父政国《まさくに》は典厩家《てんきゅうけ》を継ぎ、兼子の甥高国《たかくに》は京兆家《けいちょうけ》に入り、永正《えいしょう》五年（一五〇八）には管領となった。このことが二条家を救ったのであろう。尹房は無事に成長し、十五年三月二十九日、二十三歳で関白に就いた。兼子はこれを見届けて、同年八月三十日に七十七歳で没した。尹房の計らいであろう、出家の身ではあるが関白室として従三位を贈られた。

各地に在国

尹房は大永《たいえい》五年（一五二五）四月三日辞職、天文三年（一五三四）十二月十四日に還補されたのは後奈良天皇の即位礼での印明伝授のためであった。その前後頻繁に備前・備後・若狭・加賀などに在国しているが、これはむしろ失われた所領を恢復しようとする余裕が生じたと見るべきであろう。天文《てんもん》十三年四月には出雲に下向したが（『二條家譜』）、これは尼子《あまご》氏と大内氏との抗争を調停するためであったという（『棚守房顕覚書《たなもりふさあきおぼえがき》』）。

大内氏に寄寓し横死

翌年正月、旧縁のある大内義隆《よしたか》のもとに移り、そのまま二十年八月二十九日、陶晴賢《すえはるかた》の叛乱に遭って五十六歳で横死した。号は後大染金剛院《ごだいせんこんごういん》。

晴良

晴良《はれよし》は尹房の嫡子、大永六年四月十六日生。母は関白九条尚経の女、北政所経子《けいし》である。なお、経子の母保子《ほし》は三条西実隆の女である。晴良の代から二条家は公家社会上層での閨閥を構築する。自身は伏見宮貞敦《さだあつ》親王の女位子《いし》女王を室とし、その間に嫡子昭実《あきざね》のほか、鷹司家を継いだ信房《のぶふさ》、九条家を継いだ兼孝《かねたか》、三宝院門跡の義演《ぎえん》が誕生している。姻戚となった三条西公条《きんえだ》が、道平・満基の日記をはじめ二条家の家記文書を少々抄出したのもこの時期である。

足利義昭の信任

晴良は天文十七年十二月二十七日に二十三歳で関白となり、五年ほど在職した。その後、朝倉氏に寄寓していた足利義昭《よしあき》のため尽力し、義昭が将軍となると、晴良も永禄《えいろく》十一年（一五六八）十二月十六日に関白に還補された。元亀《げんき》元年（一五七〇）冬には義昭の命を受け、朝倉・浅井・織田三氏の抗争に介入、和睦に奔走した。

押小路烏丸殿の消滅

しかし、まもなく義昭は将軍の座を追われ室町幕府は瓦解した。晴良は天正六年四月四日まで在職したものの、押小路烏丸殿は同四年三月、織田信長に取り上げられ、本能寺の変では同信忠が籠城して炎上、歴史上から姿を消した。晴良は天正《てんしょう》七年（一五七九）四月二十九日に世を去っていた。五十四歳。号は浄明珠院《じょうみょうじゅいん》。

昭実

昭実は天正十三年二月十二日、関白となった。その直後、右大臣近衛信輔《のぶすけ》（信尹《のぶただ》）が後継を望んだ。昭実は聞き入れず、三問三答の訴陳《そちん》を番《つが》えて争う騒動となったが、調停を期待された豊臣秀吉に職を奪われる結果に終わった。

二条家は室町殿の顧問

良基に始まる、関白が室町殿の顧問となるという慣例は、政治的遺産として二条家に忠実に継承された。後には近衛家や一条家にも追随しようとする者が現れた。しかし晴良をもって、室町殿とともにあった二条家の政治的使命は終焉を迎えたといえる。

三　著作の伝来と『日次記』

兼良と良基

良基の文学的遺産を継承し発展させたのは、孫に当たる一条兼良であろう。兼良は直接祖父の謦咳《けいがい》には接しなかったが、若書きの『公事根源《くじこんげん》』が『年中行事歌合』に依拠しているのをはじめ、内裏蹴鞠の仮名日記の『雲井《くもい》の春《はる》』が『衣《きぬ》かづきの日記』を意識し、さらに晩年の美濃への紀行文『藤河《ふじかわ》の記《き》』が『小島《おじま》のすさみ』を偲ぶなど、良基の著作への依存が大きい。最も重要なのは享徳《きょうとく》元年（一四五二）十一月の『新式今案《しんしきこんあん》』の編纂で、『連歌新式』を宗砌《そうぜい》の協力を得て増補修訂した。さらに『菟玖波集《つくばしゅう》』に倣って『新玉《しんぎょく》集《しゅう》』の撰集を企てたが、応仁・文明の乱によって挫折した。ただ、兼良の専門的な学問の深さは良基には見られなかったことである。

子孫に連歌の達者なし

対して二条家には兼良ほどの文才の持ち主は出ず、パトロンとしてもめぼしい動きはない。永享年間（一四二九―四一）には優れた連歌師が輩出、連歌界は再昌のときを迎えるが、そもそも堂上《とうしょう》作者の存在感は稀薄である。ただし、そこでも「二条の名高き聖《ひじり》の御代」（心敬『ささめごと』）と、良基の時代は一種の聖代として長く記憶された。連歌師の間でも良基の遺した言説を再編成し、良基に仮託した秘伝書がいくつか生まれているが、子孫の動向とは無縁であった。

歌道の護持者

和歌でも同様で、子孫に優れた歌人は見えないが、歌道師範家の零落の時期に頓阿《とんあ》と歌道の正統を護持したと仰がれ、細川幽斎は、たびたび『愚問賢注』を講義したり、『近来風躰《きんらいふうてい》』を定家《ていか》・為家《ためいえ》の著作とともに「和歌六部抄《わかろくぶしょう》」のうちに入れて顕彰した。

良基の著作

主要な著作は一通り紹介してきた。その厖大さと幅広さは瞠目すべきであるが、子孫に秘蔵されたものは乏しく、多くは世間に流布していた。室町時代後期、おそらくは一条冬良の手で、良基・経嗣・兼良三代の著作一覧が成立し、『公事根源』『本朝書籍《しょじゃく》目録』等の写本に附載されて流布したが、良基のものはつぎの十三点が挙がっている。

後普光園摂政御作

百寮訓要抄一冊　榊葉日記一冊　小嶋のすさみ一冊　貞治御鞠和字記一冊きぬかつきと号す　諒闇和字記応安一冊　思のまゝの日記一冊　白鷹記一冊　魚鳥平家一冊　愚問題（ママ）註一冊　筆のすさみ（び）一冊　近来風躰一冊　連歌式目一冊　さよのね覚一冊

著述の人

『筆のすさび』『小夜《さよ》の寝覚《ねざめ》』は実は兼良の作であり、『白鷹記《はくようき》』『魚鳥平家《ぎょちょうへいけ》（精進魚類《しょうじんぎょるい》物語）』も実際は作者未詳であるが、残りの九点は真作である。これら仮名の故実書、宮廷行事の日記、歌論書、式目で構成される著作が一般の良基のイメージを形作った。

刊行の書目

ついで江戸期に出版された作品を挙げると、やはり右の傾向に沿っており、『愚問賢注』（寛永十九年刊）、『連歌新式』（正徳四年刊）、『年中行事歌合』（慶安二・万治二・延宝四・天明元年刊、ほか無刊記本あり）、『百寮訓要抄』（慶安二・万治三年刊、ほか無刊記本あり）、『女房の官しなの事』（万治二年刊）、『詞花懸露集』（『思露』の増補改題、寛文元・元禄十一年刊）、『小島のすさみ』（元禄七年刊。『詞林意行集《しりんいこうしゅう》』巻二にも）となり、これらを代表的著作としてよいであろう。いずれも元禄頃までに刊行される。さらに仮託書として『精進魚類物語』（慶安年間刊）、『蔵玉《ぞうぎょく》和歌集』（延宝九・元禄十四年刊）、『後撰《ごせん》百人一首』（文化四年刊）がある。いっぽう、『菟玖波集』や連歌論書は依然写本で伝えられていたことも注意される。

『扶桑拾葉集』所収の作品

また、徳川光圀編『扶桑拾葉集《ふそうしゅうようしゅう》』は元禄《げんろく》二年（一六八九）刊、本邦の代表的な和文を作者別に集成した叢書で、巻十四上下に良基の著作として、年中行事歌合序・おもひのままの日記・嵯峨野物語序・筑波問答序・小島のすさみ・榊葉《さかきば》の日記・雲井の御法・愚問賢注序・都のつと跋・雲井の花・白鷹記・さよのねざめ・人にあたふる詞・菟玖波集仮名序、以上十四編を収める。

平易な仮名文が愛読される

これらは、特定の目的を持った序・跋の類を除けば、比較的平易で軽い作品ばかりで、かつ思想的にそう特殊なことが述べられるわけではない。当時の学問は和漢の古典の注釈の形を借りるものであるが、良基にはその分野では本格的な業績はなく、北畠《きたばたけ》親房《ちかふさ》や一条兼良には比すべくもないし、同時代の四辻善成や由阿《ゆいあ》にも及ばない。しかし、平安時代以来の朝廷のしきたりを、仮名文で努めて平易に説いたことは喜ばれ、強い影響力を与えた。宮廷行事を描いた仮名日記は、直接の読者に北朝の天皇・将軍を想定していたとされるが、むしろ宮廷の外に多数の読者を得た。たとえば、同時代の『太平記』はただちにこれを利用して執筆しているのである。

蔵書家

こうした著述家としてのほか、蔵書家というイメージも後世には強い。二条家の文庫について説くものもある（小野則秋『日本文庫史研究』大雅堂、一九四九年）。しかし、二条家に文庫があったとしても、室町期の零落、江戸期に数度の火災を経て蔵書は堙滅し、中世の実態について知る手がかりはほとんどない。わずかに冷泉為秀を通じて『明月記』自筆本を披見して奥書を加え「四朝執柄《しちょうしっぺい》」と署名したり（『守光公雑記《もりみつこうざつき》』）、九条家の『玉葉《ぎょくよう》』を書写して「玉海」と改題したりと（『桃華蘂葉《とうかずいよう》』）、良基と書物との係わりを示す断片的情報は多いものの、はたしてどれほどの規模であったかは知る由もない。

『日次記』編纂

ただ、ここに無視できない書物がある。良基の編纂にかかると伝えられる、『日次記《ひなみき》

（二条家日次記）』の存在である。

摂関家日記の集成

これは藤原師輔の『九暦《きゅうりゃく》』に始まり九条道家の『玉蘂《ぎょくずい》』にいたる歴代の日記と、『江記《ごうき》』『時範記《ときのりき》』『為房卿記《ためふさきょうき》』『照光記《しょうこうき》（明月記）』といった家礼・家司層の日記、そして各種部類記からなる、平安中期から鎌倉前期までの摂関家の家記集成というべき叢書である。このうち『玉葉』『台記』『照光記』の比重が大きい。

徳川家康二条昭実より借り書写

いずれも一般にもよく知られた公家日記であるが、室町時代末期には摂家・清華《せいが》家でもこれらをまとめて所蔵する家は稀であったらしく、垂涎の的となった。そして、慶《けい》長《ちょう》十九年（一六一四）から翌年にかけて、徳川家康の「日本ノ記録書写アルベキ」との命によって、京都の諸家・諸寺の記録を提出させ、副本を作成する事業が行われ、二条昭実は、家蔵の『江家次第』二十冊と、『日次記』二百二十冊とを提出したのであった（近藤正斎『右文故事』巻九）。しかしその後、二条家は『日次記』を秘匿して決して家外に出さなかった。

諸本
原本は元文三年焼失か

その後の流布はもっぱら、江戸幕府による、いわゆる慶長書写本に発する。分量が厖大であるだけに、伝本は慶長書写本の転写とおぼしき林家《りんけ》本、寛永《かんえい》十年（一六三三）に尾張徳川義直《よしなお》が書写させた蓬左《ほうさ》文庫蔵本、貞享《じょうきょう》二年（一六八五）に禁裏で書写された東山御文庫蔵本、紀伊徳川家の旧蔵とおぼしき東洋文庫蔵本など数部にとどまる。そして、二条家所蔵の原本は、元文《げんぶん》三年（一七三八）五月十九日の京都大火で焼失してしまったらしい。『日次記』には含まれない、歴代当主の日記も運命をともにしたのであろう。

歴代の奥書

転写本しか伝存しないのであるが、『日次記』の『台記』『玉葉』の一部の巻には、兼基・良基・満基ら二条家歴代の書写や一見の事実を伝える本奥書が存する。さらに教《のり》基・教頼《のりより》・長□（冬実《ふゆざね》か）ら南朝に仕えた二条家の人々も一見の奥書を加えている。

師基子孫記録を返上か

たとえば、『台記』仁平三年秋記の兼基の奥書には「正和四年三月九日、中院の蓬屋《ほうおく》に於いて抄出し了んぬ、子孫の為なり、小僧《しょうそう》に於いては光明真言の外、他念あるべからざるか、弟子円空《えんくう》（兼基）」とあり、出家後子孫のために蔵書を充実させようと書写に勤しんでいた（二六頁参照）。建武《けんむ》五年（一三三八）、若き日の良基の一見のことは触れた。また文和《ぶんな》二年（一三五三）秋、南朝の京都占領の際に、二条家の家記文書は師基に渡されたため、師基の子孫が披見したことも分かる。ところで師基の孫冬実は、南北朝合一後に帰洛、遁世して「玉櫛禅門《たまくしぜんもん》」と称され、本家の師嗣・持基に仕える身となった。そこで『玉葉』『台記』を含む家記が返上され、満基は欠巻を補写したのであろう。なお持通の代にも、『玉葉』元暦二年春夏記が紛失していたので、九条政忠《まさただ》から借用して書写した（『経覚私要鈔』寛正四年閏六月五日条）。九条家では家僕でも見せてはならぬとの遺訓であったが、政忠は持通から格別の「芳助」を受けていたため、承諾したという。

このように『日次記』は、良基のみならず、歴代の当主が、苦労を重ねて蒐集したと考えられる。しかも良基の著作には、青年期から最晩年にいたるまで、

いまもなほかきあつめてやあひそへむ家の守りの代々のふるごと（『後普光園院殿御百首』雑・八九）

かずかずのまさごの千鳥《ちどり》跡みせて　救済
いにしへ文はよみもつくさず　良基（『何路百韻《なにみち》』〈応安二年頃〉）

本朝の諸伝をうかがへること、既に一万巻にあまれり。これ世の知る所なり。（『嵯峨野物語』）

小臣万機輔佐の余暇、六十有年、和漢の書典記録、幾千巻といふことを知らず、予の睹《み》る所、予の窺《うかが》ふ所なり、（『長谷寺縁起文』跋）

といった述懐が見え、蒐書と博覧とを誇っていたのは確かである。さらに『日次記』蓬左文庫蔵本には、康応《こうおう》二年（一三九〇）正月二十四日の義満の「安堵御書《あんどごしょ》」の写しが転載され、師嗣に家門を安堵し、良基の遺言によって「代々御文書并びに玉葉・玉蘂真筆以下の記など」を家外に出さない旨を了承している。二条家の蔵書の上には、良基の遺志が強く働いていたことも分かる。その記憶が、『日次記』のような巨大な叢書と結び付けられるのは容易であろう。

林鵞峰による人物評

かくして寛文《かんぶん》十年（一六七〇）、林鵞峰《がほう》の『続本朝通鑑《ぞくほんちょうつがん》』巻百五十の良基薨伝では、

良基倭歌《わか》を好み、連歌《れんが》を嗜む、頗る文才あり、善《よ》く本朝の礼則《れいそく》を知る、尊氏・義詮と交厚《あつ》し、義満の治世に及び弥《いよい》よ睦《むつま》じ、故に公家・武家相共に依頼す、家素《もと》より旧記多し、良基武家の勢を仮《か》り、悉く諸家秘する所を借り写し、以て文庫に蔵《おさ》む、故に朝廷の儀式、武家の事業、皆二條家より勘辨《かんべん》す、且つ師輔以来累世《るいせい》の摂家日記、皆其の家に在り、いわゆる二條殿日次記是なり、中葉闕失《けつしつ》す、今存するは猶二百余巻、頼長・兼実の日記最も詳らかなり、其の余の希世《きせい》の旧記、枚挙《まいきょ》すべからず、秘して則ち見る者無し、良基小冊を撰著すること少からず、百寮訓要鈔・榊葉日記《サカキハノ》、小島筆占《ヲシマノフデノスサミ》、貞治御鞠記、諒闇記、大嘗会記、雲井御法《クモヰノミノリ》、及び白鷹記、魚鳥平家等なり、また伊勢物《（ママ）》語愚問題註、近来風體、菟玖波集、連歌式目、小夜寝覚《サヨノネサメ》の類あり、

という総合的な評価となったのであるが、これは良基その人というより、室町期の紆余曲折、多くは苦渋に満ちた二条家の歴史を反映するものなのであった。

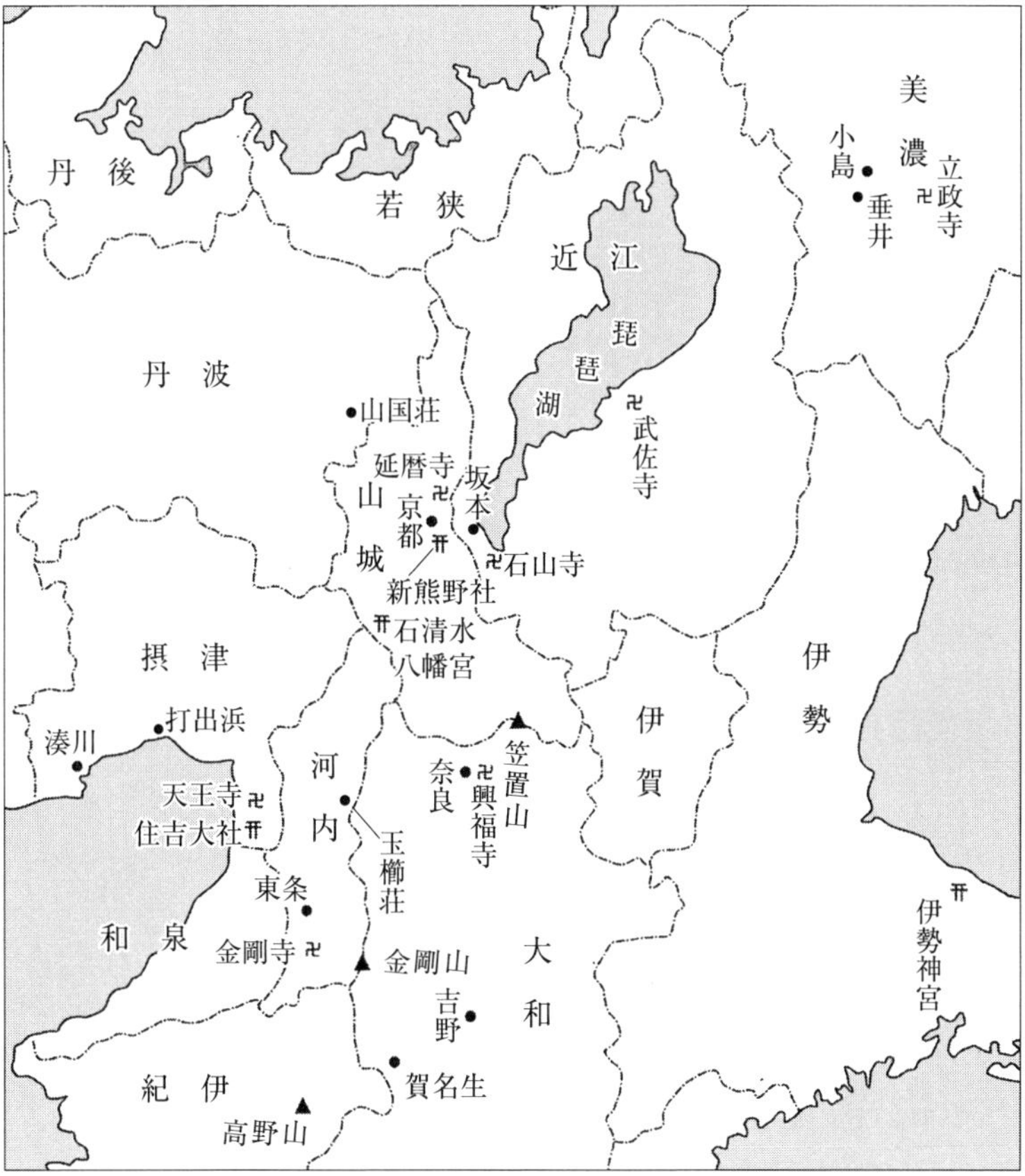

畿内関係地図（深津睦夫『光厳天皇』をもとに作成）

二条家系図

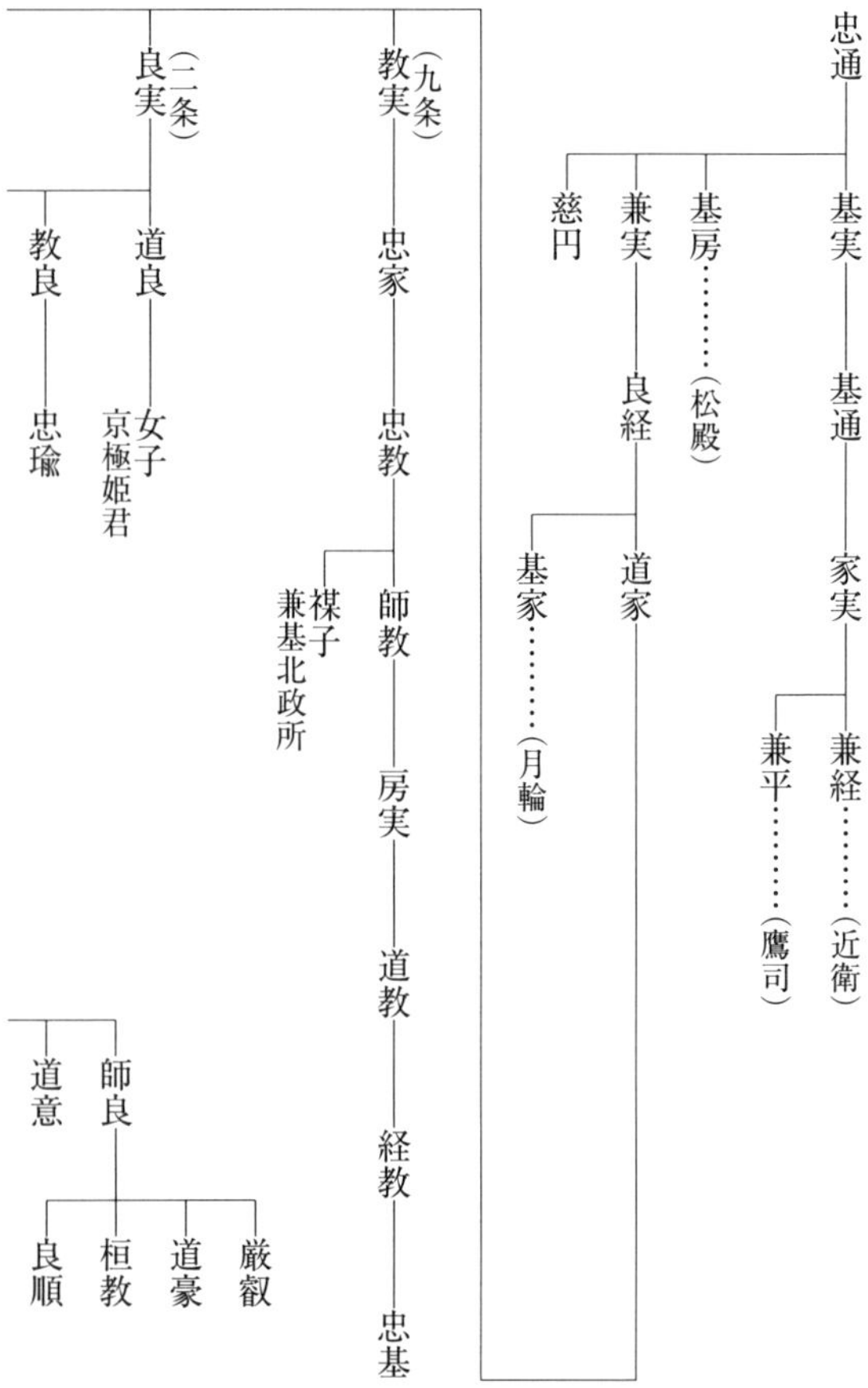

忠通
基実
基通
家実
兼経……（近衛）
兼平……（鷹司）
基房……（松殿）
兼実
良経
道家
基家……（月輪）
慈円
（九条）教実
忠家
忠教
師教
房実
道教
経教
忠基
禖子 兼基北政所
（二条）良実
道良
女子 京極姫君
教良
忠瑜
師良
道意
厳叡
道豪
桓教
良順

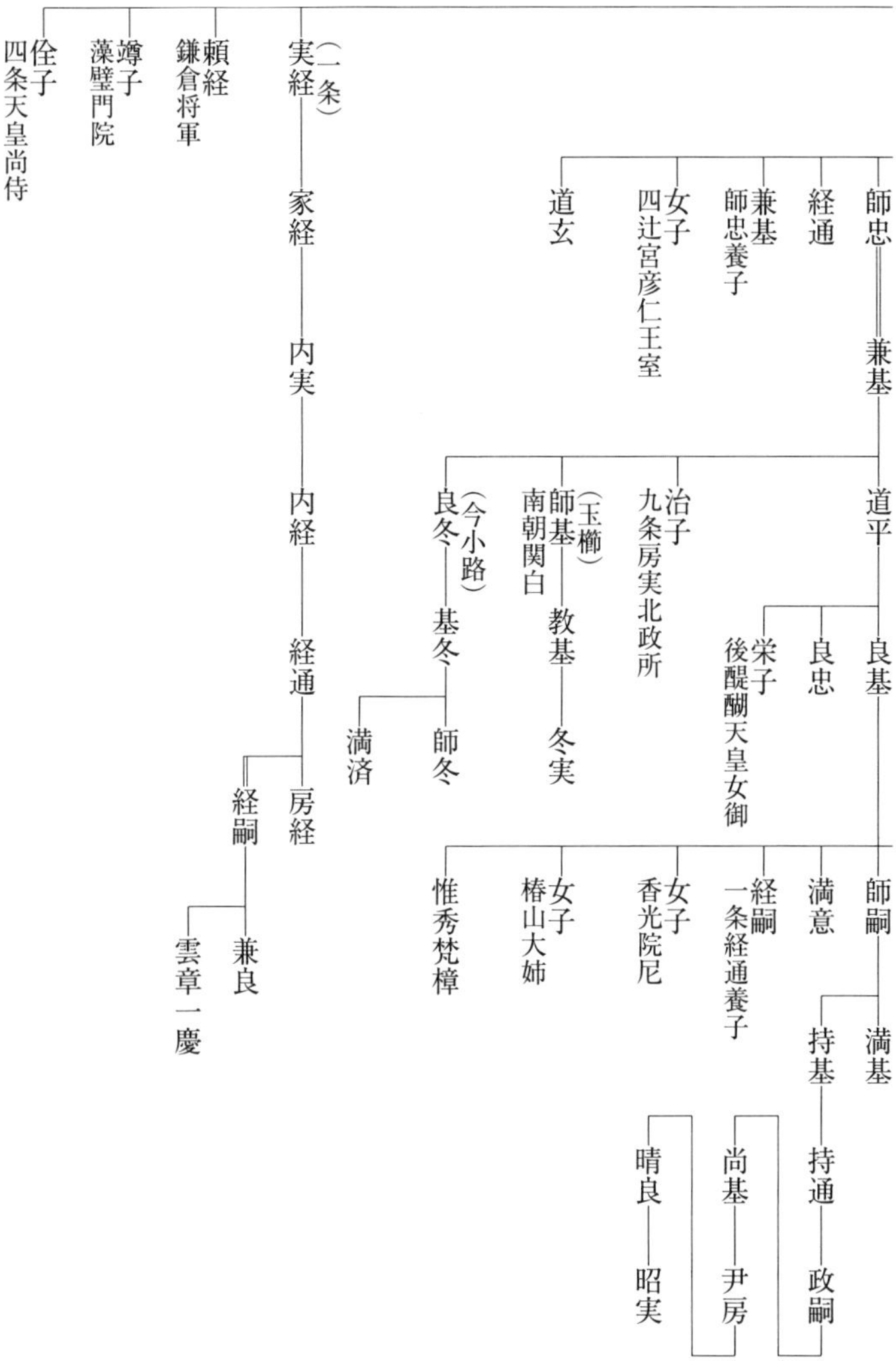
師忠
経通
兼基
師忠養子
女子
四辻宮彦仁王室
道玄
兼基
道平
治子
九条房実北政所
(玉櫛)
師基
南朝関白
(今小路)
良冬
良基
良忠
栄子
後醍醐天皇女御
教基
冬実
基冬
師冬
満済
師嗣
満意
経嗣
一条経通養子
女子
香光院尼
女子
椿山大姉
惟秀梵樟
満基
持基
持通
政嗣
尚基
尹房
晴良
昭実
(一条)
実経
家経
内実
内経
経通
房経
経嗣
兼良
雲章一慶
頼経
鎌倉将軍
𡡉子
藻壁門院
佺子
四条天皇尚侍

皇室関係系図

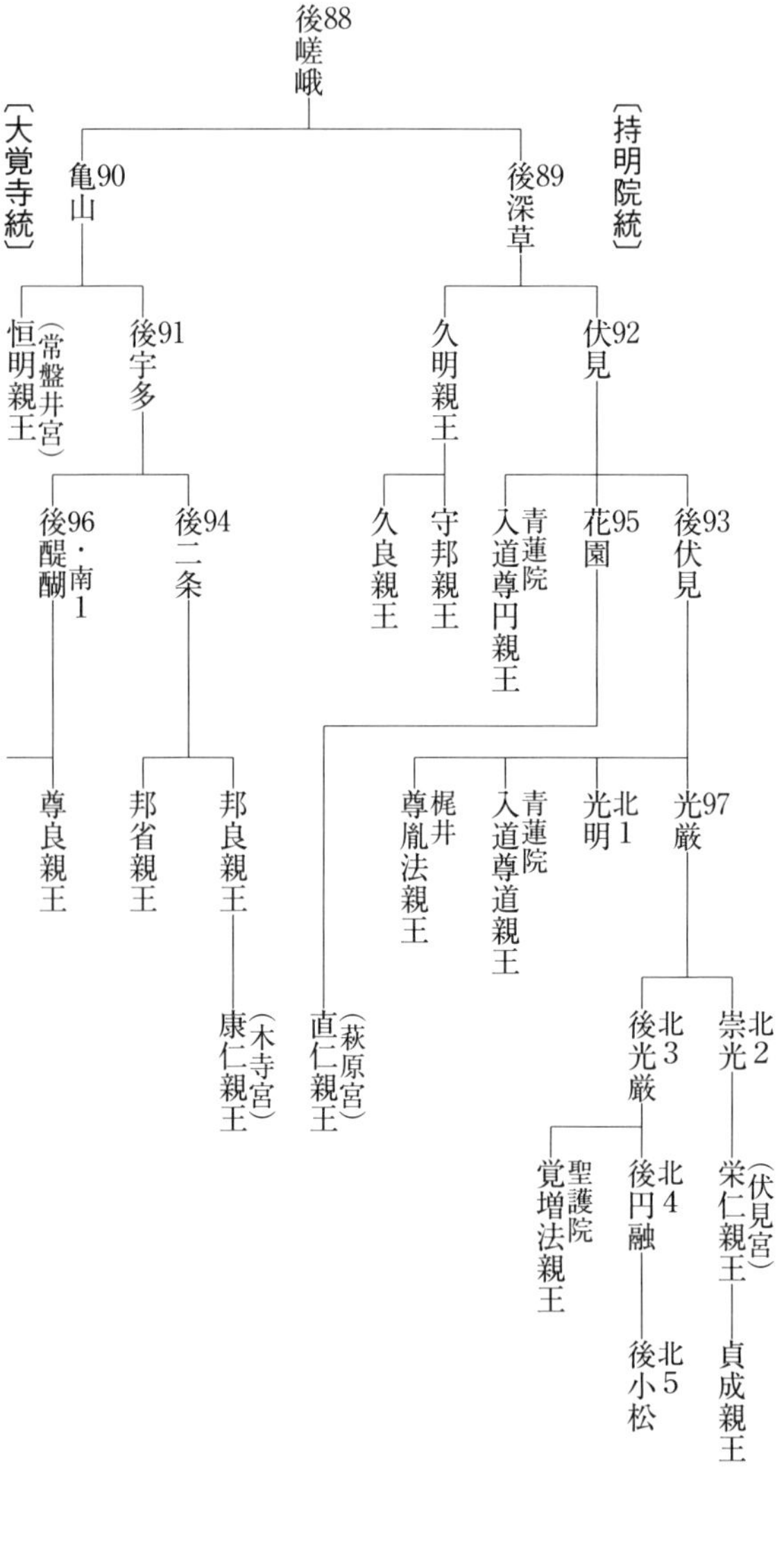

後嵯峨 88
〔持明院統〕
〔大覚寺統〕
後深草 89
亀山 90
伏見 92
久明親王
後宇多 91
(常盤井宮)恒明親王
後伏見 93
花園 95
青蓮院入道尊円親王
守邦親王
久良親王
後二条 94
後醍醐 96・南1
光厳 97
光明 北1
青蓮院入道尊道親王
梶井尊胤法親王
邦良親王
邦省親王
尊良親王
崇光 北2
後光厳 北3
(萩原宮)直仁親王
(木寺宮)康仁親王
(伏見宮)栄仁親王
後円融 北4
聖護院覚増法親王
貞成親王
後小松 北5

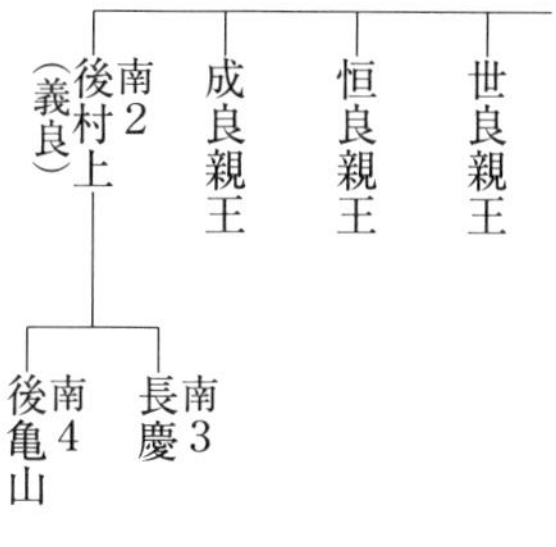

（注1） 主として『本朝皇胤紹運録』による。
（注2） 数字は歴代を示す。「南」は南朝、「北」は北朝を示す。

足利氏略系図

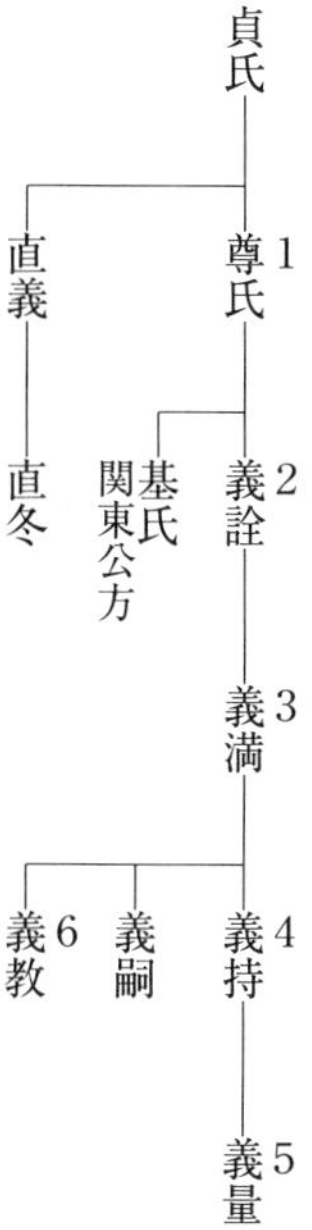

（注） 数字は将軍継承順。

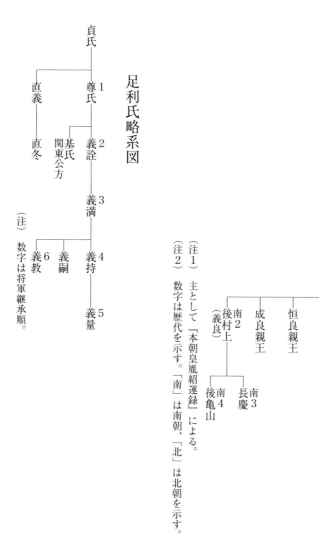

御子左家略系図

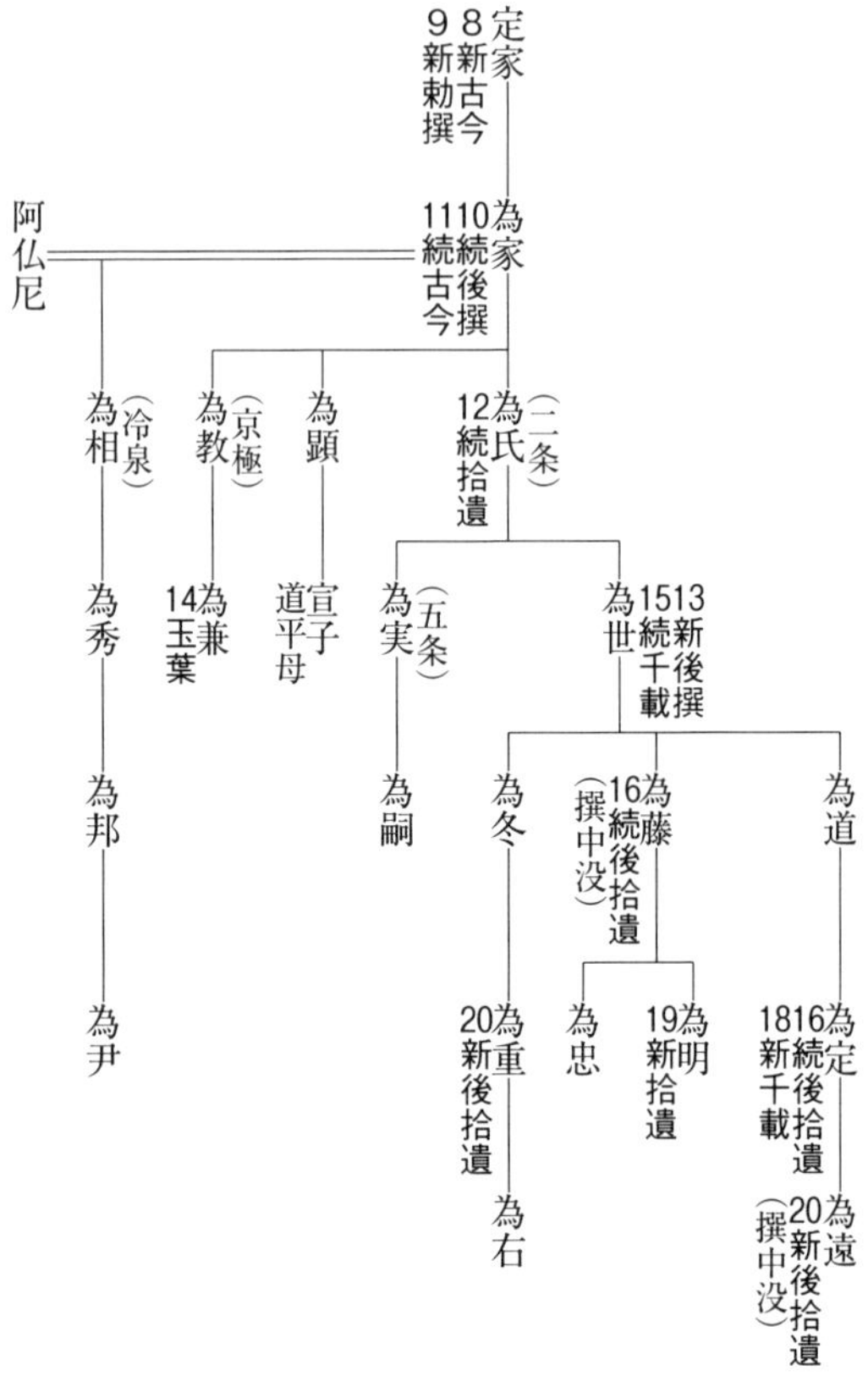

(注) 太字は御子左家が撰進した勅撰集。数字は二十一代集のうちの順。

略年譜

年次	西暦	年齢	事績	参考事項
元応二	一三二〇	一	この年、誕生。	
元亨元	一三二一	二	この年、弟良忠生、母婉子か	二月八日、外祖父今出川公顕没（四八歳）○二月、祖母藤原宣子没
二	一三二二	三		
三	一三二三	四		一〇月九日、道平内覧宣下
正中元	一三二四	五		九月一九日、正中の変
二	一三二五	六		一二月一八日、『続後拾遺集』奏覧
嘉暦元	一三二六	七		この年、善成王誕生、後に猶子とす
二	一三二七	八	八月九日元服、叙正五位下、聴禁色○八月一四日、侍従○九月二一日、任左少将○閏九月二日、叙従四位下○閏九月二八日、任左中将	二月一二日、道平関白に還補される
三	一三二八	九	正月五日、叙従四位上○三月一六日、叙従三位、左中将元の如し、兼播磨介	
元徳元	一三二九	一〇	六月二八日、任権中納言、左中将元の如し	
二	一三三〇	一一	正月五日、叙正三位	正月二六日、道平辞関白、内覧宣下
元弘元	一三三一	一二	一〇月一三日、富小路内裏行幸に供奉	八月二四日、後醍醐天皇、笠置に隠

				る（元弘の変）○九月二〇日、光厳天皇践祚、後伏見上皇院政○この頃、『徒然草』成る
正慶 元	一三三二	一三	四月一〇日、幕府、道平を処罰、子孫は家督たるべからざる旨を通告○四月一五日、辞権中納言	三月七日、後醍醐、隠岐へ配流される
二 元弘 三	一三三三	一四	五月一七日、権中納言に復す。道平左大臣・内覧・氏長者○六月一二日、叙従一位○一二月二八日、姉栄子を女御とす	五月九日、六波羅探題滅亡○五月二一日、鎌倉幕府滅亡○五月二五日、光厳天皇を廃す
建武 元	一三三四	一五	二月二日、春日祭上卿○夏以前、救済初参	八月二二日、祖父兼基没（六七歳）
二	一三三五	一六	二月四日、父道平没（四九歳）	一一月九日、足利尊氏鎌倉に叛す
延元 元 建武 三	一三三六	一七	三月二日、任権大納言○五月二七日、後醍醐山門に行幸、弟良忠を参らせる○八月一五日、豊仁親王、押小路烏丸殿で元服、ついで践祚○一二月二五日、光厳上皇の命により東寺教令覚王両院の所領を安堵し門主を選ぶ	五月二五日、湊川合戦○八月一五日、足利尊氏、光明天皇を践祚させ、光厳上皇院政○一一月七日、足利直義ら『建武式目』制定○一二月二一日、後醍醐吉野に逃れ南朝を立てる
四	一三三七	一八	八月（一〇月）八日、叙正二位○一〇月一五日、九条兼実と松殿基房との「宇治入条々」ほかの問答を披見し識語を加える	
暦応 元	一三三八	一九	正月二〇日、『春除目抄』を披見○六月一〇日、『玉葉』を披見○閏七月二〇日、『台記』を披見○一〇月一九日、兼左大将○一一月一九日、大嘗祭	八月一一日、足利尊氏征夷大将軍

				に出仕	
	二	一三三九	二〇	正月六日、左馬寮御監○四月一四日、母婉子没（四〇歳前後か）、服解○八月二九日、復任○一〇月、栄子落飾	八月一六日、後醍醐天皇没
	三	一三四〇	二一	七月一九日、任内大臣○七月二四日、還左大将宣下○この頃、家に千句連歌を行う	二月、北畠親房『職原抄』を著す○一二月一九日、春日神木入洛
	四	一三四一	二二	八月一九日、神木帰座に供奉	正月一四日、曽祖父師忠没（八八歳）
康永	元	一三四二	二三	三月三〇日、兼皇太子傅○一二月二一日、京官除目執筆（初度）、辞左大将	この年、足利直義・夢窓疎石『夢中問答集』成立
	二	一三四三	二四	正月六日、勅授帯剣○正月七日、白馬節会内弁（初度）○正月二六―二八日、県召除目執筆を勤仕○四月一〇日、任右大臣○四月一一日、春日社頭で『金剛般若波羅密経』を手写し宿願十箇条を記して成就を祈る	
	三	一三四四	二五	正月二七日、女叙位執筆○一一月一〇日、難波宗清と蹴鞠故実を問答し『宗清百問答』を編む	六月二二日、丹波忠守没○この年、小倉実教『藤葉和歌集』を撰ぶ
貞和	元	一三四五	二六	三月下旬、『僻連抄』を著す○五月一八日、洞院公賢に一上の事を談ず○一二月一七日、外宮遷宮神宝発遣の装束并日時定上卿を務める○この年、長男師良生、母家女房左衛門督局	
	二	一三四六	二七	正月七日、白馬節会内弁○正月一六日、踏歌節会	七月二四日、虎関師錬没

			内弁○二月一九―二一日、県召除目執筆、揚名介中文を提出、洞院公賢と数度問答あり○二月二九日、関白・氏長者宣下○三月二日、内覧宣下○四月二九日、一座・牛車・兵仗宣下、関白拝賀○閏九月一〇日、仙洞持明院殿にて百首和歌披講に参仕、松殿忠嗣に百首（『貞和百首』）を清書させる○一一月九日、仙洞にて『風雅和歌集』竟宴	
三	一三四七	二八	正月五日、叙従一位○正月一四日、院評定に初めて参仕○正月一六日、踏歌節会、立楽を興行○この春、蔵春閣にて尊胤法親王らと連歌○五月二三日、賀茂社御幸供奉を望む○八月六日、左大臣転任を望む○九月一三日、任官興行を企て、近衛中少将を減員せんとす○九月一六日、転左大臣○一〇月二一日、官位叙任の手続きを厳密にするよう命ず	正月四日、転法輪三条実忠没
四	一三四八	二九	正月一四日、踏歌節会への出御につき勅問を受く○この春、家蔵春閣にて連歌○一〇月二二日、一座宣下○一〇月二七日、譲国節会、押小路烏丸殿を新帝の里内とす、関白元の如し	正月五日、高師直、楠木正行と四条畷で合戦○一〇月二七日、光明天皇譲位、崇光天皇践祚、光厳上皇院政○一一月一一日、花園法皇没
五	一三四九	三〇	正月一日、光厳院仙洞御薬陪膳○二月二五日、蹴鞠を行う○三月二五日、長男師良叙正五位下、着	閏六月一五日、足利直義と高師直抗争○七月六日、九条道教没○八月一

年号	西暦	年齢	事項	一般事項
			袴元服、加冠す○四月一八日、中原師茂より牛を徴して西芳寺・法金剛院に参詣○六月一日、院評定、近衛基嗣と座次を相論○六月一一日、四条河原橋勧進田楽を見物、翌日落首で諷される○七月一七日、『僻連抄』を修訂し『連理秘抄』と改題、玄恵序を草す○九月一三日、辞左大臣○一二月二五日、天皇に即位の印と真言を伝授○一二月二六日、即位礼	四日、直義隠退を決す○一〇月二二日、足利義詮上洛○一二月八日、直義出家○この年、『竹むきが記』成る
観応 元	一三五〇	三一	八月一五日、入道尊円親王に平等院扁額を揮毫させる○一〇月二八日、大嘗会延引、天下大祓を宣下せんとするも例なきにより止む	三月二日、玄恵没○一〇月一六日、足利直冬九州で挙兵の報京に達す○一〇月二六日、直義大和国に奔る○この頃、宗久『都のつと』を著す
観応 二（正平六）	一三五一	三二	六月、興福寺南円堂本尊を供養す○一一月七日、この前後関白を停止される○一一月一三日、談山神社焼亡にも実検使を遣わさない旨を小槻匡遠に語る○一二月二六日、四方拝・内侍所行幸の次第を後村上天皇に注進す○この年以前、兼好らから名所歌を召す	二月二六日、高師直殺害される○七月三〇日、直義、北陸へ逃れ関東に挙兵○九月三〇日、夢窓疎石没○一〇月二四日、足利尊氏・義詮、偽って南朝に降伏○一一月四日、尊氏、足利直義討伐の為東下○一一月七日、崇光天皇廃位○一二月二八日、二条師基関白、光明上皇出家
正平 七	一三五二	三三	二月下旬、後村上天皇の住吉行宮に参る○五月二	正月五日、足利尊氏、足利直義を破

（文和元）

七日、この頃、幕府関白への復職を決す○六月二五日、広義門院の命により関白に復し政務を執る○七月一日、神器を闕き先皇の詔のない践祚につき重臣に諮り、践祚日次を広義門院と義詮に示す○八月一六日、新帝の元服次第・践祚次第を草す○八月一七日、弥仁王元服、加冠を勤仕、践祚を申沙汰、関白の慶を奏す○八月二八日、『後普光園院殿御百首』を編み頓阿・慶運・兼好に合点させ、この日、頓阿跋文を記す○九月二日、弟良忠出家（三二歳）○一二月三日、幕府諒闇回避を執奏するにより故陽禄門院を准母とする事を諮る○一二月一七日、明年の公事興行に洞院公賢の助力を求め廃朝立春に及ぶ事を諮る

り鎌倉に入る○二月二六日、直義、鎌倉で急死○閏二月二〇日、南朝軍入京、足利義詮、近江に敗走、光厳・光明・崇光三上皇と直仁親王、八幡に連行される○三月一五日、義詮、京都を奪回○五月一一日、後村上、八幡より敗走○六月二日、三上皇ら賀名生に遷される○六月三日、幕府弥仁王の践祚と広義門院の治世を執奏○六月二七日、諸人の官位を観応二年一一月に復す○八月八日、光厳上皇出家○八月一二日、近衛経忠没○八月一七日、後光厳天皇践祚○一一月二八日、陽禄門院没

文和　二　一三五三　三四

六月六日、後光厳天皇、押小路烏丸殿ついで延暦寺へ非常行幸、乗輿して供奉す。○六月一四日、坂本より帰京○七月一一日、南朝、後光厳天皇践祚を沙汰した咎により家記文書を没収し師基に渡す○この頃、瘧病を患い、嵯峨中院に籠居す○七月二七日、密かに美濃小島に参る○七月二八日、関白を安堵される○七月、『後撰百人一首』を撰

六月九日、南朝軍、京都に侵入○六月一四日、足利義詮天皇を奉じ美濃国小島に逃る○六月一七日、二条師基、出京し政務を執る○七月二六日、義詮、京都を回復○七月二九日、足利尊氏、鎌倉を発す○八月六日、鷹司師平没○九月三日、尊氏、垂井に

			ぶという○八月五日、小島にて探題歌会・連歌を行う○九月五日、尊氏の十五夜の詠草に合点○九月二〇日、帰京、『小島のすさみ』著す○一〇月二八日、鬼間議定始○一二月二七日、即位礼、天皇に印と真言を伝授	到着、天皇と対面す○九月一二日、義詮、垂井に参る○九月二一日、尊氏・義詮、天皇を奉じ入京
三	一三五四	三五	一一月八日、大嘗会神膳供進の儀の習礼を行い卜部兼豊参る○一一月一六日、大嘗祭○一一月二八日、足利尊氏参内、祗候す○一二月一四日、冷泉為秀、勅撰集撰者を望む、この日勅答を伝え打聞の準備を奨める○一二月二四日、近江国武佐行宮に参る○この年、男道意（道基）生	四月八日、近衛基嗣没○四月一七日、北畠親房没○一二月二四日、足利直冬・桃井直常ら京都に迫り、尊氏後光厳天皇を奉じ近江国武佐寺へ逃る
四	一三五五	三六	三月二八日、土御門殿還幸、この頃、祝部成国より贈歌○四月二五日、救済・周阿ら十一名と千句連歌（『文和千句』）を始める○八月五日、議定始○八月、『何船百韻』に加点○一二月二〇日、政道興行を誓う告文を諸社に奉り、伝奏・議定衆・職事・弁官に連署させる○一二月二六日、万機旬○一二月、賢俊の三宝院にて百韻連歌	正月一六日、南朝軍入京○二月八日、後光厳天皇、東坂本に幸し日吉禰宜祝部成国の家を行宮とす○三月一二日、東寺合戦、足利尊氏・義詮、京都を回復○四月二九日、木寺宮康仁親王没○八月八日、光明法皇帰京
延文元	一三五六	三七	二月一八日、議定始○三月一五日、中原師茂の牛を徴し西芳寺に参詣、花見百韻連歌あり○三月二〇日、執事中御門季定、侍四郎左衛門尉に殺害さ	正月六日、善成王、源姓を賜り叙従三位○六月一一日、二条為定に勅撰集撰進を下命す○八月二五日、後光

			れる○三月二五日、『菟玖波集』仮名序を執筆○六月二一日、内裏三首歌会○八月一一日、小槻量実、『菟玖波集』のため句集を提出○八月一二日、応製百首の人数に今小路良冬と松殿忠嗣を推挙す○八月一八日、近衛道嗣、『菟玖波集』真名序を執筆す○一一月一日、押小路烏丸殿に盗賊乱入○この年、二男師嗣生、母土岐頼康女宣旨局	厳天皇、延文百首の詠進を命ず○九月二三日、入道尊円親王没
二	一三五七	三八	正月二七日、議定始○三月一〇日、後光厳天皇、『菟玖波集』の借覧を請う○六月二七日、猶子良玄、一乗院門跡に迎えらる○閏七月一一日、『菟玖波集』を勅撰集に准ずる綸旨を賜る○一〇月九日、これ以前『延文百首』を詠み二条為明に一見させる○一〇月、乾峰士曇とともに菩提院（宝菩提寺）梁銘を記す	二月一八日、光厳・崇光両上皇・直仁親王帰京○七月、幕府と南朝と和睦の風聞あり○閏七月一六日、賢俊没○閏七月二二日、広義門院没○一〇月、南都合戦、大乗院孝覚、一乗院実玄・良玄を逐う○一〇月二五日、幕府、良玄・実玄の処罰を執奏す
三	一三五八	三九	六月二六日、議定始○七月上旬、勅命により『撃蒙句法』を著す○九月一一日、幕府、南都合戦の責を問い関白更迭を執奏○一一月六日、関白辞退の風聞あり○一二月二六日、幕府重ねて関白の事を執奏○一二月二九日、関白辞退、内覧・兵仗宣下、大閤と号す○この年、三男経嗣生、母宣旨局	四月三〇日、足利尊氏没○八月二五日、幕府、実玄・良玄の処罰を再び執奏○この頃、兼好没か
四	一三五九	四〇	正月九日、洞院公賢に礼儀興行の抱負を語る○正	四月一五日、洞院公賢出家○四月二

			月二三日、議定始○三月二三—二五日、県召除目、執筆久我通相に除目説を授けんとして拒絶される○七月一五日、近衛道嗣より『詩人玉屑』を借用す○一二月五日、西園寺実俊に除目説を伝授す	八日、『新千載集』奏覧○五月二日、尊胤法親王没○一二月一九日、義詮、南朝討伐のため出京○一二月二五日、『新千載集』返納
五	一三六〇	四一	正月一日、元日節会に警固を宣下させる○二月二九日、議定始○この春、頓阿に歌道を抛つべからざる勅旨を伝え和歌を贈答○一〇月一三日、導誉・救済・永運らと連歌（『何船百韻』）○一〇月二九日、二条為明より『古今集』の説を受く○この頃、為明・二条為忠・冷泉為秀・四辻善成・頓阿らと続百首歌会	正月三〇日、この頃幕府と南朝との和睦の風聞あり○三月一四日、二条為定没○四月六日、洞院公賢没
康安 元	一三六一	四二	三月四日、議定始○三月二五—二七日、県召除目に三ヶ夜祗候○六月六日、阿一、『詩人玉屑』『毛詩』を講ず○六月二八日—七月二日、最勝講	六月二一日、畿内大地震○九月二三日、執事細川清氏、足利義詮に背く○一二月八日、清氏と南朝軍迫り、義詮天皇を奉じ近江国武佐寺に走る○一二月二七日、義詮京都を奪回
貞治 元	一三六二	四三	九月一三日、この年か、家に月百首歌会○一一月一一日、関白還補の巷説あり	四月二一日、天皇、土御門内裏に還幸○七月二三日、義詮、斯波義将を執事とす
二	一三六三	四四	正月二八日、足利義詮参内を引導○閏正月三日、穀倉院辺に鷹狩を行う○閏正月二七日、征夷大将	二月二九日、二条為明に勅撰集撰進を下命○春、大内弘世、幕府に帰参

			軍に勅授帯剣を宣下する先例を注進させる○二月三〇日、『愚問賢注』成る○行阿と源氏物語難義につき問答○五月一一日、内裏初度晴儀蹴鞠、『衣かづきの日記』を執筆○六月七日、関白還補を春日社に祈願し『二条良基春日社願文案』を草す○六月二七日、関白還補○一二月二七日、任官興行を企て、不出仕の近衛次将を解官せんとす	○六月、上杉憲顕、関東執事となる○九月、山名時氏、幕府に帰参○一〇月二九日、中殿作文○この年、師良男厳叡生、後に猶子とす
三	一三六四	四五	正月一日、関白拝賀・牛車始・吉書御覧○二月一九日、議定始○二月二一日、油小路隆蔭の叙従一位につき勅問、子細なしとす○春、行阿に源氏説の伝授を求める○四月一七日、足利義詮のために大納言以上の公卿の受領兼帯の例を勘進させる○七月八日、参内し勧修寺経顕と光厳院遺戒を披見し諒闇と決す○七月二六日、天皇倚廬入御、次第を作進○八月二七日—九月二六日、養和二年・安元二年・承安二年日記（玉葉か）を書写させる○九月一六日、諒闇後の議定始○一二月一日、行阿より『原中最秘抄』を伝授される○一二月一九日、長者宣を下し春日神木の年内帰座を命ず	四月二〇日、『新拾遺集』四季部奏覧○七月七日、光厳法皇、丹波国にて没○一〇月二七日、二条為明没○一二月一三日、頓阿助成して『新拾遺集』返納○一二月一九日、越前守護斯波導朝、春日社領を押領し興福寺衆徒ら神木を奉じて入洛
四	一三六五	四六	三月八日、幕府内裏造営を執奏、敷地につき勅問あり、閑院内裏跡地を推す○六月三〇日、行阿に	正月二六日、二条師基没○三月一〇日、一条経通没○九月、法性寺親長

			揚名介の秘説を伝える○一〇月七日、救済・周阿・四辻善成・冷泉為秀・京極高秀参り源氏物語より連歌寄合の詞を定める（『光源氏一部連歌寄合』）○一一月二九日、光明峰寺の管領相論につき勅問あり○この年、南朝内裏三百六十首和歌に合点	出家○この年、師良男道順生、後に猶子とす○この頃、頓阿『井蛙抄』成るか
五	一三六六	四七	五月中旬、由阿、万葉集を講じ『詞林采葉抄』を献ず○七月一〇日、由阿、万葉集の秘説を伝授し『拾遺采葉抄』を献ず○八月一二日、春日神木帰座、供奉す、『さかき葉の日記』を著す○九月七日、春日山木枯槁により神楽を奏させる○八月二九日、二男師嗣元服、加冠す、叙正五位下○九月九日、師嗣を伴い参内○一一月三日、家二首歌会、浄慶・浄意ら平曲あり○一一月二一日、四辻善成邸月次歌会、懐紙に道号春湊を用う○一一月二二日、冷泉為秀の中納言昇進を推挙し、この日、為秀挙状を佐々木導誉に付す○一二月二二日、公事百首披講し五十番歌合とする（『年中行事歌合』）○一二月二五日、一条家門を三男経嗣に安堵する勅裁あり○この頃か、一条家の典籍を抑留し『源氏物語』従一位麗子本を善成に賜う	八月八日、足利義詮、執事斯波義将とその父導朝を廃し、この日導朝ら越前へ奔る○八月一二日、春日神木帰座す○一二月二七日、一条房経没

六 | 一三六七 | 四八

正月一六日、踏歌節会、師嗣を同伴し見物させる○正月二八日、議定始○二月一一日―一三日、県召除目、執筆師良を扶持す○三月二三日、新玉津嶋社歌合に出詠、経嗣元服、師良加冠○三月二六日、世尊寺行忠邸で足利義詮と会す○三月二九日、直衣始、中殿歌会、義詮参内、『雲井の花』を著す○三月、宗久『都のつと』に跋文を寄す○四月一三日、行忠邸に義詮を招き中殿歌会の儀を描く州崎・破子等を贈る○五月二日、南朝勅使葉室光資との対面を拒む○五月九日、将軍・大宰少弐が私に異国返牒を遣わした先例を注進させる○この頃、義詮のために『異国牒状記』を著すか○五月二三日、殿上定、異国に返牒の要なしとする○六月二一日、興福寺・清水寺に神人課役免除を下知○六月二九日、中原師茂に大炊寮領興行を約す○七月三日、師茂に牛を徴し崇光上皇仙洞菊亭に参り終夜連歌○七月一二日、義詮の上京の山荘に招かる、幕府関白辞退を執奏するも聴かず○八月一八日―二二日、最勝講に参仕○八月二五日、実玄参る○八月二七日、関白を辞退、内覧・随身・兵仗宣下○九月二九日、吉書御覧

二月、高麗国王使者来朝し倭寇の禁圧を要請○四月二九日、南朝、幕府と和睦せんとするも破る○六月一日、洞院実夏没○六月一八日、園城寺南禅寺と抗争○六月二六日、義詮高麗使に返牒を与えて帰国させる○六月二七日、幕府、山城国の寺社本所領興行を決定（応安徳政）○七月一三日、斯波高経（導朝）没○八月一九日、内裏最勝講にて延暦寺衆徒と興福寺・東大寺衆徒闘擾す○一一月二五日、義詮細川頼之を執事（管領）とし嗣子義満の後見を託す○一二月七日、足利義詮没○この頃、四辻善成、義詮の命により『河海抄』を撰ぶ

応安元	一三六八	四九	三月一〇日―一六日、後伏見院三十三年忌の内裏法華懺法に参仕○四月六日、同じく崇光上皇仙洞菊亭の如法念仏・法事讃、共行の人数に入る○閏六月一三日、押小路烏丸殿泉より白竜昇天、中巌円月にその奇瑞を記させる○歳暮、天皇、元三出仕と師嗣の節会内弁勤仕を求める	三月一一日、南朝後村上天皇没○六月一七日、幕府、諸国本所領を下地中分とす（応安半済令）○八月二九日、延暦寺、南禅寺を訴え日吉神輿入洛○この年、師良男桓教生、後に猶子とす
二	一三六九	五〇	三月二八日―三〇日、県召除目、師良執筆、入眼日祇候○四月二一日、禁裏守護の六角氏頼への勅書を伝達する○一一月四日、師良関白○一二月一九日、師嗣、師良猶子として右大将に任ぜらる○この年か、家で百韻連歌（『何船百韻』）	四月二〇日、延暦寺衆徒、神輿を奉じて嗷訴、内裏に乱入、六角氏頼防ぐ○七月二八日、幕府、延暦寺の訴えにより南禅寺楼門を破却
三	一三七〇	五一	四月二三日、宋縁に教令院門跡および同坊領を管領させる○五月二二日、故光厳院七回忌の宸筆法華八講企てられ、道場以下の事度々勅問あり○七月三日―七日、宸筆法華八講、次第を作進す○九月一八日、内裏和漢聯句、譲位につき勅問あり○一一月一五日、譲位後の御所、儲君元服・立親王の事など奉答す	正月二七日、師良室行子叙従三位○六月七日、六角氏頼（崇永）没○六月二一日、今小路良冬（五二歳）出家○一二月一五日、土岐頼康、細川頼之と抗争す○この頃、慶運没
四	一三七一	五二	正月一六日、踏歌節会の御膳次第の違乱を奉行として糾問○二月二九日、譲位の議定○三月二三日、緒仁親王の元服、践祚を申沙汰す（『後光厳院譲	二月一九日、今川了俊、九州探題として西下○三月二三日、後円融天皇践祚、後光厳上皇院政○一二月二日、

			位記』)○閏三月二八日、院評定始○五月七日、勧修寺経顕内大臣拝賀、その作法を後光厳上皇の御前で難ず○五月一九日、院殿上定○七月二五日、後光厳、押小路烏丸殿に御幸○八月一一日、徳政の意見状『二条良基内奏状』を呈す○九月一三日、仙洞三席御会始○九月二六日、院評定○一二月五日、年内の即位礼挙行につき勅問あり	興福寺六方衆、一乗院実玄・大乗院教信の処罰を求め、春日神木を入洛させる○一二月一五日、興福寺、光済・宋縁両僧正の配流を求める
五	一三七二	五三	正月中旬、これ以前『筑波問答』を著す○八月五日、一条家より弘法大師筆『金剛場陀羅尼経』を召し、醍醐寺に下賜す○九月二八日、平等院領カワラノ庄を没収せんとす○九月、『蔵玉和歌集』を編むという○一二月二六日、学侶・六方衆と交渉し、翌月の神木帰座を約させる○一二月、『連歌新式』を定めて救済と連署す○この頃、『玉梅集』の撰集を企つ	正月二二日、実玄・教信を配流す○三月一三日、頓阿没○六月一一日、冷泉為秀没
六	一三七三	五四	正月七日、六方衆、新たな事書を呈し、神木帰座を拒む○正月二九日、神木帰座の交渉を打ち切る○二月二五日、北野社に救済と『聖廟百韻連歌』(仮託書)を奉納するという○六月一日、『古今集』の秘説を良阿に伝授す○六月一二日、土岐頼康女宣旨局没す(四〇余歳か)○八月二日、後光	正月五日、勧修寺経顕没○八月二五日、佐々木導誉没○一一月一八日、二条為忠没

			厳上皇に命じられ興福寺僧綱を召す○八月六日、六方衆により放氏される○この年、卜部兼熙より『古語拾遺』を伝授される○この頃か『思ひのままの日記』を執筆	
七	一三七四	五五	正月二七日、重態の後光厳上皇の置文を代筆し、後円融天皇に治世を譲る旨を幕府に伝達す○二月二日、故後光厳院の諡号定、泉涌寺に葬送、『諒闇和字記〈応安〉』を著すか○二月二一日、細川頼之、公家の政務を沙汰させんとす○四月七日、内裏奏事始、天皇親政への意欲を示す○六月三日、雑訴を沙汰することを天皇許さず○一〇月、大原野（大原か）にて千句連歌を行い、『大原野千句注文』を記す○一一月八日、続氏される○一二月九日、諒闇中なれども即位に吉服を着するよう命ず○一二月一七日、神木帰座、供奉○一二月二八日、即位礼○この年、『知連抄』を著し師良に贈るという	正月二九日、後光厳上皇没○四月、小島法師没○六月二〇日、日吉社神人、神輿造替を訴えて洛中に振り捨てる○秋、由阿『青葉丹花抄』を著す○一一月五日、光済・宋縁、配流される
永和元	一三七五	五六	正月、『万葉集』の連歌寄合の詞を定める（『万葉詞』）○二月二一日、鬼間議定始○三月一八日、議定始○この頃、観世猿楽の児（後の世阿弥）に対面し藤若と命名○四月一七日、『良基消息詞』	正月八日、中巌円月没○六月か、足利義満、新熊野社にて観阿弥の演能を見る○六月二六日、二条為遠に勅撰集撰進を下命○一〇月、後円融天

			を著す○四月二五日、義満初めて参内、祇候○五月二六日、前年崇光上皇より借りた貞応二年の経高卿記を返却○八月一日、『聖徳太子憲法抄』を義満に贈る○一一月二三日、大嘗祭、『永和大嘗会記』を著す○一二月二七日、師良辞関白	皇百首和歌の詠進を命ず
二	一三七六	五七	正月一日、准三后を宣下される○正月二九日、議定始○三月一日、師嗣に後院別当を辞退させる○三月三日、内裏年始作文、懐紙に「准三宮良基」と署名し不審を買う○閏七月二八日、徳政議定○八月一〇日、『九州問答』を著し今川了俊に贈る○この冬、坂士仏を法印に叙す事勅問あり、奉答以前勅書を細川頼之に示し逆鱗に触れる○この年より永徳二年四月までの間、『年中行事秘抄』を一見す	三月八日、救済（九五歳）没か○四月一五日、『増鏡』応永本の祖本書写（あるいは擱筆か）
三	一三七七	五八	正月五日、叙位、逆鱗により年爵を申請せず○正月二三日、議定始○二月二日、この頃、上洛の九州僧（宗久か）の勧進和歌に出詠○四月六日『良基独吟鷹詞何路百韻』成るという○七月二日、転法輪三条公忠に皇子誕生を賀す○この頃か『良基周阿百番連歌合』	二月一八日、仙洞室町殿焼亡○五月一二日、松殿忠嗣没○六月二七日、幹仁親王（後小松天皇）生○この年か、周阿没
四	一三七八	五九	三月二日、議定始○三月二六日、救済追善百韻連	三月一〇日、足利義満、新造の室町

年号	西暦	年齢	事蹟	参考事項
			歌（『賦春之何連歌』）に加点○四月六日、師良発狂、本復せず。連歌以下の遊興に耽り驚かず○四月二五日、この頃、藤若参り連歌○九月二二日、正親町三条実継と大将拝賀の故実につき問答す○一〇月四日、光済の法身院で義満と初めて会し、大将拝賀の作法を授く○一〇月一六日、義満、押小路烏丸殿に参る○一一月九日、室町第を訪ね義満と会す○一一月二五日、室町第に義満と会す	第に移る○三月二四日、足利義満権大納言○六月七日、義満、祇園会を見物し藤若桟敷に祇候○七月七日、中原師茂卒○七月二〇日、満済生○八月二七日、義満右大将を兼ねる○一〇月九日、興福寺衆徒、十市遠康討伐を求め春日神木を動座させる○この年、師良男良順生、猶子とす
康暦元	一三七九	六〇	正月二日、白馬節会出御につき勅問、出御あるべしとする○正月三日、足利義満に大将故実を訓説す○正月五日、義満に天盃作法を仮名で記し送る○正月七日、義満参内し御前で酒宴あり、白馬節会を見物させる○二月二〇日、家で香聞あり○三月二〇日、黒谷で連歌、太子堂で観花、入道尊道親王の青蓮院で連歌○三月二二日、改元定、延文・貞治の字を用いない様命ず○四月一三日、義満に口入し京極高秀を赦免させる○四月二八日、義満と参内し泉殿で酒宴、『右大将義満参内饗讌仮名記』を著す○閏四月二二日、教令院門跡の敷地寺領を宗助に管領させる○五月一七日、義満参り連歌・鶯合あり○五月、『連歌十様』を著し義満に	正月一九日、柳原忠光没○閏四月一四日、康暦の政変、細川頼之、管領を辞す、宋縁逃亡か○閏四月二二日、光済没○閏四月二八日、斯波義将、管領となる○六月九日、日吉神輿帰座○八月一四日、春日神木入洛○八月二八日、伊勢外宮神官ら神宝を奉じて上洛す○この年、源宗明（五〇歳）出家

贈る○六月六日、室町第に往く、八葉車を近衛道嗣より借りる○六月一八日、内裏舞御覧○七月一六日、義満参り大将拝賀の習礼を行う○七月二二日、室町第にて拝賀習礼を行う○七月二五日、義満右大将拝賀、内裏に奏慶○八月二四日、義満、関白還補を執奏するも勅許なし○八月二五日、師嗣関白○九月一七日、興福寺に神木帰座を命ず○一〇月一一日、和漢聯句、建仁寺僧多数参る○一〇月一四日、曼殊院・牧護寿聖寺に詣で連歌○一一月二二日、斯波義将、摂津国の興福寺領ならびに関所興行を約す○一二月二日、興福寺、軍勢の即時発向を望まぬ旨を申す○一二月七日、鳥合○一二月一三日、明春の後光厳院七回忌宸筆法華八講につき勅問あり○一二月一六日、連歌、遊行上人元愚参る

二　一三八〇　六二

正月二〇日、義満直衣始・網代車始、諸儀扶持す○正月二七日、後円融天皇に宸筆法華八講の開催を断念させる○正月二九日―二月五日、内裏法華懺法講、次第を作進、『雲井の御法』を著す○三月二一日、師良出家、法名明空○四月四日、波多野通郷、上洛により旅籠振連歌あり○四月九日、

正月五日、足利義満叙従一位○四月八日、義満、儒者と文談を始める○四月、義堂周信上洛して建仁寺ついで等持寺に住す○六月二四日、光明法皇没○六月二九日、日吉神輿造替、奉送の儀あり○一一月一四日、土岐

『万葉集』談義を始める○四月二三日、鳥合・百首短冊歌会・管絃・酒宴、義満・斯波義将ら公武参集す○四月二八日、今川了俊の句集に合点、その問に答える（『了俊下草』）○五月二〇日、室町第に往く、『孟子』談義あり○五月二八日、義満のため内外出仕装束以下の書一巻を著す○六月二日、義満と参内し御前で新作の『羽蟻中将絵』を読む○六月七日、祇園会風流を義満と見物す○六月九日、十二番花合○六月一七日、十三番花合○六月二五日、日吉神輿仮殿に参詣、ついで家に『孟子』を談義す○七月一八日、和漢聯句・文談・管絃・酒宴・舟遊、義満以下参る○七月二四日、双六勝負○八月八日、義同周信初めて参る○この年、了俊企画の「大慈八景詩歌」に跋を寄す○この頃、「南都八景詩歌」を催す

直氏（信尊）没○一二月一五日、春日神木帰座○この年、室町雅朝没

永徳元　一三八一　六二

正月七日、白馬節会、外弁上首の足利義満を扶持す○正月二六日、議定始○二月一一日、近衛道嗣に『後京極摂政記』の建仁辛酉定記を写し送り、『猪熊関白記』の元久甲子定記の書写を請う○三月一一―一六日、後円融天皇、室町第に行幸す、舞御覧・蹴鞠・三席御会あり、『さかゆく花』を

八月二七日、二条為遠没○一〇月二八日、二条為重に重ねて勅撰集撰進の命を下す○この年、世尊寺行忠没

			著すか○五月三日、興福寺僧綱を召し菩提山に籠る六方衆の帰寺を命ず○五月一〇日、太政大臣に任ぜらるべき旨を義満執奏す○六月二六日、室町第にて大饗雑事定○七月一六日、大饗出仕料として加賀国井家荘領家職半分を与えらる○七月二〇日、大饗次第を草し道嗣に送り、別に仮名次第を義満に送る○七月二二日、拝賀に一条経嗣の扈従を求められ了承す○七月二三日、任大臣節会、太政大臣の奏慶拝賀、兵仗を賜わる、ついで室町第の大饗に臨む○八月三日、義満直衣始、公卿扈従を沙汰○八月一五日、内裏三席御会始に不参、懐紙を進める○八月一九日、室町第歌会、和歌序に自らの来臨を特記させる○義満、天皇と確執あり、大将を辞さんとするを宥める○九月二五日、義堂周信参り文談、新楼の命名を求める○一一月二日、漢和聯句、『韻府群玉』を用いて初めて和句に押韻す○この頃、『永徳（永和）百首』詠進	
二	一三八二	六三	閏正月一九日、義満に譲位の内勅を伝える○閏正月二三日、譲位後の御所につき勅問あり、以後度々参内す○二月一〇日、『女房官品の事』を著す○この頃、『百寮訓要抄』を著し義満に贈る○	正月一日、足利義満元日節会内弁を勤仕○正月二六日、義満任左大臣○三月二八日、『新後拾遺集』四季部奏覧○四月一一日、後小松天皇践祚、

			二月一八日、等持寺に観花、義堂周信に和歌一首と和漢聯句の発句を遣る○二月二二日、常在光院に観花○三月二八日、『新後拾遺集』仮名序を執筆○四月一一日、後小松天皇践祚、譲国節会あり、仮名次第（『後円融院譲位記』）を作進す、摂政氏長者宣下、忠仁公（藤原良房）と同年齢であることを偲び詠歌○五月一日、師良没（三八歳）○六月二一日、義満が日野宣子葬儀を沙汰する事を諷諫す○八月四日、室町第で和漢聯句あり、義堂、楞厳経を講じ聴聞す○八月一六日、美濃国立政寺を勅願の祈禱所とす○九月一八日、幼帝即位の先例・官方用途を小槻兼治に尋ぬ○一〇月一三日、義満と西芳寺の紅葉を賞翫し、和漢聯句あり○一〇月一五日、石山寺に詣で座主杲守の坊で詩歌を詠む○一〇月二五日、室町第に往き年内に即位礼を遂げる事を談ず○一二月二八日、即位礼、天皇に印と真言を伝授す○一二月、『後普光園院御抄』を著すという○この年か、『経氏集』に合点○この頃か、冷泉為秀相伝の明月記自筆本に識語を加える	後円融上皇院政○六月一四日、日野宣子没○一一月二一日、今小路基冬没○一一月二六日、相国寺上棟○一二月二三日、卜部兼熙昇殿を聴される
三	一三八三	六四	正月一六日、踏歌節会、足利義満の命により満仁	二月一日、後円融上皇、上臈局転法

親王出仕、扶持せんとし、『親王節会参仕条々』を注し送るか○正月二三日、井家荘領家職半分を勧修寺経重に返付す○二月八日、家に作文・聯句○二月一二日、義満と参内す○二月一八日、上皇より罪科に処されるとの説あり○二月二八日、義満と参内す○三月六日、義満と初めて近衛殿に往く○三月一七日、卜部兼熙を四位殿上人の扱いとす○三月二〇日、近衛道嗣初めて参る○三月二六日―二八日、県召除目、初夜義満見物す○三月二八日、院評定始○三月、『和歌集心躰抄抽肝要』を成阿に授くという○四月二五日、義満と参内し和漢聯句、大嘗会国郡卜定、上卿義満に次第を記し送る○五月二八日、義満と参院○六月三日、室町第和漢聯句○六月二二日、兼熙に大嘗会秘密真言を伝授す○六月二六日、義満准三后宣下に臨む○六月二九日、等持寺で和漢聯句○七月二日、准三后以後の義満の書札礼を改め諸人に通知す○七月四日、建仁寺大竜庵にて和漢聯句○七月八日、南禅寺上生院に参詣、駒滝にて和漢聯句○七月一三日、万寿寺にて和漢聯句○八月一二日、和漢聯句○八月一三日、南禅寺にて和漢聯句○八月二三

輪三条厳子を打擲す○二月一五日、上皇、義満を恐れ自害せんとす○二月一八日、義満上皇に詫状を呈す○三月三日、上皇小川殿御幸、義満扈従す○三月一一日、三条西公時没○一一月二八日、『新後拾遺集』返納○一二月二四日、転法輪三条公忠没○この年、師嗣男道忠（満基）生

			日、草薙剣につき『日本書紀』『古語拾遺』の記事を抄出させる○九月一〇日、参内、大嘗会につき治定○九月一七日、春日高倉地蔵堂勧進猿楽を義満・道嗣・兼嗣と見物す○九月一八日、天竜寺参詣の料足二千疋を宗信法印より借用せんとし、兼煕弁済す○九月二三日、義満、飛鳥井家領摂津国今南荘を寄進す○九月二七日—三〇日、夢窓疎石三十三回忌、義満と天竜寺に参詣○一〇月二〇日、内舎人随身を賜わる○一〇月二九日、『十問最秘抄』を著し大内義弘に贈る○一一月一六日、大嘗祭、義満節会内弁勤仕、次第（『良基公作進大嘗会進退』）を作る○一二月八日、鹿苑院にて和漢聯句	
至徳　元	一三八四	六五	正月七日、白馬節会、内弁を勤仕○二月三〇日、等持寺にて和漢聯句○一〇月二六日—二八日、伏見大光明寺の陽禄門院三十三回忌転経会に足利義満と参じ『陽禄門院三十三回忌の記』を著す○一一月三日、仙洞三席御会始○一一月三〇日、大慈院にて和漢聯句○一二月八日、鹿苑院にて和漢聯句○この頃、義満の孝経談義に臨む	三月、『梵灯庵袖下集』成立○五月一九日、観阿弥没
二	一三八五	六六	二月二一日、等持寺で観花、和漢聯句○六月二二	二月一五日、二条為重没○九月、宗

年号	西暦	年齢	事項	参考事項
			日、『思露』を著し、上臈御局（転法輪三条厳子か）に贈る○八月二八日―九月一日、足利義満・近衛道嗣と南都に下向す○一〇月一八日、石山寺参詣、連歌（『石山百韻』）	信法印没
三	一三八六	六七	二月三日、南禅寺にて和漢聯句○五月二八日、仙洞晴儀蹴鞠、足利義満の師範となる○八月四日、加賀国小坂荘を南禅寺に寄進○この秋か、等持寺にて和漢聯句（『和漢聯句百韻』）○一一月七日、『嵯峨野物語』を著す○一二月二二日、義満に代り後小松天皇元服の式と次第を作進○この年、満意生	六月一九日、鷹司冬通没
嘉慶元	一三八七	六八	正月三日、後小松天皇元服、加冠の役を務める○正月七日、賀表の儀、白馬節会、転法輪三条実冬と公事を談ず○正月八日、辞太政大臣○二月四日、室町第年始歌会、詠歌嘲哢される○二月七日、辞摂政、内覧・随身・兵仗宣下○三月九日、足利義満鷹司殿にて蹴鞠、見証○六月二三日、金蓮寺浄阿、後鳥羽院百五十回忌の千句連歌・百首和歌（『隠岐高田明神百首』）を勧進、序を寄す○八月二三日、改元定、辞退後初めて参内○一一月一二日、『近来風躰』を著し松田貞秀に贈る○この頃、	正月二六日、実玄没○三月一七日、近衛道嗣没○一二月二五日、土岐頼康（善忠）没○この年、月輪家尹没

二	一三八八	六九	覚増法親王に『名匠風体（近来風躰か）』と『知連抄』を贈るという○この年以前、『餅酒歌合』『良基独吟何所百韻』『賦畳字連歌』を著す 正月二四日、『近来風躰』を修訂し弁内侍に贈る○二月二五日、金蓮寺浄阿の一色範光追善連歌に序（『一色禅門悼文』）を寄す○四月八日、摂政に還補○五月一九日、老病篤く経嗣関白に補さるとの説あり○五月二五日、信乗の求めで『長谷寺縁起文』に加点し跋を記す○六月一日、『大礼秘事』を著すという○六月五日、足利義満、復辟の事を定める○六月一二日、復辟、ついで師嗣関白に還補、『二条押小路家門亭泉記』を著すという○六月一三日、卯刻没、号は後普光園院摂政太政大臣○六月一四日、嵯峨中院に土葬	正月二五日、一色範光没○三月二六日、近衛兼嗣没○四月四日、義堂周信没○六月二日、万里小路仲房没○六月二四日、正親町三条実継没○八月一三日、春屋妙葩没

参考文献

一　主要な刊本史料（一）――叢書類を含む――

『園太暦』一～七（史料纂集）　続群書類従完成会
『臥雲日件録抜尤』（大日本古記録）　岩波書店
『兼宣公記』一・二（史料纂集）　八木書店
『玉英記抄・聾盲記・後奈良天皇宸記・土右記・白河上皇高野御幸記』（増補続史料大成）　臨川書店
『空華日用工夫略集』　太洋社
『九条家歴世記録』一（図書寮叢刊）　明治書院
『公卿補任』二・三（新訂増補国史大系）　吉川弘文館
『迎陽記』一・二（史料纂集）　八木書店
『後愚昧記　附実冬公記』一～四（大日本古記録）　岩波書店
『五山文学全集』一・二　思文閣出版
『後深心院関白記』一～六（大日本古記録）　岩波書店

『後法興院記四・洞院公定公記』（増補続史料大成）　臨川書店
『細々要記』（史籍集覧）
『地下家伝』上・中・下　自治日報社
『諸家伝』上・下　自治日報社
『宸翰英華』別篇・北朝　思文閣出版
『続史愚抄』上・中（新訂増補国史大系）　吉川弘文館
『尊卑分脈』一〜四（新訂増補国史大系）　吉川弘文館
『大乗院寺社雑事記・大乗院日記目録』一〜十二（増補続史料大成）　臨川書店
『師守記』一〜十一（史料纂集）　続群書類従完成会
『群書類従』『続群書類従』　続群書類従完成会
『新編国歌大観』一・四・五・十　角川書店
『千句連歌集』一（古典文庫三八六）
『大日本史料』第六編之一〜五十（続刊中）　東京大学出版会
『良基連歌論集』一〜三（古典文庫六三・七八・九二）
『連歌大観』一　古典ライブラリー
『連歌論集』上（岩波文庫）　岩波書店
『連歌論新集』一・二（古典文庫一一三・一五六）

＊未刊史料のうち、『荒暦』は部分的に後掲の桃崎二〇〇五〜〇六、『不知記（崇光院宸記）』は伊地知一九九六、『後光明照院関白記』は小川二〇〇一、『後円融院宸記』は桃崎二〇〇九に翻刻を収める。

二　主要な刊本史料（二）――著作の影印・注釈、および詳細な解題を持つもの――

『歌合集・百首歌集』（冷泉家時雨亭叢書四九）　朝日新聞社　二〇〇二年
　＊片山享解題「後普光園院摂政殿百首」影印を収める
『歌林良材集・歌合集続』（冷泉家時雨亭叢書九五）　朝日新聞社　二〇一六年
　＊安井重雄解題「年中行事歌合」影印を収める
『歌論歌学集成』一〇　三弥井書店　一九九九年
　＊小川剛生校注「愚問賢注」「近来風躰」を収める
『愚問賢注古注釈集成』（新典社研究叢書二七八）　酒井茂幸編　新典社　二〇一五年
『高野山正智院連歌資料集成』上　正智院監修　思文閣出版　二〇一三年
　＊石川真弘・長谷川千尋解題「九州問答附連歌十様」「一紙品定」「灌頂」を収める
『校本菟玖波集新釈』上・下　福井久蔵校注　早稲田大学出版部　一九三六・四二年
『中世和歌集　室町篇』（新日本古典文学大系五〇）　岩波書店　一九九〇年
　＊伊藤敬校注「後普光園院殿御百首」を収める
『中世日記紀行集』（新日本古典文学大系五一）　岩波書店　一九九〇年

　＊福田秀一校注「小島のくちずさみ」を収める
『中世日記紀行文学全評釈集成』六　勉誠出版　二〇〇四年
　＊伊藤敬校注「小島のすさみ」を収める
『菟玖波集―巻十四　横山重旧蔵　伝素眼筆』　金子金治郎解説　貴重本刊行会　一九八七年
『能勢朝次著作集』第七巻（連歌研究）　思文閣出版　一九八二年
　＊能勢朝次評釈「僻連抄」「九州問答」を収める
『良基・絶海・義満等一座和漢聯句譯注』　京都大学国文学研究室・京都大学中国文学研究室編　臨川書店　二〇〇九年
　＊至徳三年秋開催と推定される和漢聯句百韻「露ふけば」の注釈
『連歌集』（日本古典文学大系三九）　岩波書店　一九六一年
　＊伊地知鐵男選釈「菟玖波集」を収める
『連歌集』（新潮日本古典集成）　新潮社　一九七九年
　＊島津忠夫校注「文和千句第一百韻」「至徳二年石山百韻」を収める
『連歌貴重文献集成』一　勉誠社　一九七八年
　＊金子金治郎解説「僻連抄」「筑波物語」「連歌新式事」「十問最秘抄」影印を収める
『連歌貴重文献集成』別一　勉誠社　一九七八年
　＊金子金治郎解説「菟玖波集」影印を収める

『連歌俳諧集』（日本古典文学全集三二）　小学館　一九七四年（新編二〇〇一年）
＊金子金治郎校注・訳「文和千句（第一百韻）」を収める
『連歌法式綱要』　山田孝雄・星加宗一編　岩波書店　一九三六年
＊「連歌新式」「連歌新式便覧」を収める
『連歌論集　能楽論集　俳論集』（日本古典文学全集五一）　小学館　一九七三年
＊伊地知鐵男校注・訳「僻連抄」を収める
『連歌論集　俳論集』（日本古典文学大系六六）　岩波書店　一九六一年
＊木藤才蔵校注「連理秘抄」「筑波問答」「十問最秘抄」を収める
『和歌集心躰抄抽肝要』　堀部正二解説　大学堂書店　一九六九年
＊この他の連歌百韻は、延文五年一〇月一三日何船百韻「月にふる」（二折裏の一四句欠）が後掲の重松一九九一、応安二年頃の何路百韻「朝露の」が長谷川ほか二〇〇五、年月日未詳畳字百韻「御慶賀の」および年月日未詳独吟何所百韻「ちりぬるか」は伊地知一九九六に翻刻を収める。

三　著書・論文――近年のもの、および著作の本文紹介・注釈を中心に――

梓川純ほか「文和千句第二百韻を読む」1～9（『詩学』三八―七～三九―四）一九八三～八四年
安西欣治「中世後期における公家政治の諸問題―五摂家分立後の摂関就職について」（『史潮』二〇）一九八六年

家永遵嗣　『室町幕府将軍権力の研究』（東京大学日本史学研究室
東京大学日本史学研究叢書1）　一九九五年
家永遵嗣ほか　「解説と翻刻　国立公文書館所蔵『初任大饗記』国立歴史民俗博物館所蔵『義満公任槐召仰議并大饗雑事記』―付、国立国会図書館所蔵『永享四七廿五室町殿御亭〈大饗指図〉』」（『人文』一七）　二〇一九年
伊地知鐵男　「東山御文庫本『不知記』を紹介して中世の和歌・連歌・猿楽のことに及ぶ」（『伊地知鐵男著作集』Ⅱ〈連歌・連歌史〉）　汲古書院　一九九六年
石井正敏　「『異国牒状記』の基礎的研究」（川越泰博・岡本真・近藤剛編『石井正敏著作集三　高麗・宋元と日本』勉誠出版）　二〇一七年
石田吉貞　「増鏡作者論」（『新古今世界と中世文学』上）　北沢図書出版　一九七二年
石田実洋　「『明月記』延宝奥書本をめぐって―一条兼輝・霊元院の『明月記』書写と二条良基編『日次記』」（『日本歴史』六四七）　二〇〇二年
石原比伊呂　「室町後期における二条家の停滞」（『聖心女子大学論叢』一三〇）　二〇一八年
伊藤敬　『新北朝の人と文学』　三弥井書店　一九七九年
伊藤敬　『室町時代和歌史論』　新典社　二〇〇五年
稲田利徳　「二条良基の「小島の口ずさみ」と「源氏物語」」（『国文学攷』一二二）　一九八九年
稲田利徳　「宗久論―「都のつと」の作者」（『岡山大学教育学部研究集録』九九）　一九九五年

稲葉伸道　「南北朝期の興福寺と国家」（『日本中世の王朝・幕府と寺社』）　吉川弘文館　二〇一九年
井上宗雄　『中世歌壇史の研究　南北朝期』　明治書院　一九六五年（改訂新版一九八七年）
岩下紀之　「二条良基の漢学の素養―『筑波問答』の引用文をめぐって」（『連歌史の諸相』）　汲古書院　一九九七年
大薮海　「室町幕府―権門寺院関係の転換点―康暦の強訴と朝廷・幕府」（中島圭一編『十四世紀の歴史学』）　高志書院　二〇一六年
大薮海　「康暦の強訴終結後の混乱と南都伝奏の成立」（『お茶の水史学』六二）　二〇一九年
小川剛生　「北朝廷臣としての『増鏡』の作者」（『三田國文』三二）　二〇〇〇年
小川剛生　「『後光明照院関白記（道平公記）』解題・翻刻・人名索引」（『調査研究報告（国文学研究資料館文献資料部）』二二）　二〇〇一年
小川剛生　『南北朝の宮廷誌―二条良基の仮名日記』　臨川書店　二〇〇三年
小川剛生　『二条良基研究』　笠間書院　二〇〇五年
小川剛生　『足利義満　公武に君臨した室町将軍』　中央公論新社　二〇一二年
小川剛生　「世阿弥の少年期」上・下（『観世』八〇―四・五）　二〇一三年
小川剛生　「菟玖波集前後―後光厳天皇と二条良基」（『日本歴史』八五六）　二〇一九年
蔭木英雄　『訓注空華日用工夫略集―中世禅僧の生活と文学』　思文閣出版　一九八二年

加藤洋介「二条良基周辺の源氏学―国文学研究資料館蔵『光源氏一部連歌寄合』の紹介と翻刻」（『国文学研究資料館紀要』一八）一九九二年
金子金治郎『菟玖波集の研究』風間書房 一九六五年
金子金治郎『連歌論の研究』（金子金治郎連歌考叢Ⅲ）桜楓社 一九八四年
木藤才蔵『連歌史論考』上 明治書院 一九七一年（増補改訂版一九九三年）
木藤才蔵「増鏡の作者」（『中世文学試論』）明治書院 一九八四年
木藤才蔵『二条良基の研究』桜楓社 一九八七年
木藤才蔵『連歌新式の研究』三弥井書店 一九九九年
木藤才蔵「二条良基と一条兼良」（国立教育会館編『教養講座シリーズ47・歴史を動かした人びと』）ぎょうせい 一九八五年
五味智英「学習院大学本万葉集聞書抄について」（『東京大学教養学部人文科学科紀要』国文学・漢文学二二）
佐々木文昭「南北朝期の公家新制―南北朝期朝廷における徳政と政道」（『中世公武新制の研究』）吉川弘文館 二〇〇八年
鹿野しのぶ「貞治六年中殿御会伝本考」（『桜文論叢』九七）二〇一八年
杉浦清志「『後普光園院殿御百首』の成立をめぐって」（『言語と文芸』九二）一九八一年
鈴木元「古典学の南北朝期前後」（『中世文学』五四）二〇〇九年

鈴木満「南朝関白考」（『秋大史学』六〇）　二〇一四年
重松裕巳「『宗祇時代連歌』」（『連歌俳諧研究』八〇）　一九九一年
島津忠夫『連歌』（島津忠夫著作集第二巻）　和泉書院　二〇〇三年（原著一九七三年）
島津忠夫『連歌史』（島津忠夫著作集第三巻）　和泉書院　二〇〇三年（原著一九六九年）
菁蔓生「二條良基の記せる右大將義滿參內饗讌の假名記に就て」（『歴史と国文学』二五―四）　一九四一年
田口和夫「新出　貞和五年桟敷崩れ田楽『落書和歌七首』―東寺金剛蔵蔵『字記正決』紙背文書から」（『能・狂言研究―中世文芸論考』）　三弥井書店　一九九七年
武井和人「二条良基と一条兼良、その遠景」（前田雅之編『中世の学芸と古典注釈　中世文学と隣接諸学5』）　竹林舎　二〇一一年
竹下豊「『万葉集』と連歌―陽明文庫蔵『万葉詞』をめぐって」（東京教育大学中世文学談話会編『峯村文人先生退官記念編集　和歌と中世文学』）　一九七七年
田島公「陽明文庫所蔵『長谷寺縁起文』の解題と翻刻―鎌倉長谷寺本との比較検討を中心に」（『禁裏・公家文庫研究』六）　思文閣出版　二〇一七年
田中奈保「貞和年間の公武徳政構想とその挫折」（阿部猛編『中世政治史の研究』）　日本史史料研究会　二〇一〇年
角田文衞「藤原定家の小倉山荘」（『王朝史の軌跡』）　学燈社　一九八三年

長野修二郎「筆跡鑑定と年代測定による古筆掛軸の筆者特定」(『名古屋大学加速器質量分析計業績報告書』二六) 二〇一五年
橋口裕子「吉田兼煕の歌壇活動―『吉田家日次記』貞治五年の記録を通して」(『国文学攷』一三二) 一九九一年
長谷川千尋ほか「京都女子大学図書館所蔵連歌関係資料翻刻と解題」1(『女子大国文』一三八) 二〇〇五年
濱千代清「京都女子大学図書館蔵『文和四年秋、賦何船連歌』について」(『連歌―研究と資料』) 桜楓社 一九八八年
廣木一人『連歌史試論』 新典社 二〇〇四年
廣木一人ほか「『九州問答』注釈」Ⅰ・Ⅱ(『緑岡詞林』二七・二八) 二〇〇三〜〇四年
廣木一人ほか「『連歌十様』注釈」(『緑岡詞林』二九) 二〇〇五年
廣木一人ほか「『撃蒙抄』注釈」Ⅰ〜Ⅲ(『緑岡詞林』三〇〜三二) 二〇〇六〜〇八年
廣木一人ほか「『知連抄』注釈」Ⅰ〜Ⅳ(『緑岡詞林』三三〜三六) 二〇〇九〜一二年
深津睦夫『光厳天皇』(ミネルヴァ日本評伝選) ミネルヴァ書房 二〇一四年
福井久蔵『二條良基』(日本文学者評伝全書) 青梧堂 一九四三年
堀川貴司「『大慈八景詩歌』について」(『詩のかたち・詩のこころ』) 若草書房 二〇〇六年

松永和浩『室町期公武関係と南北朝内乱』 吉川弘文館 二〇一三年
松本郁代『天皇の即位儀礼と神仏』 吉川弘文館 二〇一七年
松本大「注記形成過程と二条良基―『年中行事歌合』との接点から」（『源氏物語古注釈書の研究―『河海抄』を中心とした中世源氏学の諸相』） 和泉書院 二〇一八年
桃崎有一郎「『荒暦』永徳元年・二年記の翻刻」「『経嗣公記抄』（荒暦）永徳三年春記―翻刻と解題」（『年報三田中世史研究』一二～一三） 二〇〇五～〇六年
桃崎有一郎「『後円融院宸記』永徳元年・二年・四年記―翻刻・解題と後花園朝の禁裏文庫」（田島公編『禁裏・公家文庫研究』三） 思文閣出版 二〇〇九年
桃崎有一郎『室町の覇者 足利義満』 筑摩書房 二〇二〇年
森茂暁『南北朝期公武関係史の研究』 文献出版 一九八〇年（増補改訂版二〇〇八年）
湯川敏治「二条家領加賀国井家庄について」（『戦国期公家社会と荘園経済』） 続群書類従完成会 二〇〇五年
吉田一彦ほか「蓬左文庫本『日次記』の基礎的考察―書物の書写・贈与・相続をめぐる公家と武家」（『人間文化研究』三二号） 二〇一九年
吉永登ほか「隠岐高田明神百首和歌について」（『関西大学文学論集』六―三・四） 一九五七年
和田英松「異国牒状事」（史学会編『弘安文禄征戦偉蹟』） 冨山房 一九〇五年

著者略歴

一九七一年　東京都生まれ
一九九七年　慶應義塾大学大学院文学研究科博士課程中退　博士（文学）
熊本大学文学部・国文学研究資料館を経て
現在　慶應義塾大学文学部教授

主要著書
『二条良基研究』（笠間書院、二〇〇五年）
『武士はなぜ歌を詠むか―鎌倉将軍から戦国大名まで』（角川学芸出版、二〇〇八年）
『足利義満―公武に君臨した室町将軍』（中央公論新社、二〇一二年）
『中世和歌史の研究―撰歌と歌人社会』（塙書房、二〇一七年）
『兼好法師―徒然草に記されなかった真実』（中央公論新社、二〇一七年）

人物叢書　新装版

二条良基

二〇二〇年（令和二）二月十日　第一版第一刷発行

著者　小《お》川《がわ》剛《たけ》生《お》
編集者　日本歴史学会　代表者　藤田　覚
発行者　吉川道郎
発行所　株式会社　吉川弘文館
東京都文京区本郷七丁目二番八号
郵便番号一一三―〇〇三三
電話〇三―三八一三―九一五一〈代表〉
振替口座〇〇一〇〇―五―二四四
http://www.yoshikawa-k.co.jp/
印刷＝株式会社　平文社
製本＝ナショナル製本協同組合

ISBN978-4-642-05295-5

『人物叢書』（新装版）刊行のことば

人物叢書は、個人が埋没された歴史書が盛行した時代に、「歴史を動かすものは人間である。個人の伝記が明らかにされないで、歴史の叙述は完全であり得ない」という信念のもとに、専門学者に執筆を依頼し、日本歴史学会が編集し、吉川弘文館が刊行した一大伝記集である。

幸いに読書界の支持を得て、百冊刊行の折には菊池寛賞を授けられる栄誉に浴した。

しかし発行以来すでに四半世紀を経過し、長期品切れ本が増加し、読書界の要望にそい得ない状態にもなったので、この際既刊本の体裁を一新して再編成し、定期的に配本できるような方策をとることにした。既刊本は一八四冊であるが、まだ未刊である重要人物の伝記についても鋭意刊行を進める方針であり、その体裁も新形式をとることとした。

こうして刊行当初の精神に思いを致し、人物叢書を蘇らせようとするのが、今回の企図である。大方のご支援を得ることができれば幸せである。

昭和六十年五月

日本歴史学会

代表者 坂本太郎

藤原定家　村山修一著
北条泰時　上横手雅敬著
道元　竹内道雄著
北条重時　森幸夫著
親鸞　赤松俊秀著
北条時頼　高橋慎一朗著
日蓮　大野達之助著
阿仏尼　田渕句美子著
北条時宗　川添昭二著
一遍　大橋俊雄著
叡尊・忍性　和島芳男著
京極為兼　井上宗雄著
金沢貞顕　永井晋著
菊池氏三代　杉本尚雄著
新田義貞　峰岸純夫著
花園天皇　岩橋小弥太著
赤松円心・満祐　高坂好著
卜部兼好　冨倉徳次郎著
覚如　重松明久著
足利直冬　瀬野精一郎著
佐々木導誉　森茂暁著
二条良基　小川剛生著
細川頼之　小川信著
足利義満　臼井信義著
今川了俊　川添昭二著
足利義持　伊藤喜良著
世阿弥　今泉淑夫著
上杉憲実　田辺久子著
山名宗全　川岡勉著
経覚　酒井紀美著
一条兼良　永島福太郎著
亀泉集証　今泉淑夫著
蓮如　笠原一男著
宗祇　奥田勲著
万里集九　中川徳之助著
三条西実隆　芳賀幸四郎著
大内義隆　福尾猛市郎著
ザヴィエル　吉田小五郎著
三好長慶　長江正一著
今川義元　有光友學著
武田信玄　奥野高広著
朝倉義景　水藤真著
浅井氏三代　宮島敬一著
織田信長　池上裕子著
明智光秀　高柳光寿著
大友宗麟　外山幹夫著
千利休　芳賀幸四郎著
松井友閑　竹本千鶴著
豊臣秀次　藤田恒春著
ルイス・フロイス　五野井隆史著
足利義昭　奥野高広著
前田利家　岩沢愿彦著
長宗我部元親　山本大著
安国寺恵瓊　河合正治著
石田三成　今井林太郎著
真田昌幸　柴辻俊六著
最上義光　伊藤清郎著
前田利長　見瀬和雄著
高山右近　海老沢有道著
島井宗室　田中健夫著
淀君　桑田忠親著
片桐且元　曽根勇二著
徳川家康　藤井譲治著
藤原惺窩　太田青丘著
支倉常長　五野井隆史著
伊達政宗　小林清治著
天草時貞　岡田章雄著
立花宗茂　中野等著
宮本武蔵　大倉隆二著
小堀遠州　森蘊著
徳川家光　藤井譲治著
由比正雪　進士慶幹著
佐倉惣五郎　児玉幸多著
林羅山　堀勇雄著
松平信綱　大野瑞男著
国姓爺　石原道博著
野中兼山　横川末吉著
保科正之　小池進著

隠元 平久保章著
徳川和子 久保貴子著
酒井忠清 福田千鶴著
朱舜水 石原道博著
池田光政 谷口澄夫著
山鹿素行 堀勇雄著
井原西鶴 森銑三著
松尾芭蕉 阿部喜三男著
三井高利 中田易直著
河村瑞賢 古田良一著
徳川光圀 鈴木暎一著
契沖 久松潜一著
市川団十郎 西山松之助著
伊藤仁斎 石田一良著
徳川綱吉 塚本学著
貝原益軒 井上忠著
前田綱紀 若林喜三郎著
近松門左衛門 河竹繁俊著
新井白石 宮崎道生著
鴻池善右衛門 宮本又次著
石田梅岩 柴田実著
太宰春台 武部善人著
徳川吉宗 辻達也著
大岡忠相 大石学著
賀茂真淵 三枝康高著
平賀源内 城福勇著
与謝蕪村 田中善信著
三浦梅園 田口正治著
毛利重就 小川國治著
本居宣長 城福勇著
山村才助 鮎沢信太郎著
木内石亭 斎藤忠著
小石元俊 山本四郎著
山東京伝 小池藤五郎著
杉田玄白 片桐一男著
塙保己一 太田善麿著
上杉鷹山 横山昭男著
大田南畝 浜田義一郎著
只野真葛 関民子著
小林一茶 小林計一郎著
大黒屋光太夫 亀井高孝著
松平定信 高澤憲治著
菅江真澄 菊池勇夫著
島津重豪 芳即正著
狩谷棭斎 梅谷文夫著
最上徳内 島谷良吉著
渡辺崋山 佐藤昌介著
柳亭種彦 伊狩章著
香川景樹 兼清正徳著
平田篤胤 田原嗣郎著
間宮林蔵 洞富雄著
滝沢馬琴 麻生磯次著
調所広郷 芳即正著
橘守部 鈴木暎一著
黒住宗忠 原敬吾著
水野忠邦 北島正元著
帆足万里 帆足図南次著
江川坦庵 仲田正之著
藤田東湖 鈴木暎一著
二宮尊徳 大藤修著
広瀬淡窓 井上義巳著
大原幽学 中井信彦著
島津斉彬 芳即正著
月照 友松圓諦著
橋本左内 山口宗之著
井伊直弼 吉田常吉著
吉田東洋 平尾道雄著
緒方洪庵 梅溪昇著
佐久間象山 大平喜間多著
真木和泉 山口宗之著
高島秋帆 有馬成甫著
シーボルト 板沢武雄著
高杉晋作 梅溪昇著
川路聖謨 川田貞夫著
横井小楠 圭室諦成著
小松帯刀 高村直助著
山内容堂 平尾道雄著
江藤新平 杉谷昭著

和宮　武部敏夫著
西郷隆盛　田中惣五郎著
ハリス　坂田精一著
森有礼　犬塚孝明著
松平春嶽　川端太平著
中村敬宇　高橋昌郎著
河竹黙阿弥　河竹繁俊著
寺島宗則　犬塚孝明著
樋口一葉　塩田良平著
ジョセフ＝ヒコ　近盛晴嘉著
勝海舟　石井孝著
臥雲辰致　村瀬正章著
黒田清隆　井黒弥太郎著
伊藤圭介　杉本勲著
福沢諭吉　会田倉吉著
星亨　中村菊男著
中江兆民　飛鳥井雅道著
西村茂樹　高橋昌郎著
正岡子規　久保田正文著
清沢満之　吉田久一著
滝廉太郎　小長久子著
副島種臣　安岡昭男著
田口卯吉　田口親著
福地桜痴　柳田泉著
陸羯南　有山輝雄著
児島惟謙　田畑忍著
荒井郁之助　原田朗著
幸徳秋水　西尾陽太郎著
ヘボン　高谷道男著
石川啄木　岩城之徳著
乃木希典　松下芳男著
岡倉天心　斎藤隆三著
桂太郎　宇野俊一著
徳川慶喜　家近良樹著
加藤弘之　田畑忍著
山路愛山　坂本多加雄著
伊沢修二　上沼八郎著
秋山真之　田中宏巳著
前島密　山口修著
成瀬仁蔵　中嶌邦著
前田正名　祖田修著
大隈重信　中村尚美著
山県有朋　藤村道生著
大井憲太郎　平野義太郎著
河野広中　長井純市著
富岡鉄斎　小高根太郎著
大正天皇　古川隆久著
津田梅子　山崎孝子著
豊田佐吉　楫西光速著
渋沢栄一　土屋喬雄著
有馬四郎助　三吉明著
武藤山治　入交好脩著
坪内逍遙　大村弘毅著
山室軍平　三吉明著
阪谷芳郎　西尾林太郎著
南方熊楠　笠井清著
山本五十六　田中宏巳著
中野正剛　猪俣敬太郎著
三宅雪嶺　中野目徹著
近衛文麿　古川隆久著
河上肇　住谷悦治著
牧野伸顕　茶谷誠一著
御木本幸吉　大林日出雄著
尾崎行雄　伊佐秀雄著
緒方竹虎　栗田直樹著
石橋湛山　姜克實著
八木秀次　沢井実著

▽以下続刊